SISTEMA DA MODA

Roland Barthes

SISTEMA DA MODA

Tradução | Ivone C. Benedetti

SÃO PAULO 2009

Esta obra foi publicada originalmente em francês com o título
SYSTÈME DE LA MODE por Éditions du Seuil, Paris
Copyright © Éditions du Seuil, 1967
Copyright © 2009, Editora WMF Martins Fontes Ltda.,
São Paulo, para a presente edição.

Liberté • Égalité • Fraternité
RÉPUBLIQUE FRANÇAISE

"Cet ouvrage, publié dans le cadre de l'Année de la France au Brésil et du Programme d'Aide à la Publication Carlos Drummond de Andrade, bénéficie du soutien du Ministère français des Affaires Étrangères.
« França.Br 2009 » l'Année de la France au Brésil (21 avril – 15 novembre) est organisée:
En France : par le Commissariat général français, le Ministère des Affaires étrangères et européennes, le Ministère de la Culture et de la Communication et Culturesfrance.
Au Brésil : par le Commissariat général brésilien, le Ministère de la Culture et le Ministère des Relations Extérieures."

"Este livro, publicado no âmbito do Ano da França no Brasil e do programa de apoio à publicação Carlos Drummond de Andrade, contou com o apoio do Ministério francês das Relações Exteriores.
'França.Br 2009' Ano da França no Brasil (21 de abril a 15 de novembro) é organizado:
No Brasil: pelo Comissariado geral brasileiro, pelo Ministério da Cultura e pelo Ministério das Relações Exteriores.
Na França: pelo Comissariado geral francês, pelo Ministério das Relações exteriores e europeias, pelo Ministério da Cultura e da Comunicação e por Culturesfrance."

1.ª edição 2009

Tradução IVONE C. BENEDETTI

Acompanhamento editorial Luciana Veit
Revisões gráficas Ana Maria Alvares e Daniela Lima
Produção gráfica Geraldo Alves
Paginação/Fotolitos Studio 3 Desenvolvimento Editorial

Dados Internacionais de Catalogação na Publicação (CIP)
(Câmara Brasileira do Livro, SP, Brasil)

Barthes, Roland
  Sistema da moda / Roland Barthes ; tradução Ivone Castilho Benedetti. – São Paulo : Editora WMF Martins Fontes, 2009. – (Coleção Roland Barthes)

  Título original: Système de la mode.
  ISBN 978-85-7827-055-1

  1. Moda – Aspectos sociais 2. Semiótica 3. Vestuário – Terminologia I. Título. II. Série.

08-08332   CDD-391.0014

Índices para catálogo sistemático:
1. Moda : Semiótica : Costumes   391.0014

Todos os direitos desta edição reservados à
Editora WMF Martins Fontes Ltda.
Rua Conselheiro Ramalho, 330 01325-000 São Paulo SP Brasil
Tel. (11) 3241.3677 Fax (11) 3101.1042
e-mail: info@wmfmartinsfontes.com.br http://www.wmfmartinsfontes.com.br

| Índice |

Preâmbulo 11

INTRODUÇÃO
MÉTODO

1. O vestuário escrito 19
    I. Os três vestuários 19
    II. Shifters................................ 23
    III. Regra terminológica 26
    IV. Descrição.............................. 33

2. Relação de sentidos 43
    I. Campos com variações concomitantes ou classes comutativas 43
    II. Relação significante 49

3. Entre as coisas e as palavras 55
  I. Sistemas simultâneos: princípio e exemplos 55
  II. Os sistemas do vestuário escrito 64
  III. Autonomia dos sistemas 73

4. O vestuário sem fim 77
  I. Transformações e divisões 77
  II. Transformação 1: do retórico ao terminológico 79
  III. Transformação 2: do terminológico ao código indumentário 81
  IV. Níveis de análise 90
  V. Divisão 1: enunciado da significação 91
  VI. Divisão 2: enunciados subsidiários 96

I. CÓDIGO INDUMENTÁRIO
1. ESTRUTURA DO SIGNIFICANTE

5. Unidade significante 99
  I. Procura da unidade significante 99
  II. Matriz significante 101
  III. Objeto, suporte e variante 106
  IV. Relações dos elementos da matriz 111
  V. Substâncias e formas 114

6. Confusões e extensões 116
  I. Transformações da matriz 116
  II. Inversão de elementos 118
  III. Confusão de elementos 120

IV. Multiplicação de elementos 125
V. Arquiteturas de matrizes 128
VI. Rotinas 134

7. Asserção de espécie 138
   I. Espécie 138
   II. Variação de espécie 141
   III. Classe de espécies: o gênero 145
   IV. Relação entre espécies e gêneros 149
   V. Função da asserção de espécie 152

8. Inventário dos gêneros 156
   I. Modo de composição dos gêneros 156
   II. Classificação dos gêneros 160
   III. Inventário dos gêneros 163

9. Variantes de ser 173
   I. Inventário das variantes 173
   II. Variantes de identidade 179
   III. Variantes de configuração 184
   IV. Variantes de matéria 191
   V. Variantes de medida 199
   VI. Variantes de continuidade 211

10. Variações de relação 221
   I. Variantes de posição 221
   II. Variantes de distribuição 225

    III. Variantes de conexão.................... 230
    IV. Variante das variantes.................... 241

11. O sistema............................. 244
    I. Sentido, liberdade vigiada................. 244
    II. Rendimento sistemático................... 245
    III. Neutralização do significante 254
    IV. Redução sistemática da espécie: rumo ao vestuário real............................... 257

12. Sintagma 263
    I. O traço de moda.......................... 263
    II. Rendimento sintagmático 271
    III. Inventário permanente da Moda............ 276
    IV. Conclusão 281

2. ESTRUTURA DO SIGNIFICADO

13. Unidades semânticas 287
    I. Significado mundano e significado de Moda 287
    II. Unidades semânticas...................... 289
    III. Estrutura da unidade semântica 296

14. Combinações e neutralizações 300
    I. Combinação dos significados................ 300
    II. Neutralização do significado 305

3. ESTRUTURA DO SIGNO

15. Signo indumentário 319
    I. Definição 319
    II. Arbitrariedade do signo 322
    III. Motivação do signo 324

II. SISTEMA RETÓRICO

16. Análise do sistema retórico 335
    I. Pontos de análise do sistema retórico 335
    II. Significante retórico: escritura de Moda 338
    III. Significado retórico: ideologia de Moda 342

17. Retórica do significante: a Poética do vestuário ... 349
    I. A "Poética" 349
    II. O significado retórico do vestuário: modelos 355
    III. Retórica e Sociedade 361

18. Retórica do significado: o mundo da Moda 364
    I. Representação do mundo 364
    II. Funções e Situações 369
    III. Essências e Modelos 374
    IV. A mulher de Moda 385

19. Retórica do signo: razão de Moda 388
    I. Transformação retórica do signo de Moda 388
    II. Conjuntos A: funções-signos 389

III. Conjuntos B: a Lei de Moda 396
IV. Retórica e tempo 402

CONCLUSÃO

20. Economia do sistema 407
   I. Originalidade do sistema da Moda 407
   II. Conjuntos A: alienação e utopia 414
   III. Conjuntos B: a frustração do sentido 420
   IV. O duplo sistema da Moda 426
   V. O analista diante do sistema 429

Apêndices
   1. História e diacronia de Moda 435
   2. A fotografia de Moda 444

Índices
   Índice dos termos de Moda 451
   Índice remissivo 463

| **Preâmbulo** |

Método é algo que se manifesta já na primeira palavra; ora, este é um livro de método; portanto, está condenado a apresentar-se por si só. Contudo, antes de começar sua viagem, o autor pede permissão para se explicar sobre a origem e o sentido de sua pesquisa.

O objeto desta pesquisa é a análise estrutural da maneira como o vestuário feminino é descrito hoje em dia pelas revistas de moda; o método foi originariamente inspirado pela ciência geral dos signos, que Saussure postulara com o nome de *semiologia*. Este trabalho foi iniciado em 1957 e terminado em 1963: quando o autor o começou e concebeu sua forma de exposição, a linguística ainda não era o modelo que veio a ser mais tarde, para alguns pesquisadores; a despeito da existência de alguns trabalhos esparsos, a semiologia ainda continuava sendo uma disciplina inteiramente prospectiva; por isso, todo trabalho de semiologia aplicada devia naturalmente assumir a forma de descoberta ou, mais exatamente, de exploração, tão incertos eram os resultados, e elementares os meios; diante de um objeto específico (no caso, o vestuário de Moda), munido apenas de alguns conceitos operacionais, o aprendiz de semiólogo partia para sua aventura.

Essa aventura, convenhamos, já está datada. Quando redigiu seu trabalho, o autor desconhecia alguns livros importantes, publicados depois; participando de um mundo em que a reflexão sobre o sentido se desenvolve, aprofunda e divide com muita rapidez e em várias direções ao mesmo tempo, aproveitando tudo o que se pensa em torno dele, o próprio autor se modificou. Acaso isso significa que, no momento de publicar este trabalho – com atraso –, ele não poderia reconhecê-lo? De modo nenhum (se fosse assim, não o publicaria); mas, indo muito além da letra, o que se propõe aqui *já* é certa história da semiologia; em relação à nova arte intelectual que se está esboçando, este livro constitui uma espécie de vitral um tanto ingênuo; nele, espero, não se lerão as certezas de uma doutrina, nem mesmo as conclusões invariáveis de uma pesquisa, mas sim crenças, tentações e provações de uma aprendizagem: aí está seu sentido; portanto talvez sua utilidade.

O que se quis, acima de tudo, foi reconstituir passo a passo um sistema de sentidos que fosse de alguma forma imediato, ou seja, que recorresse o menos possível a conceitos exteriores, nem mesmo aos da linguística, cujo uso aqui é sem dúvida frequente, mas sempre elementar. Pelo caminho, o autor encontrou muitos obstáculos, alguns dos quais – ele bem sabe – não foram removidos (pelo menos ele fez questão de não mascarar esses malogros). Mais que isso: em pleno trajeto, o projeto semiológico foi modificado; enquanto, no início, a tarefa assumida consistia em reconstituir a semântica da Moda real (captada no vestuário usado ou, em último caso, fotografado), bem depressa se percebeu que era preciso optar entre a análise do sistema real (ou visual) e a do sistema escrito; optou-se pela segunda via, por razões que serão apresentadas mais tarde, pois fazem parte do método. A análise que segue, portanto, só gira em torno da Moda escrita. Essa é uma escolha que pode decepcionar: teria sido mais agradável dispor de um sistema da Moda real (instituição que sempre interessou muito os sociólogos) e, aparentemente, mais útil estabelecer a semiologia de um objeto independente, que não dependa em nada da linguagem articulada.

Contudo, ao trabalhar com a Moda escrita (ou, mais exatamente: *descrita*), e não com a Moda real, o autor acredita ter, afinal, respeitado certa complexidade e certa ordem do projeto semiológico. Embora o material de trabalho seja composto unicamente de enunciados verbais, de "frases", a análise não versa sobre uma parte da língua francesa. Pois o que as palavras carreiam aqui não é qualquer coleção de objetos reais, são traços indumentários já constituídos (pelo menos idealmente) como sistema de significação. Portanto, o objeto da análise não é a simples nomenclatura, é um código verdadeiro, ainda que esse código só seja "falado". Segue-se que este trabalho, na verdade, não versa sobre o vestuário nem sobre a linguagem, mas, em alguma maneira, sobre a "tradução" de um na outra, desde que o primeiro já seja um sistema de signos: objeto ambíguo, pois não corresponde à discriminação habitual que põe o real de um lado e a linguagem de outro, escapando, por conseguinte, tanto à linguística – ciência dos signos verbais – quanto à semiologia – ciência dos signos objetais.

Aí está uma situação decerto desconfortável para um trabalho oriundo do postulado saussuriano de que o semiológico "ultrapassa" o linguístico; mas esse desconforto, afinal, talvez seja indício de certa verdade: haverá algum sistema de objetos, com alguma amplidão, que possa dispensar a linguagem articulada? A fala não será o intermediador inevitável de toda ordem significante? Se formos além de alguns signos rudimentares (excentricidade, classicismo, dandismo, esporte, cerimônia), o vestuário, para significar, poderá prescindir da fala (*parole*) que o descreva e comente, que lhe dê significantes e significados suficientemente abundantes para constituir um verdadeiro sistema de sentidos? O homem está condenado à linguagem articulada, e nenhum esforço semiológico pode ignorá-lo. Portanto, é preciso inverter a formulação de Saussure e afirmar que a semiologia é que é uma parte da linguística: a função essencial deste trabalho é sugerir que, numa sociedade como a nossa, em que mitos e ritos assumiram a forma de *razão*, ou seja, de fala (*parole*), a linguagem humana não é apenas o modelo do sentido, mas também seu fundamento. Assim, desde que se observe a Moda, a escritura se mostra constitutiva (a tal ponto que pareceu ocioso esclarecer no título da obra que se trata da Moda escrita): o sistema do vestuário real é sempre o horizonte natural que a Moda adota para constituir suas significações: fora da fala (*parole*), não há Moda total, não há Moda essencial. Logo, não pareceu sensato pôr o real do vestuário *antes* da fala de Moda; ao contrário, a verdadeira razão quer que se vá da fala instituinte para o real que ela institui.

Evidentemente, essa presença inevitável da fala humana não é inocente. Por que a Moda fala com tanta abundância do vestuário? Por que ela interpõe entre o objeto e seu usuário tamanha orgia de palavras (sem contar as imagens), tal rede de sentidos? A razão para isso, como se sabe, é de ordem econômica. Calculista, a sociedade industrial está condenada a formar consumidores que não calculam; se produtores e compradores de roupa tivessem consciência idêntica, o vestuário só seria comprado (e produzido) no ritmo, lentíssimo, de seu desgaste; a Moda, como todas as modas, baseia-se na disparidade das duas consciências: uma precisa ser alheia à outra. Para obnubilar a consciência contábil do comprador, é preciso estender diante do objeto um véu de imagens, razões e sentidos, elaborar em torno dele uma substância mediata, de ordem aperitiva, em suma criar um simulacro do objeto real, substituindo o tempo pesado do desgaste por um tempo soberano, liberto da autodestruição por um ato de *potlatch* anual. Portanto, a origem comercial de nosso imaginário coletivo (sempre submetido à moda, muito além do vestuário) não pode ser mistério para ninguém. No entanto, assim que é movido, esse universo se destaca de sua origem (aliás, é difícil entender como ele a *copiaria*): sua estrutura obedece a injunções universais, as mesmas de todo sistema de signos. O que há de notável nesse imaginário constituído segundo um fim desiderativo (e a análise semiológica o mostrará bem, espero) é que sua substância é essencialmente *inteligível*: o que faz desejar não é o objeto, é o nome; o que faz vender não é o sonho, é o sentido. Se assim é, os inúmeros objetos que povoam e constituem o imaginário de nosso tempo serão cada vez mais atinentes a uma semântica, e a linguística, mediante certos desenvolvimentos, num segundo nascimento, virá a ser a ciência de todos os universos imaginados.

INTRODUÇÃO
MÉTODO

SÍMBOLOS GRÁFICOS UTILIZADOS

- ⟨ : Função
- ≡ : Relação de equivalência
-)(: Relação de dupla implicação ou interdependência
- • : Relação de simples combinação
- ≠ : Diferente de...
- / : Oposição pertinente ou significante
- /.../ : A palavra como significante
- «...» : A palavra como significado
- [....] : Termo implícito
- [—] : Normal
- *St* : Significante
- *Sd* : Significado

As remissões ao texto são constituídas por dois algarismos: o primeiro designa o capítulo; o segundo, o grupo de parágrafos, se for romano, ou o parágrafo, se for arábico.

| **capítulo 1** | O VESTUÁRIO ESCRITO

*Cinto de couro acima da cintura,
com uma rosa aplicada, em vestido macio de* shetland.

I. Os três vestuários

1.1. Vestuário-imagem e vestuário escrito

Abro uma revista de Moda[1]: vejo que tratam aqui de dois vestuários diferentes. O primeiro é o que me apresentam fotografado ou desenhado, é um vestuário-imagem. O segundo é esse mesmo vestuário, mas descrito, transformado em linguagem; este vestido, fotografado à direita, à esquerda se transforma em: *Cinto de couro acima da cintura, com uma rosa aplicada, em vestido macio de* shetland; este vestuário é um vestuário escrito. Esses dois vestuários remetem em princípio à mesma realidade

....
1. Escreveremos Moda com maiúscula no sentido de *fashion*, para podermos manter a oposição entre a Moda e uma moda (*fad*).

(este vestido que foi usado naquele dia por essa mulher), mas não têm a mesma estrutura[2], porque não são feitos com os mesmos materiais, e, por conseguinte, esses materiais não têm as mesmas relações entre si: em um, os materiais são formas, linhas, superfícies, cores, e a relação é espacial; em outro, são palavras, e a relação, se não é lógica, é pelo menos sintática; a primeira estrutura é plástica, a segunda é verbal. Quer isso dizer que cada uma dessas estruturas se confunde inteiramente com o sistema geral do qual se originou, o vestuário-imagem com a fotografia, e o vestuário escrito com a linguagem? De modo nenhum: a fotografia de Moda não é qualquer fotografia, tem pouca relação com a fotografia jornalística ou com a fotografia amadorística, por exemplo; comporta unidades e regras específicas; no âmbito da comunicação fotográfica, constitui uma linguagem particular, que decerto tem seu léxico e sua sintaxe, suas "locuções", proibidas ou recomendadas[3]. Do mesmo modo, a estrutura do vestuário escrito não pode confundir-se com a estrutura da frase; pois, se o vestuário coincidisse com o discurso, bastaria mudar um termo desse discurso para mudar a identidade

---

2. Seria bom se só tivéssemos de definir coisas, e não palavras; mas, como hoje em dia a palavra "estrutura" é muito explorada, aqui lhe será dado o sentido que ela tem em linguística: "entidade autônoma de dependências internas" (L. Hjelmslev, *Essais linguistiques*. Copenhague, Nordisk Sprog og Kulturferlag, 1959, p. 1).
3. Tocamos aqui no paradoxo da comunicação fotográfica: sendo por princípio puramente analógica, a fotografia pode ser definida como uma *mensagem sem código*; no entanto, pode-se dizer que não há fotografia sem significação; logo, somos obrigados a postular a existência de um código fotográfico, que, evidentemente, só funciona num nível segundo, adiante chamado nível de conotação (cf. "Mensagem fotográfica" [OC, t. I, pp. 941-942] e "Retórica da imagem" [OC, t. I, pp. 1.419-1.429]). Quanto ao desenho de Moda, a questão é mais simples, pois o estilo de um desenho remete a um código francamente cultural.

do vestuário descrito; ora, não é o que ocorre; a revista pode escrever indiferentemente: *no verão, use tussor*, ou *tussor vai bem com verão*, sem mudar nada de essencial na informação transmitida às leitoras: o vestuário escrito é portado pela linguagem, mas também lhe resiste, e é nesse jogo que ele se faz. Portanto, estamos diante de duas estruturas originais, ainda que derivadas de sistemas mais comuns: aqui a língua, ali a imagem.

1.2. Vestuário real

Acaso seria possível pensar, pelo menos, que esses dois vestuários encontram identidade no nível do vestuário real que eles supostamente representam, que o vestido descrito e o vestido fotografado são idênticos através do vestido real ao qual ambos remetem? Equivalentes, decerto, mas não idênticos; pois, assim como entre o vestuário-imagem e o vestuário escrito há uma diferença de material e relações – portanto uma diferença de estrutura –, também desses dois vestuários ao vestuário real há passagem para outros materiais e para outras relações; o vestuário real, portanto, forma uma terceira estrutura, diferente das duas primeiras, ainda que lhes sirva de modelo, ou, para sermos mais exatos, ainda que o modelo que guia a informação transmitida pelos dois primeiros vestuários pertença a essa terceira estrutura. Vimos que as unidades do vestuário-imagem se situam no nível das formas; as do vestuário escrito, no nível vocabular; as unidades do vestuário real, por sua vez, não podem estar no nível da língua porque, como sabemos, a língua não é um decalque do real[4] e, embora a tentação seja grande, também não é possível situá-los no nível das formas, pois "ver" uma peça de vestuário real, mesmo em condições privilegiadas de apresentação, não pode esgotar sua realidade, muito menos sua estrutura: sempre se vê apenas uma parte dela, um uso pessoal e circunstancial, um modo particular de vestir; para analisar o vestuário real em termos sistemáticos, ou seja, suficientemente formais para que eles possam dar conta de todas as peças análogas, certamente seria preciso remontar aos atos que orientaram sua fabricação. Em outras palavras, diante da estrutura plástica do vestuário-imagem e da estrutura verbal do vestuário escrito, a estrutura do vestuário real só pode ser tecnológica; as unidades dessa estrutura só podem ser os vestígios diversos dos atos de fabricação, seus fins realizados, materializados: uma costura é aquilo que foi costurado; um corte é aquilo que foi cortado[5]; portanto, tem-se uma estrutura que se constitui no nível da matéria e de suas transformações, e não de suas representações ou de suas significações; para isso, a etnologia poderia fornecer modelos estruturais relativamente simples[6].

---

4. Cf. A. Martinet, *Éléments de linguistique générale*, Paris, Colin, 1960, I, 6. [Trad. bras. *Elementos de linguística geral*, São Paulo, Martins Fontes, 1978].

5. Contanto que esses termos sejam dados num contexto tecnológico, e que se trate, por exemplo, de um programa de fabricação; caso contrário, esses termos de origem técnica têm outro valor (cf. *infra*, 1, 5).

6. A. Leroi-Gourhan distingue, por exemplo, os trajes retos de lados paralelos e os trajes cortados-abertos, cortados-fechados, cortados-transpassados etc. (*Milieu es Techniques*, Paris, Albin Michel, 1945, p. 208).

II. *Shifters*

1.3. Translação das estruturas

Portanto, para um mesmo objeto (vestido, *tailleur*, cinto), temos três estruturas diferentes: uma tecnológica, outra icônica, a terceira verbal. Essas três estruturas não têm o mesmo regime de divulgação. A estrutura tecnológica aparece como uma língua-mãe, e os trajes usados, nela inspirados, não passariam de suas "falas". As outras duas estruturas (icônica e verbal) também são línguas, mas, a crer-se na revista, que sempre pretende falar de um traje real primeiro, essas línguas são línguas derivadas, "traduzidas" da língua-mãe, interpõem-se como intermediadores de divulgação entre essa língua-mãe e suas "falas" (os trajes usados). Portanto, em nossa sociedade, a divulgação da Moda baseia-se em grande parte numa atividade de *transformação*: há passagem (pelo menos de acordo com a ordem invocada pela revista) da estrutura tecnológica para as estruturas icônica e verbal. Ora, em se tratando de estruturas, essa passagem só pode ser descontínua: o vestuário real só pode ser *transformado* em "representação" por meio de alguns operadores, que poderiam ser chamados de *shifters*, pois servem para transpor uma estrutura para outra ou, digamos, passar de um código para outro[7].

....

7. Jakobson reserva o nome *shifter* para os elementos intermediários entre o código e a mensagem (*Essais de linguistique générale*, Paris, éd. de Minuit, 1963, cap. 9). Aqui ampliamos o sentido do termo.

1.4. Os três shifters

Como estamos diante de três estruturas, precisamos dispor de três tipos de *shifter*: do real à imagem, do real à linguagem e da imagem à linguagem. Para a primeira translação, do vestuário tecnológico ao vestuário icônico, o *shifter* principal é o molde, cujo desenho (esquemático) reproduz analiticamente os atos de fabricação do vestuário; a isso caberia acrescentar os procedimentos, gráficos ou fotográficos, destinados a manifestar o substrato técnico de uma aparência ou de um "efeito": realce de um movimento, ampliação de um detalhe, ângulo de visão. Na segunda translação, do vestuário tecnológico ao vestuário escrito, o *shifter* básico é aquilo que se poderia chamar de receita ou programa de costura: é em geral um texto bem separado da literatura de Moda; sua finalidade não é acompanhar aquilo que existe, mas aquilo que vai ser feito; aliás, a receita de costura não é dada na mesma escritura do comentário de Moda; ela quase não contém substantivos ou adjetivos, mas principalmente verbos e medidas[8]: como *shifter*, ela constitui uma linguagem transitória, situada entre o fazer e o ser, a origem e a forma, a técnica e o significado do vestuário. Poderíamos ser tentados a somar a esse *shifter* básico todos os termos de Moda cuja origem seja claramente tecnológica (*uma costura, um aplique*) e considerá-los como translatores do real ao falado; isso seria

---

8. Exemplo: "Ponha todos os retalhos sobre o forro que cortou e alinhave. Alinhave de cada lado uma pence vertical de 3 cm de profundidade a 1 cm da extremidade dos ombros." Trata-se de uma linguagem transitiva.

ignorar que o valor de um vocábulo não decorre de sua origem, mas do lugar que ocupa no sistema da língua; transpostos para uma estrutura descritiva, esses termos ficam separados simultaneamente de sua origem (aquilo que, em certo momento, foi costurado, aplicado) e de sua finalidade (contribuir para a união, destacar-se de um conjunto); neles o ato criador não é perceptível; eles já não pertencem à estrutura tecnológica e não podem ser considerados *shifters*[9]. Falta uma terceira translação, que possibilita passar da estrutura icônica à estrutura falada, da representação do vestuário à sua descrição. Como dispõe da vantagem de poder oferecer *ao mesmo tempo* mensagens oriundas dessas duas estruturas – aqui um vestido fotografado, ali esse mesmo vestido descrito –, a revista pode fazer uma economia notável, usando *shifters* elípticos: aí já não há desenhos de moldes nem textos da receita de costura, mas simplesmente os anafóricos da língua, ora apresentados em grau pleno (*"esse" tailleur*, *"o" vestido de* shetland), ora em grau zero (*rosa aplicada no cinto*)[10]. Assim, exatamente por disporem de operadores de tradução bem definidos, as três estruturas permanecem perfeitamente distintas.

....

9. Seria possível imaginar que o vestuário de catálogos publicitários seja um *shifter*, uma vez que se trata de incentivar uma compra real por intermédio da língua. Na verdade, esse tipo de vestuário obedece inteiramente às normas da descrição de Moda: o objetivo não é tanto explicar o vestuário quanto convencer de que ele está na Moda.

10. Segundo L. Tesnières (*Éléments de syntaxe structurale*, Paris, Klincksieck, 1959, p. 85), anáfora é "uma conexão semântica suplementar, à qual não corresponde nenhuma conexão estrutural". Entre o demonstrativo *esse* e o tailleur fotografado, não há nenhum nexo estrutural, mas, digamos, colisão pura e simples de duas estruturas.

III. Regra terminológica

1.5. Escolha da estrutura oral

Estudar o vestuário de Moda seria estudar, acima de tudo, separada e exaustivamente, cada uma dessas três estruturas, pois não se pode definir uma estrutura fora da identidade substancial das unidades que a compõem: é preciso estudar ou atos, ou imagens, ou vocábulos, mas não todas essas substâncias ao mesmo tempo, ainda que as estruturas por elas formadas, ao se mesclarem, sirvam para compor um objeto genérico, chamado vestuário de Moda por comodidade. Cada uma dessas estruturas obriga a uma análise original, e é preciso escolher. Ora, o estudo do vestuário "representado" (pela imagem e pela palavra), ou seja, do vestuário tratado pela revista de Moda, tem uma vantagem metodológica imediata em relação à análise do vestuário real[11]: o vestuário "impresso" oferece ao analista aquilo que as línguas humanas negam ao linguista: uma sincronia pura; a sincronia de Moda muda repentinamente a cada ano, mas durante o ano ela é absolutamente estável; se optarmos pelo vestuário da revista, será possível, portanto, trabalhar com um estado de Moda sem precisar decompô-lo artificialmente, como o linguista é obrigado a fazer na imbricação das mensa-

---

11. A análise semântica do vestuário real foi postulada por Trubetskoi (*Principes de phonologie*, Paris, Klincksieck, 1949, p. 19) e desenvolvida por P. Bogatyrev, Funkcie Kroja na moravskom Slovensku (A função do hábito na Eslovênia morávia), Spisy narodopisneho odburu Matice Slovenskej, Matica Slovenska, 1937, resumo em francês, p. 68 ss.

gens. Falta optar entre o vestuário-imagem e o vestuário escrito (ou, mais exatamente, descrito); também aí, do ponto de vista metodológico, o que influencia a escolha é a "pureza" estrutural do objeto[12]: o vestuário real é embaraçado por finalidades práticas (proteção, pudor, adorno); essas finalidades desaparecem do vestuário "representado", que já não serve para proteger, cobrir ou adornar, mas no máximo para significar proteção, pudor ou adorno; no entanto, o vestuário-imagem conserva um valor que pode perturbar consideravelmente sua análise: a plástica; somente o vestuário escrito não tem nenhuma função prática nem estética: ele é inteiramente constituído em vista de uma significação: se a revista descreve certo vestuário com palavras, é unicamente para transmitir uma informação cujo conteúdo é: *a Moda*; portanto, pode-se dizer que o ser do vestuário escrito está inteiramente em seu sentido, que nele temos as maiores possibilidades de encontrar a pertinência semântica em toda a sua pureza: o vestuário escrito não é perturbado por nenhuma função parasita e não comporta nenhuma temporalidade vaga: por essas razões, optamos por explorar a estrutura verbal. Isso não significa que se trate simplesmente de analisar a linguagem da Moda; sem dúvida, a nomenclatura com a qual será preciso trabalhar é uma parte especializada do grande território da língua; essa parte, porém, não será estudada do ponto de vista da língua, mas apenas do ponto de vista da estrutura do

---

12. Trata-se de razões contingentes ao método operacional; as razões de fundo, referentes à natureza essencialmente *falada* da Moda, foram apresentadas no preâmbulo, pp. 11-6.

vestuário a que ela visa; o objeto da análise não é uma parte de um subcódigo de língua, mas sim, digamos, o supracódigo imposto ao vestuário real pelos vocábulos, pois estes, como veremos[13], se encarregam de um objeto, o vestuário, que em si mesmo já é sistema de significação.

1.6. Semiologia e sociologia

Embora decorra das razões imanentes a seu objeto, a escolha da estrutura oral é de certa forma fortalecida em termos sociológicos; em primeiro lugar, porque a divulgação da Moda pela revista (ou seja, em grande parte pelo texto) se tornou maciça; metade das mulheres na França lê regularmente publicações dedicadas pelo menos em parte à Moda[14]; a descrição do vestuário de Moda (e não mais sua realização), portanto, é um fato social, de tal modo que, ainda que fosse puramente imaginário (sem influência sobre o vestuário real), o vestuário de Moda constituiria um elemento incontestável da cultura de massa, assim como os romances populares, as histórias em quadrinhos, o cinema; em segundo lugar, porque a análise estrutural do vestuário escrito pode preparar eficientemente o inventário do vestuário real de que a sociologia precisará no dia em que quiser estudar os circuitos e os ritmos de divulgação da Moda real. Contudo, os objetivos da sociologia e da semiologia,

....
13. Cf. *infra*, cap. 3.
14. "Le marché français du vêtement féminin prêt à porter" [O mercado francês do *prêt à porter* feminino], supl. a *L'Industrie du vêtement féminin*, 1953, n.º 82, p. 253.

no caso, são totalmente diferentes: a sociologia da Moda (ainda que esteja por fazer[15]) parte de um *modelo*, na origem imaginado (é o vestuário concebido pelo *fashion-group*), e segue (ou deverá seguir) sua realização através de uma série de vestuários reais (é o problema da divulgação dos modelos); portanto, ela procura sistematizar condutas, podendo relacioná-las com condições sociais, níveis de vida e papéis desempenhados. A semiologia não segue o mesmo caminho; descreve um vestuário que fica o tempo todo imaginário ou, se preferirem, puramente intelectivo; não leva ao reconhecimento de práticas, mas de imagens. A sociologia da Moda está inteiramente voltada para o vestuário real; a semiologia, para um conjunto de representações coletivas. A escolha da estrutura oral, portanto, não leva à sociologia, mas à *sócio-lógica,* postulada por Durkheim e Mauss[16]; a descrição de Moda não tem a função apenas de propor um modelo à cópia real, mas também e sobretudo de divulgar amplamente a Moda como um *sentido*.

---

15. A Moda desde cedo – já com Spencer – foi um objeto sociológico privilegiado; primeiramente, constitui "um fenômeno coletivo que nos oferece de maneira mais imediata [...] a revelação do que há de social em nossos comportamentos" (J. Stoetzel, *Le Psychologie sociale*, Paris, Flammarion, 1963, p. 245); em segundo lugar, apresenta uma dialética do conformismo e da mudança que só é explicável sociologicamente; por fim, sua divulgação parece ser da natureza dos circuitos intermediados, estudados por P. Lazarsfeld e E. Katz (*Personal Influence: The Part Played by People in the Flow of Mass-Communications*, Glencoe. Illin., The Free Press, 1955). No entanto, a divulgação real dos modelos ainda não foi objeto de um estudo sociológico completo.

16. "Essai sur quelques formes primitives de classification" [Ensaio sobre algumas formas primitivas de classificação], *Année sociologique*, vol. 6, 1901-1902, pp. 1-72.

1.7. Corpus

Escolhida a estrutura oral, com que *corpus* trabalhar[17]? Falamos até agora apenas de revistas de Moda; isto porque as descrições extraídas da literatura propriamente dita, embora importantíssimas em vários grandes escritores (Balzac, Michelet, Proust), são excessivamente fragmentárias e de épocas históricas variáveis para que possam ser consideradas; além disso, as descrições feitas pelos catálogos das grandes lojas podem ser facilmente equiparadas às descrições da Moda; as revistas de Moda, portanto, constituem o melhor *corpus*. Todas as revistas de Moda? Não. Aqui podem surgir duas limitações, autorizadas pelo objetivo buscado, que é reconstituir um sistema formal, e não descrever uma Moda concreta. A primeira seleção diz respeito ao tempo; tendo-se em vista uma estrutura, é do maior interesse trabalhar apenas com um estado de Moda, ou seja, com uma sincronia. Ora, como dissemos, a sincronia de Moda é fixada pela própria Moda: é a moda de um ano[18].

Optamos por trabalhar com revistas do ano 1958-1959 (junho a junho), mas essa data, evidentemente, não tem nenhuma importância metódica; poderíamos ter escolhido qualquer outro ano, pois o que procuramos descrever não é determinada Moda, mas a Moda; tão logo recolhido, extraído de seu ano, o

---

17. *Corpus*: "coletânea sincrônica intangível de enunciados com os quais se trabalha" (A. Martinet, *Éléments*, p. 37).
18. Há Modas sazonais, internas ao ano; mas no caso as estações constituem menos uma série diacrônica e mais uma tábua de significados diferentes, internos ao léxico de um ano; a unidade sincrônica é a "linha", que é anual.

material (o enunciado) deve assumir um lugar num sistema puramente formal de funções[19]; portanto, aqui não se encontrará nenhuma indicação sobre nenhuma Moda contingente, e muito menos sobre uma história da Moda: não quisemos tratar de uma substância qualquer da Moda, mas apenas da estrutura de seus signos escritos[20]. Do mesmo modo (e essa será a segunda seleção imposta ao *corpus*), só haveria interesse em perquirir todas as revistas de dado ano se o objetivo fosse captar diferenças substanciais (ideológicas, estéticas ou sociais) entre elas. Do ponto de vista sociológico, esse seria um grande problema, pois cada revista remete tanto a um público socialmente definido quanto a um corpo específico de representações, mas essa sociologia diferencial das revistas, dos públicos e das ideologias não é o objeto declarado deste trabalho, que visa apenas a identificar a "língua" (escrita) da Moda. Portanto, examinamos exaustivamente apenas duas revistas (*Elle* e *Le Jardin des Modes*), mas não nos abstivemos de às vezes extrair dados de outras publicações (em especial *Vogue* e *L'Écho de la Mode*)[21] e nas páginas semanais que alguns cotidianos dedicam à Moda. O que importa realmente em termos de projeto semiológico é constituir um *corpus* razoavelmente saturado de todas as *diferenças*

---

19. Na época chegamos a recorrer a outras sincronias, quando precisávamos de um controle ou de um exemplo interessante.
20. Evidentemente, isso não impede uma reflexão geral sobre a diacronia da Moda (cf. *infra*, apêndice I).
21. Essa escolha, porém, não é totalmente arbitrária: ao que parece, *Elle* e *L'Écho de la Mode* são revistas mais populares do que *Le Jardin des Modes* e *Vogue* (cf. M. Crozier, *Petits Fonctionnaires au travail*, CNRS, 1955, 126 p., Apêndice).

possíveis de signos indumentários; inversamente, não é importante que essas diferenças se repitam em maior ou menor grau, pois o que faz sentido não é a repetição, e sim a diferença; estruturalmente, um traço de Moda que seja raro tem tanta importância quanto um traço de Moda que seja frequente, tanto um saiote como uma saia longa; o objetivo aqui é *distinguir* unidades, e não contá-las[22]. Por fim, no *corpus* assim reduzido também foram eliminadas todas as notações que possam implicar finalidades alheias à significação: propagandas, mesmo que se apresentem como resenhas de Moda, e receitas técnicas de fabricação do vestuário. Não consideramos a maquiagem nem o penteado, porque esses elementos comportam variantes particulares que teriam sobrecarregado o inventário do vestuário propriamente dito[23].

1.8. Norma terminológica

Portanto, trataremos do vestuário descrito, e somente dele. A regra preliminar, que determina a constituição do *corpus* analisado, consiste em *não considerar nenhum outro material além da expressão verbal apresentada pela revista de Moda*. Decerto isso

---

22. A disparidade das frequências tem importância sociológica, mas não sistemática; informa sobre os "gostos" (obsessões) de uma revista (portanto, de um público), e não sobre a estrutura geral do objeto; a frequência de emprego das unidades significantes só desperta interesse quando se quer comparar revistas (cf. V. Morin: *Khrouchtchev en France. Analyse de presse*, Tese de doutorado de 3º ciclo, Paris, Sorbonne, 1965, manuscrito comunicado).
23. Os enunciados de Moda serão citados sem referência, como se faz com exemplos gramaticais.

implica restringir consideravelmente o material de análise; por um lado, é eliminar qualquer recurso aos documentos anexos (por exemplo, definições de um dicionário); por outro, é privar-se de toda a riqueza das fotografias; em suma, é considerar a revista de Moda apenas em suas margens, tão-somente onde ela parece dublar a imagem. Mas esse empobrecimento do material, além de ser metodicamente inevitável, talvez tenha suas compensações: reduzir o vestuário à sua versão oral é topar com um problema novo, que poderia ser assim formulado: *o que ocorre no momento em que um objeto, real ou imaginário, é convertido em linguagem?* Ou, para deixar ao circuito tradutor a ausência de vetor de que falamos: *no momento em que ocorre o encontro de um objeto com uma linguagem?* Se o vestuário de Moda parecer um objeto irrisório perante uma interrogação tão ampla, pense-se que essa mesma relação se estabelece entre o mundo e a literatura: não será ela a instituição que parece converter realidade em linguagem, que situa seu ser nessa conversão, tanto quanto nosso vestuário escrito? Aliás, a Moda escrita não será uma literatura?

IV. Descrição

1.9. Descrição literária e descrição de Moda

Realmente, Moda e literatura dispõem de uma técnica comum cuja finalidade é parecer transformar um objeto em linguagem: é a *descrição*. Essa técnica, porém, é exercida de maneiras bem diferentes nos dois casos. Em literatura, a descrição se apoia num objeto oculto (seja ele real ou imaginário): ela deve fazê-lo existir. Em Moda, o objeto descrito está atualizado, apresentado à parte em sua forma plástica (se não real, pois se trata apenas de fotografia). As funções da descrição de Moda, portanto, são reduzidas, mas, por isso mesmo, também originais: as informações que a língua comunica, por não precisarem oferecer o próprio objeto, são por definição as informações que a fotografia ou o desenho não podem transmitir, a menos que sejam pleonásticas. A importância do vestuário escrito confirma que existem funções específicas da linguagem das quais a imagem não poderia dar conta, seja qual for seu desenvolvimento na sociedade contemporânea. Então, particularmente no vestuário escrito, quais são as funções específicas da linguagem em relação à imagem?

1.10. Imobilização dos níveis de percepção

A primeira função da expressão verbal é imobilizar a percepção em certo nível de inteligibilidade (ou, como diriam os teóricos da informação, de apreensibilidade). Sabe-se que uma imagem comporta inevitavelmente vários níveis de percepção, e que o leitor de imagens dispõe de certa liberdade na escolha do nível no qual se detém (mesmo que não esteja consciente dessa liberdade): essa escolha certamente não é ilimitada: há níveis *ideais*: exatamente os níveis nos quais a inteligibilidade da mensagem é melhor; mas, do grão do papel àquela ponta de gola, e dessa gola ao vestido inteiro, todo olhar lançado à imagem implica inevitavelmente uma decisão; isso significa que o sentido de uma imagem nunca é seguro[24]. A linguagem suprime essa liberdade, mas também essa incerteza; traduz uma escolha e impõe, ordena que se detenha aí (ou seja, nem aquém nem além) a percepção de tal vestido, fixa o nível de leitura no tecido, no cinto, no acessório que o adorna. Toda expressão verbal, assim, tem uma função de autoridade, uma vez que escolhe por procuração, digamos, em lugar do olho. A imagem imobiliza uma infinidade de possibilidades; a palavra fixa uma única e certa[25].

1.11. Função de conhecimento

A segunda função da expressão verbal é uma função de conhecimento. A linguagem possibilita transmitir informações que a fotografia transmite mal ou simplesmente não transmite: a cor de um tecido (se a fotografia for em preto-e-branco), classificação de um detalhe inacessível à visão (*botão-fantasia, ponto sanfona*), existência de um elemento oculto em virtude do caráter plano da imagem (costas de uma peça de vestuário); de maneira geral, a linguagem soma um *saber* à imagem[26]. E, como

---

24. É conhecida a experiência de Ombredanne sobre a percepção da imagem fílmica (cf. E. Morin, *Le Cinéma ou l'homme imaginaire*, Ed. de Minuit, 1956, 250 p., p. 115).
25. Por isso todas as fotografias jornalísticas são legendadas.
26. Da fotografia ao desenho, do desenho ao esquema, do esquema à linguagem, há investimento progressivo de saber (cf. J.-P. Sartre, *L'Imaginaire*, Paris, Gallimard, 1948, 247 p.) [Trad. bras. *O imaginário*, São Paulo, Ática, 1996]

a Moda é um fenômeno de iniciação, nela a palavra desempenha naturalmente uma função didática: o texto de Moda representa de alguma maneira a fala autoritária daquele que sabe tudo o que está por trás da aparência confusa ou incompleta das formas visíveis; constitui, portanto, uma técnica de abertura do invisível, na qual quase se poderia encontrar, numa forma secularizada, o halo sagrado dos textos divinatórios; tanto que o conhecimento da Moda não é gratuito: comporta uma condenação para aqueles que se mantêm excluídos dele: a marca desonrosa do *démodé*[27] ou fora-de-moda. Evidentemente, tal função de conhecimento só é possível porque a linguagem, que o sustenta, constitui em si mesma um sistema de abstração; não que a linguagem da Moda intelectualize o vestuário; ao contrário, em muitos casos, ela ajuda a apreendê-lo de maneira muito mais concreta que a fotografia, ao restabelecer numa nota toda a densidade de um gesto (*aplique uma rosa*), mas sim por permitir manejar conceitos discretos (*brancura, maciez, aveludado*), e não objetos fisicamente completos; com seu caráter abstrato, a linguagem possibilita depreender certas funções (no sentido matemático do termo), dota o vestuário de um sistema de oposições funcionais (por exemplo, *fantasia/clássico*), que o vestuário real ou fotografado não pode manifestar de modo tão claro[28].

---

27. Cf. *infra*, 2, 3; 15, 3.
28. Em relação à fotografia, a linguagem teria um papel bastante análogo ao da fonologia em relação à fonética, pois permite depreender o fonema "como abstração extraída do som, ou conjuntos de características funcionais de um som" (N. S. Trubetskoi *apud* E. Buyssens, "La nature du signe linguistique" [A natureza do signo linguístico], *Acta linguistica*, II, 2, 1941, 82-6).

1.12. Função de ênfase

Ocorre também – e é frequente – que a expressão verbal parece dublar elementos do vestuário bem visíveis na fotografia: *gola ampla, ausência de botões, linha evasê da saia* etc. Isso porque a palavra também tem função de ênfase; a fotografia apresenta um vestuário em que nenhuma parte é privilegiada, que se consuma como um conjunto imediato; mas desse conjunto o comentário pode extrair alguns elementos para afirmar seu valor: é o *note* explícito (*Note: decote orlado com viés* etc.[29]). Essa ênfase, evidentemente, repousa num caráter intrínseco da linguagem: sua descontinuidade; o vestuário descrito é um vestuário fragmentário; em relação à fotografia, é resultado de uma série de escolhas, de amputações; sobre o *vestido macio de shetland de cinto alto com rosa aplicada*, são ditas algumas partes (substância, cinto, adorno), e esquecidas outras (mangas, gola, forma, cor), como se quem usa o vestido só estivesse vestida de uma rosa e de maleabilidade. Isso porque os limites do vestuário escrito já não são os limites da matéria, mas sim os do valor; se a revista nos diz que esse cinto é de couro, é porque seu couro vale de forma absoluta (e não sua forma, por exemplo); se nos fala de uma rosa num vestido, é porque a rosa vale tanto quanto o vestido; um decote, um franzido, se *ditos*, logo se tornam vestuário de pleno direito, tanto quanto todo um mantô. Aplicada ao vestuário, a ordem da língua separa o essencial do acessório; mas é uma ordem espartana: relega o acessório ao nada

....
29. De fato, todo o comentário de Moda é um *note* implícito, cf. *infra*, 3, 9.

do inominado[30]. Essa ênfase da linguagem comporta duas funções. Por um lado, possibilita reavivar a informação geral transmitida pela fotografia, quando esta, como todo conjunto informativo, tende a desgastar-se: quanto mais vestidos fotografados eu vejo, mais se banaliza a informação que recebo: a nota falada ajuda a revigorar a informação; quando ela é explícita (*note...*), em geral não versa sobre detalhes excêntricos – pois a própria novidade destes garante a força informativa –, mas sobre elementos tão comumente expostos à variação da Moda (golas, debruns, bolsos)[31], que é necessário recarregar a mensagem que contêm; aí a Moda não age de maneira diferente da própria língua, para a qual a novidade de uma expressão ou de uma palavra sempre constitui uma ênfase destinada a restaurar o desgaste de seu sistema[32]. Por outro lado, é perfeitamente funcional a ênfase dada pela língua a certos traços indumentários ao nomeá-los; a descrição não tem em vista isolar certos elementos para louvar seu valor estético, mas simplesmente tornar inteligíveis, de um modo analítico, as razões que transformam precisamente uma coleção de detalhes em conjunto organizado: a descrição é aí um instrumento de estruturação; ela possibilita orientar a percepção da imagem: tomado em si, um vestido fotografado não começa nem termina em parte alguma; nenhum de seus limites é privilegiado; ele pode ser olhado in-

---

30. Por antífrase, o que em Moda se chama de *acessório* é frequentemente o essencial, e o sistema falado tem precisamente o encargo de fazer o *quase nada* significar. *Acessório* é um termo que vem da estrutura real, econômica.
31. São os gêneros indumentários que mais se prestam à variação significante (cf. *infra*, 12, 7).
32. Cf. A. Martinet, *Éléments*, 6, 17.

definidamente ou pelo tempo de um relâmpago; o olhar que lhe é dirigido não tem duração, porque ele mesmo não tem itinerário regular[33]; ora, descrito, esse mesmo vestido (só ele era visto) começa no cinto, continua na rosa e termina no *shetland*; o próprio vestido mal é citado. Assim, ao introduzir uma duração organizada na representação do vestuário de Moda, pode-se dizer que a descrição institui um protocolo de desvendamento: a peça de vestuário é desvendada de acordo com certa ordem, e essa ordem implica inevitavelmente certos fins.

1.13. Finalidade da descrição

Que finalidade? É preciso entender que, do ponto de vista prático, a descrição de uma peça de vestuário de Moda não tem utilidade nenhuma; não seria possível construir uma peça de vestuário confiando apenas em sua descrição de Moda. A finalidade de uma receita de costura é transitiva: trata-se de fazer alguma coisa; a do vestuário escrito parece puramente reflexiva: o vestuário parece *dizer-se*, autoremeter-se, fechado numa espécie de tautologia. As funções da descrição, sejam elas de fixação, exploração ou ênfase, sempre visam apenas manifestar certo ser do vestuário de Moda, e esse ser só pode coin-

---

33. Uma experiência pouco confiável, feita nos Estados Unidos por uma confecção (citada por A. Rothstein, *Photo-Journalism*, New York Photographic Book Publishing Co, 1956, 197 p., pp. 85 e 99), porém, tentou encontrar o itinerário do olhar que "lê" a representação de uma silhueta humana: a zona privilegiada de leitura, aquela sobre a qual recai com mais frequência o olhar, seria o pescoço, ou seja, em termos indumentários, o colarinho: é bem verdade que a empresa em questão vendia camisas.

cidir com a própria Moda; o vestuário-imagem certamente pode estar *na Moda* (e está até por definição)[34], mas não poderia ser diretamente *a Moda*: sua materialidade, sua própria totalidade, sua evidência, digamos, convertem a Moda que ele representa em atributo, e não em ser; *esse* vestido que está sendo representado (e não descrito) pode ser algo diferente de "estar na Moda"; pode ser quente, esquisito, simpático, recatado, protetor etc., *antes* de estar na Moda; ao contrário, esse mesmo vestido, quando descrito, só pode ser a própria Moda; nenhuma função e nenhum acidente vêm perturbar a evidência de seu ser, pois funções e acidentes, quando anotados, procedem de uma intenção declarada de Moda[35]. Em suma, o fim peculiar da descrição é dirigir o conhecimento imediato e difuso do vestuário-imagem, por meio de um conhecimento mediato e específico da Moda. Encontra-se aí a diferença considerável, de ordem antropológica, que opõe olhar e leitura: olha-se um vestuário-imagem, lê-se um vestuário descrito, e é provável que a esses dois usos correspondam dois públicos diferentes; a imagem dispensa da compra, substitui a compra; podemos inebriar-nos com imagens, identificar-nos oniricamente com a modelo e, em termos reais, só seguir a Moda comprando alguns acessórios de butique; a expressão verbal, ao contrário, desvencilha o vestuário de toda e qualquer atualidade corporal; não passando de um sistema

---

34. A oposição entre um substantivo (*Fashion*) e um adjetivo (*fashionable*) traduziria melhor a oposição entre o ser e o atributo; mas o francês não dispõe de nenhum adjetivo que corresponda ao substantivo Moda.
35. A funcionalização do vestuário de Moda (*vestido para dançar*) é um fenômeno de conotação; portanto, faz parte integrante do sistema da Moda (cf. *infra*, 19, II).

de objetos impessoais cuja reunião pura e simples faz a Moda, o vestuário descrito incentiva à compra. A imagem provoca fascinação; a expressão verbal, apropriação; a imagem é plena, é um sistema saturado; a expressão verbal é fragmentária, é um sistema disponível: reunidas, a segunda serve para *frustrar* a primeira.

1.14. Língua e Fala, Vestuário e Traje

Será mais fácil compreender a relação entre vestuário-imagem e vestuário escrito, entre objeto representado e objeto descrito, se nos referirmos a uma oposição conceitual que se tornou clássica desde Saussure[36]: a oposição entre língua e fala. *Língua* é uma instituição, um corpo abstrato de coerções; *fala* é a parte momentânea dessa instituição, que o indivíduo extrai e atualiza para atender às necessidades da comunicação; a língua é oriunda da massa de falas emitidas, no entanto toda fala é extraída da língua: em história, essa dialética é a dialética entre estrutura e acontecimento; em teoria da comunicação, dialética entre código e mensagem[37]. Ora, em relação ao vestuário-imagem, o vestuário escrito dispõe de uma pureza estrutural que é, aproximadamente, a mesma pureza da língua em relação à fala: a descrição fundamenta-se, necessária e suficientemente,

---

36. F. de Saussure, *Cours de linguistique générale*, Paris, Payot, 4ª ed., 1949, cap. III. [Trad. bras. *Curso de linguística geral*, São Paulo, Cultrix, 20ª ed., 1997].
37. A. Martinet, *Éléments*, 1, 18. – A identidade entre código e língua, mensagem e fala foi discutida por P. Guiraud, "La mécanique de l'analyse quantitative en linguistique" [A mecânica da análise quantitativa em linguística], *in Études de linguistique appliquée*, n.º 2, Didier, 1963, p. 37.

na manifestação das coerções institucionais que fazem *este* vestuário, aqui representado, estar na Moda; ela não é perturbada em nenhum grau pela maneira como o vestuário é usado por um indivíduo em particular, mesmo que esse indivíduo seja "institucional", como a *cover-girl*[38]. Essa é uma diferença importante, e poderíamos convencionar chamar, sempre que necessário, de *vestuário* a forma estrutural, institucional da indumentária (aquilo que corresponde à língua), e de *traje* essa mesma forma atualizada, individualizada, vestida (o que corresponde à fala). Certamente o vestuário descrito não é completamente geral, permanece *escolhido*; digamos que é um exemplo gramatical, e não a própria gramática; mas pelo menos, falando em termos de linguagem informativa, diremos que não comporta nenhum *ruído*, ou seja, nada que perturbe o sentido puro por ele transmitido: ele é inteiramente constituído por *sentido*: a descrição é uma fala sem ruído. No entanto, essa oposição só é válida no nível do sistema indumentário; pois, no nível do sistema linguístico, é evidente que a própria descrição é sustentada por uma fala particular (a fala *desta* revista de Moda, *nesta* página); podemos dizer que se trata de vestuário abstrato confiado a uma fala concreta; o vestuário escrito é ao mesmo tempo instituição (ou "língua") no nível do vestuário e ato ("fala") no nível da linguagem. Esse estatuto paradoxal é importante: ele regrará toda a análise estrutural do vestuário escrito.

....
38. Sobre a *cover-girl*, cf. *infra,* 18, 11.

| **capítulo 2** | RELAÇÃO DE SENTIDOS

Para o almoço festivo em Deauville, corpete macio.

I. Campos com variações concomitantes ou classes comutativas

2.1. Prova de comutação

Com o vestuário escrito, vemo-nos diante de uma comunicação infinita, cujas unidades e funções não conhecemos, pois sua estrutura, apesar de oral, não coincide exatamente com a da língua[1]. Como estruturar essa comunicação? A linguística propõe um modelo operacional que tentaremos aproveitar, *a prova de comutação*. Ou seja, uma estrutura dada globalmente. A prova de comutação consiste em fazer um termo[2] dessa estru-

----
1. Cf. supra, I, 1.
2. Cabe lembrar aqui a observação de Saussure: "*Quando dizemos 'termo', em vez de 'vocábulo', evocamos a ideia de sistema*" (V. R. Godel, *Les Sources manuscrites du cours de linguistique générale de F. de Saussure*, Genebra, Droz, Paris, Minard, 1957, p. 90 e p. 220).

tura variar artificialmente e observar se essa variação introduz alguma mudança na leitura ou no uso da estrutura dada; assim, por aproximações sucessivas, podemos esperar, por um lado, apreender os menores fragmentos de substância responsáveis por uma mudança de leitura ou de uso e, por conseguinte, definir esses fragmentos como unidades estruturais; por outro lado, observando o que varia conjuntamente, temos condições de fazer um inventário geral das variações concomitantes e, por conseguinte, determinar certo número de classes comutativas no conjunto da estrutura dada.

2.2. Classes comutativas: vestuário e mundo

A revista facilita muito a prova de comutação por realizá-la abertamente em alguns casos privilegiados. Se alguém nos disser, por exemplo, que *esse cardigã longo é bem-comportado quando não é forrado e descontraído quando reversível*, veremos imediatamente que há duas variações concomitantes: uma variação do vestuário (passagem da *ausência de forro* para o *reversível*) produz uma variação de caráter (conversão do *bem-comportado* em *descontraído*); inversamente, a variação do caráter obriga a uma variação do vestuário. Reunindo todos os enunciados que tenham claramente tal estrutura, somos levados a afirmar a existência (no nível do vestuário escrito) de duas grandes classes comutativas: numa se situam todos os traços indumentários, e na outra, todos os traços caracterológicos (*bem-comportado, descontraído* etc.) ou circunstanciais (*noite, fim de semana, com-*

pras etc.); por um lado, formas, matérias, cores; por outro, situações, ocupações, estados, humores; ou, para simplificar ainda mais: por um lado, o vestuário; por outro, o mundo. Mas não é só isso. Se abandonarmos o exame desses casos privilegiados e passarmos para o dos enunciados simples, aparentemente desprovidos de dupla variação concomitante, não deixamos de encontrar com grande frequência, explicitados pela língua, termos provenientes de nossas duas classes comutativas, o vestuário e o mundo; se a revista nos diz que *os estampados vencem o dérbi*, podemos tentar artificialmente a comutação e, remetendo-nos aos outros enunciados do *corpus*, constatar, por exemplo, que a passagem dos estampados aos lisos provoca (em outro lugar) uma passagem do dérbi para as recepções ao ar livre, enfim, que uma variação do vestuário é inevitavelmente acompanhada por uma variação do mundo e vice-versa[3]. Essas duas classes comutativas, mundo e vestuário, abrangem grande número de enunciados de Moda: todos aqueles nos quais a revista atribui ao vestuário certa função, ou, mais vagamente, certa adequação: *o acessório faz a primavera. – A tarde exige franzido. – Esse chapéu é jovial porque deixa a testa à mostra. – Sapatos ideais para a caminhada* etc. Ao dar um título ("Mundo", "Vestuário") às duas classes que acabamos de identificar, "preenchendo-as" com certo conteúdo que, na verdade, não é assumido em lugar nenhum pela língua da revista (ela nunca fala

---

3. A menos, evidentemente, que a revista não *neutralize* explicitamente as variações do mundo (*"este suéter para cidade ou campo"*) ou as do vestuário (*"para as noites de verão, musselina ou tafetá"*), cf. *infra*, 11, III e 14, II.

em "mundo" nem em "vestuário"), o analista traz à baila sua própria linguagem, em suma uma metalinguagem; rigorosamente, deveríamos limitar-nos a chamar essas duas classes de X e Y, pois, na origem, seu fundamento é apenas formal; no entanto, pode ser útil marcar desde já a disparidade das substâncias (aqui indumentárias, acolá mundanas[4]) implicadas em cada uma das duas classes; e, principalmente, notar que, nos exemplos citados aqui, as duas classes estão igualmente atualizadas ou, se preferirem, explicitadas: nem o vestuário nem o mundo estão jamais desprovidos de uma expressão verbal[5].

2.3. Classes comutativas: vestuário e Moda

As classes vestuário e mundo, porém, estão longe de esgotar todo o *corpus* estudado; em muitos enunciados, a revista se limita a descrever o vestuário, sem o correlacionar com caracteres ou circunstâncias provenientes do mundo; aqui, *um bolero curto e justo para o conjunto de shetland azul-turquesa, o casaco sem gola, mangas três-quartos e dois bolsos embutidos na saia;* ali, *um casaquinho curto, todo abotoado nas costas, gola amarrada como uma pequena echarpe* etc.; parece que esse tipo de exemplo só pode ser obtido numa única classe, o vestuário, e, por conseguinte, falta a esses enunciados o termo correlativo sem o qual não pode ocorrer a prova de comutação, portanto a estruturação

---
4. Usaremos aqui "mundano", não em sentido puramente festivo (*"uma recepção mundana"*), mas no sentido de: pertencente ao mundo, intramundano.
5. Veremos adiante (*infra*, 17, 4) que alguns termos mundanos podem tornar-se termos indumentários: trata-se de significados solidificados em significantes (*uma camisa esporte*).

| *Relação de sentidos* |

do vestuário escrito. No primeiro caso, provocando-se a variação do vestuário, provocava-se a variação do mundo (e vice-versa), mas, para que o vestuário continue constituindo uma classe comutativa, mesmo quando é pura e simplesmente descrito, seria preciso que, mudando-se um termo da descrição, se determinasse *em outro lugar* uma mudança concomitante. Ora, cabe lembrar aqui que toda descrição de vestuário está submetida a certa finalidade, que é manifestar, ou melhor, transmitir a Moda: todo vestuário comentado coincide com o ser da Moda. Segue-se que, provocando-se a variação de alguns elementos do vestuário descrito, determina-se uma variação concomitante na Moda; e, como a Moda é um todo normativo, uma lei sem grau, fazer a Moda variar é sair dela; mudar um enunciado de Moda (pelo menos em sua terminologia)[6], imaginar, por exemplo, um casaquinho curto abotoado *na frente*, e não *nas costas*, é passar correlativamente da Moda ao fora-de-moda. É provável que a classe *Moda* só comporte uma única variação *(Moda / fora-de-moda)*; mas isso basta para validá-la, pois essa variação, por mais pobre que seja, possibilita a prova de comutação. Em todos os casos nos quais o vestuário não seja correlacionado com o mundo, estamos diante de um novo par de classes comutativas, constituídas pelo vestuário e pela Moda. Contudo, ao contrário do primeiro par (*Vestuário ⇄ Mundo*), os termos provenientes do segundo par (*Vestuário ⇄ Moda*) são desigual-

....
6. Veremos adiante (cf. *infra*, 4, 9 e 5, 10) que o enunciado de Moda pode comportar variações insignificantes, uma vez que, como dissemos, a estrutura do vestuário, mesmo escrito, não coincide exatamente com a da língua.

mente atualizados: o *na-moda* quase nunca é enunciado: fica implícito, exatamente como o significado de um vocábulo[7].

2.4. Conjuntos A e conjuntos B

Para resumir, chegamos à certeza de que todo enunciado, fornecido pelo *corpus* estudado, comporta dois termos oriundos de duas classes comutativas. Ora esses dois termos são explícitos (*Vestuário* ⟨ *Mundo*), ora um é explícito (*Vestuário*) e o outro é implícito (*Moda*). Mas, seja qual for o par de classes que tenhamos, um termo é sempre enunciado e, por conseguinte, a classe à qual ele pertence é atualizada: o Vestuário[8]. Isso explica por que a comutação sempre ocorre ou entre o vestuário e o mundo, ou entre o vestuário e a Moda, mas nunca diretamente entre o mundo e a Moda, nem entre o vestuário mundano e a Moda[9]: mesmo dispondo de três campos, sempre só estamos diante de dois conjuntos comutativos: um conjunto A (*Vestuário* ⟨ *Mundo*) e um conjunto B (*Vestuário* ⟨ *[Moda]*). Logo, esgotaremos o *corpus* identificando todos os enunciados

....

7. Sem nos referirmos ao sentido linguístico, chamaremos aqui de *isologia* a coincidência substancial entre significante e significado no signo, que acarreta o caráter implícito do significado (cf. *infra*, 21, I).
8. Exemplos I. estampados   ⟨ dérbi
              acessórios   ⟨ primavera
              chapéu   ⟨ juventude
              sapatos   ⟨ andar
           II. jaqueta-bustiê, abotoada ⟨ [Moda]
              bolero curto e aberto ⟨ [Moda]
9. Existe relação entre o vestuário mundano e a Moda, mas essa relação é indireta, da alçada do segundo sistema de relação (cf. *infra*, 3, 9 e 3, 11).

pertencentes ao conjunto A e todos os enunciados pertencentes ao conjunto B.

II. Relação significante

2.5. Equivalência

Seria possível comparar as classes comutativas a reservas nas quais a revista fosse buscar a cada vez certo número de traços, que constituem o enunciado de Moda. Esses traços ou grupos de traços sempre andam aos pares (peculiaridade da comutação). Portanto, qual é a natureza da relação que une esses traços ou grupos de traços? No caso do par A, a relação das duas classes é muito variada à primeira vista: ora a finalidade (*estes sapatos são bons para à caminhada*), ora a causalidade (*esse chapéu é jovial pois deixa a testa à mostra*), ora a transitividade (*o acessório faz a primavera*), ora a circunstância (*é no dérbi que vemos os estampados, é à tarde que os vestidos franzidos devem ser usados*); parece que, para a revista, vestuário e mundo podem entrar em qualquer tipo de relação. Isso significa que, de certo modo, o conteúdo dessa relação é indiferente para a revista; como a relação é constante, e o conteúdo, variado, entende-se por que aquilo que interessa à estrutura do vestuário escrito é a constância da relação, e não seus conteúdos[10]; esses conteú-

---

10. A bem da verdade, o conteúdo da relação é indiferente em certo nível da estrutura (o nível de que tratamos no momento), mas não em todos os seus níveis; pois as funções escritas do vestuário fazem parte do nível de conotação, fazem parte do sistema da Moda (cf. *infra*, 19, 11).

dos podem perfeitamente ser falaciosos (por exemplo, o acessório não produz primavera nenhuma), sem que deixe de existir correlação entre vestuário e mundo; essa correlação, de certo modo, é vazia: estruturalmente, ela nada mais é que uma *equivalência*[11]: o acessório *vale-pela* primavera, os sapatos *valem-pela* caminhada, os estampados *valem-pelo* dérbi. Em outras palavras, quando se tenta reduzir a diversidade das razões do vestuário a uma função suficientemente geral para contê-las todas (o que é peculiar à análise estrutural), constata-se que a precisão funcional do enunciado nada mais é que a variação de uma relação muito mais neutra, que é a simples equivalência. O caráter de algum modo vazio da relação se mostra ainda mais quando se trata do par B (*Vestuário ⟨ [Moda]*); por um lado, como o segundo termo é aí quase sempre implícito[12], a relação não pode ser variada; por outro lado, sendo puro valor, a Moda não pode produzir o vestuário ou constituir um de seus usos; pode-se admitir que um impermeável protege da chuva e, por isso, pelo menos original ou parcialmente, exista uma verdadeira relação transitiva entre o mundo (a chuva) e o vestuário (o impermeável)[13]; mas, se um vestido é descrito por honrar o valor de Moda, entre esse vestido e a Moda só pode haver uma

....
11. *Equivalência*, e não *identidade*: vestuário não é mundo. Percebe-se isso no exemplo seguinte, que, evidentemente, é anotado como um paradoxo: *Estilo jardim para o jardim*. A partir de agora usaremos o símbolo gráfico ≡ para designar a relação de equivalência (e não =, que é o símbolo da identidade). Escreveremos portanto: Vestuário ≡ Mundo e Vestuário ≡ Moda.
12. Quase sempre: *quase*, porque a revista às vezes diz: a Moda está no azul.
13. Aliás, isso seria formular parcialmente o problema, pois, como veremos a seguir (*infra*, 19, 2), toda função é também um signo.

simples relação de conformidade convencional, já não funcional: é realmente a revista, e não o uso, que institui a equivalência entre vestuário e Moda. Assim, a relação de equivalência das duas classes comutativas é sempre certa: nos conjuntos B, por ser declarada; nos conjuntos A, por ser constante sob a variedade das figuras que a revista lhe dá.

2.6. Orientação

Não é só isso. A equivalência entre vestuário e mundo, vestuário e Moda, é uma equivalência orientada; uma vez que os dois termos que a compõem não têm a mesma substância, não podem ser manipulados da mesma forma. Os traços mundanos são infinitos (sem limites precisos), inumeráveis e abstratos; as classes do mundo e da Moda são imateriais; a do vestuário, ao contrário, é constituída por uma coleção finita de objetos materiais; portanto, é inevitável que, quando confrontados numa relação de equivalência, mundo e Moda, por um lado, e vestuário, por outro, se tornem termos de uma relação de manifestação: não só o traço indumentário vale pelo traço mundano ou pela asserção de Moda[14], como também os manifesta. Em outras palavras, propondo a equivalência entre visível e invisível, a relação entre vestuário e mundo ou Moda se presta a um único uso, o uso de certa *leitura*. Essa leitura não pode ser completamente confundida com a leitura imediata do

....
14. Asserção, e não traço, porque a classe "Moda" só comporta uma variação: *Moda/não-Moda*.

enunciado, que visa decifrar a equivalência entre vocábulos-letras e vocábulos-sentidos; de fato, em sua extensão verbal, o próprio enunciado nos serve *para ler*, em segundo grau, a equivalência entre mundo ou Moda e vestuário. Para além dos vocábulos que o compõem, todo enunciado da revista, portanto, constitui um sistema de significações, composto de um significante, de termos discretos, materiais, enumeráveis e visíveis – o vestuário –, e um significado imaterial, que, segundo o *caso*, é o mundo ou a Moda; em conformidade com a nomenclatura saussuriana, chamaremos de *signo*[15] a correlação dos dois termos: significante indumentário e significado mundano ou de Moda. Por exemplo, toda a frase: os *estampados vencem o dérbi* constituirá um signo, em que os *estampados* serão o significante (indumentário) e o dérbi o significado (mundano): *casaquinho curto totalmente abotoado nas costas, gola amarrada como uma pequena echarpe* será o significante do significado implícito [*na-Moda*] e também, por conseguinte, um signo completo, tal como o vocábulo na língua.

2.7. Direções de análise: profundidade e extensão

A partir de agora é possível conferir à análise do vestuário escrito duas direções complementares. Por um lado, como vimos, uma vez que todo enunciado comporta pelo menos duas leituras – a dos vocábulos e a da relação significante *Mundo*,

---

15. *Signo*, no sentido saussuriano, é a reunião de significante e significado, e não apenas significante, como se costuma acreditar (A. Martinet, *Éléments*, p. 20).

| *Relação de sentidos* |

[*Moda*] ≡ *Vestuário* –, ou, se preferirem, uma vez que o signo indumentário se oferece à leitura através de um discurso que o transforma em função (*este vestuário serve para tal uso mundano*), ou em asserção de valor (*este vestuário está na Moda*), podemos concluir desde já que o vestuário escrito comporta pelo menos dois tipos de relação significante; logo, cabe prever uma análise profunda, destinada a depreender do enunciado de Moda os planos significantes que o compõem. Por outro lado, visto estar claro que todos os signos indumentários se organizam segundo um sistema de diferenças, será lícito discernir no vestuário escrito a presença de um *código indumentário*, no qual uma classe de significantes (o vestuário) será o *vale-por* de uma classe de significados (o mundo ou a Moda); portanto, o que se deve interrogar não é tanto o próprio signo[16], porém o modo como os significantes indumentários se organizam entre si[17], ou seja, sua extensão; pois o que fundamenta um sistema de signos não é a relação entre um significante e um significado (essa relação pode fundamentar um símbolo, mas não necessariamente um signo), é a inter-relação dos significantes: a *profundidade* de um signo nada acrescenta à sua determinação; o que conta é sua extensão, o papel que ele desempenha em relação a outros signos, o modo sistemático como se assemelha a eles ou deles difere: todo signo recebe seu ser de seu entorno, e não de suas raízes. A análise semântica do vestuário escrito, portanto, deve-

---

16. O signo de Moda será analisado no cap. 15.
17. É a parte mais importante do sistema da Moda, tratada do cap. 5 ao cap. 12.

rá prosseguir em profundidade quando se tratar de "deslindar" os sistemas, e em extensão quando se tratar de analisar a sucessão dos signos, no nível de cada um desses sistemas. Começaremos esclarecendo com a maior clareza possível a imbricação dos sistemas cuja existência acabamos de pressentir.

| **capítulo 3** | ENTRE AS COISAS E AS PALAVRAS

Um debrunzinho faz todo o alinho.

I. Sistemas simultâneos: princípio e exemplos

3.1. Princípio dos sistemas simultâneos: conotação e metalinguagem

Vimos que um enunciado de Moda implica pelo menos dois sistemas de informação: um sistema propriamente linguístico, que é a língua, e um sistema "indumentário", segundo o qual o vestuário (*estampados, acessório, saia plissada, casaquinho curto* etc.) significa ora o mundo (*dérbi, primavera, maturidade*), ora a Moda. Esses dois sistemas não estão separados: o sistema indumentário parece assumido pelo sistema linguístico. O problema criado pela coincidência de dois sistemas semânticos num único enunciado foi abordado principalmente por Hjelmslev[1].

---
1. *Essais*, p. 43.

Sabe-se que a linguística distingue na língua um plano da expressão (E) e um plano do conteúdo (C); esses dois planos estão unidos por uma relação (R), e o conjunto formado pelos planos e pela relação constitui um sistema (ERC); ora, o sistema assim constituído pode tornar-se simples elemento de um segundo sistema que, por conseguinte, será extensivo. O desmembramento dos dois sistemas pode ser feito no nível de dois pontos de articulação diferentes; no primeiro caso, o sistema primário constitui o plano de expressão do sistema secundário: (ERC) R C: o sistema 1 corresponde então ao plano da *denotação*, e o sistema 2, ao plano da *conotação*; no segundo caso, o sistema primário (ERC) constitui o plano do conteúdo do sistema secundário: E R (ERC); o sistema 1 corresponde então ao plano da *linguagem-objeto*; o sistema 2, ao plano da *metalinguagem*. Conotação e metalinguagem opõem-se, pois, como num jogo de espelhos, de acordo com o lugar do primeiro sistema no segundo. Um esquema grosseiro (pois na língua expressão e conteúdo se confundem num mesmo momento) explicará esses desmembramentos simétricos:

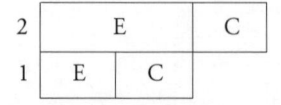

2	E	C				E		C	
1	E	C					E	C	

Segundo Hjelmslev, as metalinguagens são *operações*, constituem a maioria das linguagens científicas, cujo papel é fornecer a um sistema real, apreendido como significado, um conjunto de significantes originais, de natureza descritiva. Diante das metalinguagens, as conotações impregnam as linguagens amplamente sociais, nas quais uma primeira mensagem, ou mensagem literal, serve de suporte a um sentido segundo, geralmente de ordem afetiva ou ideológica[2]; os fenômenos de conotação certamente têm grande importância, ainda desconhecida, em todas as linguagens de cultura, especialmente em literatura.

3.2. Conjuntos de três sistemas: pontos de articulação

Para que haja conotação ou metalinguagem, bastam dois sistemas. No entanto, nada impede que se concebam conjuntos de três sistemas; mas, como as mensagens da linguagem articulada normalmente estão saturadas por dois sistemas (no caso mais amplamente socializado, trata-se da denotação-conotação, que nos ocupará mais aqui), o terceiro sistema desses conjuntos tripartites é naturalmente constituído por um código extralinguístico, cuja substância é o objeto ou a imagem; por exemplo, um conjunto linguístico, denotante-conotante, encarrega-se de um primeiro sistema significante de objetos; o conjunto apresenta então duas articulações diferentes: um faz passar do código real (de objetos) ao sistema denotante da língua; o outro faz passar do sistema denotante da língua ao seu sistema conotante. A essa diferença de substâncias corresponde a

....
2. *Mythologies* (*OC*, t. I, pp. 684 ss.) [Trad. bras. *Mitologias*, Rio de Janeiro, Difel, 2003].

própria oposição entre metalinguagem e conotação: quando a denotação linguística se encarrega do código real, age como uma metalinguagem, pois esse código se torna o significado de uma nomenclatura ou, se preferirem, de um puro sistema *terminológico*; esse duplo sistema é então captado, como significante, pela conotação final, integrado num terceiro e último sistema que poderia ser chamado de *retórico*:

3. *Linguagem articulada: sistema retórico*	E	C
2. *Linguagem articulada: sistema terminológico*	E C	
1. *Código real*	E C	

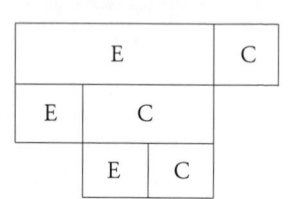

O sistema 3 é pura conotação; o sistema 2, intermediário, é ao mesmo tempo denotação (em relação ao sistema 3) e metalinguagem (em relação ao sistema 1). A assimetria dos pontos de articulação (aqui significante, ali significado) decorre da disparidade das substâncias; como os sistemas 2 e 3 são linguísticos, há entre eles homogeneidade de significantes (são vocábulos, frases, formas fônicas); ao contrário, como os sistemas 1 e 2 são mistos, um real e outro linguístico, seus significantes não podem intercomunicar-se diretamente; a substância do código real não pode alimentar sem intermediação a substância do código verbal; por isso, nesse movimento de desmembramento, o código real é assumido pela parte insubstancial, conceitual, do sistema linguístico, ou seja, por seu significado.

Aqui é preciso dar um exemplo, extraído da sinalização de trânsito *ensinada*, ou seja, *falada*[3].

3.3. Sinalização de trânsito ensinada

Tenho diante de mim três faróis de cores diferentes (vermelho, verde, amarelo). Não tenho necessidade nenhuma da língua para entender que se trata de sinais, cada um com um sentido diferente (proibição, liberdade, atenção[4]): precisarei apenas do tempo da aprendizagem, em virtude da qual esse sentido surgirá das próprias situações em que o signo for empregado: à força de associar o verde à passagem e o vermelho à parada, acabarei decifrando a relação semântica; estou diante de um código, e esse código é real, não-linguístico, composto de significantes visuais, que os surdos-mudos poderiam perfeitamente utilizar. Mas, se for de meu instrutor que eu receber o sentido desses sinais, a fala desse instrutor virá intermediar o código real; e, como a própria fala é um sistema significante, estarei diante de um conjunto binário, heterogêneo, meio real, meio linguístico; no primeiro sistema (ou código de trânsito propriamente dito), certa cor (percebida, mas não nomeada) significa certa situação; confiada à fala do instrutor, essa equi-

....
3. A partir de Buyssens, provavelmente (*Les Langages et les Discours*, Bruxelas, J. Lebègue, 1943, 99 p.), a sinalização de trânsito serve de exemplo básico para a reflexão semiológica; é um exemplo útil, desde que nos lembremos de que o código de trânsito é um código paupérrimo.
4. Deve-se notar que, nesse código elementar, os significados se organizam em oposição estruturada: há dois termos polares (*proibido/permitido*) e um termo misto (*ao mesmo tempo proibido e permitido = atenção*).

valência semântica é acompanhada por um segundo sistema, também semântico, pois faz de uma substância verbal (*frase*) o significante de um certo conceito (*proposição*). No estado atual da análise, disponho portanto de dois sistemas desmembrados, conforme o esquema abaixo[5]:

	St:	Sd:
2. *Código falado*	/Vermelho é sinal de proibição/: Frase	"Vermelho é sinal de proibição": Proposição
1. *Código real*	St: Percepção do vermelho	Sd: Situação de proibição

Convém parar aqui por um instante. Pois, mesmo que meu instrutor fosse suficientemente objetivo para enunciar literalmente, em tom neutro, que "vermelho é sinal de proibição", enfim, se sua fala atingisse um estado rigorosamente denotado do real (o que é bastante utópico), nunca é impunemente que a língua intermedeia um primeiro sistema de significações. Se aprendo o código de trânsito de uma maneira empírica (extralinguística), percebo diferenças, não qualidades: vermelho, verde e amarelo (para mim) não têm outra realidade senão a inter-

---

[5]. A imperfeição – evidente – desse esquema decorre da natureza da língua, que confunde substancialmente seus significantes e significados, de tal modo que toda extensão da equivalência semântica (sua espacialização) é uma deformação. – *Conceito* é uma noção discutível da teoria saussuriana; é empregado aqui como lembrança, sem que se aborde a sua discussão.

relação, o jogo de oposições[6]; a intermediação linguística decerto tem uma vantagem: economiza o recurso a uma tabela de funções; mas também, ao isolar e distanciar o signo, possibilita "esquecer" a oposição virtual dos primeiros significantes; pode-se dizer que a língua solidifica a equivalência entre vermelho e proibição: o vermelho torna-se a cor "natural" do proibido; de signo, a cor passa a símbolo; o sentido já não é forma: ele se substantifica. Estendida para outro sistema semântico, a língua tende assim a naturalizá-lo: a mais social das instituições é esse poder que possibilita aos homens produzir o "natural". Mas não é só isso. Pode-se dizer que a fala do instrutor nunca é neutra; no exato momento em que ele parece dizer-me simplesmente que o vermelho sinaliza uma proibição, também está dizendo outra coisa: o humor e o caráter dele, o "papel" que ele deseja assumir diante de mim, nossa relação de aluno e professor; esses novos significados não são reportados aos vocábulos do código ensinado, mas a outras formas do discurso (os "valores", a expressão, a entonação, tudo o que constitui a retórica ou a fraseologia do instrutor). Em outras palavras, sobre a própria fala vai-se edificando aos poucos, de maneira inevitável, um outro sistema semântico, que é propriamente de conotação. Finalmente estamos aqui diante de um conjunto ternário, composto de um código real, um sistema terminológico ou denotante e um sistema retórico ou conotante, segundo um esquema teórico que já esboçamos e agora basta preencher:

....
6. Tem-se aí, de fato, uma situação utópica; na qualidade de indivíduo culturalizado, mesmo sem linguagem, só posso ter uma ideia mítica do "vermelho".

	St:		Sd:
3. Sistema retórico	Fraseologia do instrutor		"Papel" do instrutor
2. Sistema terminológico	St: /Vermelho é sinal de proibição/: Frase	Sd: "Vermelho é sinal de proibição": Proposição	
1. Código de trânsito real		St: Percepção do vermelho	Sd: Situação de proibição

Esse esquema inspirará duas observações.

3.4. Dissociação dos sistemas

Em primeiro lugar, como os dois sistemas inferiores estão presentes por inteiro no sistema superior, é no nível retórico que o conjunto se consuma imediatamente; decerto recebo uma mensagem objetiva: *vermelho é sinal de proibição* (prova disso é que meus atos poderão adequar-se), mas o que eu vivencio realmente é a fala de meu instrutor, é sua fraseologia; se, por exemplo, essa fraseologia for intimidadora, a significação do vermelho comportará inevitavelmente certo terror: no processo rápido (quando vivenciado) da mensagem, não posso pôr de um lado o significante do sistema terminológico e do outro o significado do sistema retórico, dissociar o vermelho do terror. A dissociação dos dois sistemas só pode ser teórica ou experimental: ela não corresponde a nenhuma situação real; pois é raríssimo que, diante de uma fala intimidadora (que é sempre uma fala conotada), alguém tenha o poder de separar *in petto* a mensagem denotada (conteúdo do discurso) da mensagem conotada (intimidação); ao contrário, a segunda mensagem impregna fortemente a primeira, às vezes a ponto de substituí-la e impedir sua inteligibilidade: um tom ameaçador pode atordoar a tal ponto que obscureça completamente a ordem emitida; inversamente, a dissociação dos dois sistemas seria uma maneira de distanciar a mensagem do segundo sistema e, por conseguinte, "objetivar" seu significado (por exemplo, tirania): por certo é isso que o médico faz quando insultado por seu paciente: ele se abstém de confundir o significado próprio do discurso agressivo e o símbolo neurótico que ele constitui; mas, se esse mesmo médico saísse de sua situação experimental e ouvisse o mesmo discurso numa situação real, a dissociação seria muito mais difícil.

3.5. Hierarquia dos sistemas

Isso leva à segunda observação. Mesmo se supondo que possam ser dissociados, os três sistemas não implicariam a mesma abertura de comunicação. O código real supõe uma comunicação prática baseada no aprendizado e, por conseguinte, em certa duração; portanto, trata-se em geral de uma comunicação simples e estrita (por exemplo, o código de trânsito, o código para pouso de aviões etc.). O sistema terminológico implica comunicação imediata (ela não precisa de tempo para ser elaborada: o vocábulo economiza toda uma duração de aprendizagem), mas conceitual; é uma comunicação "pura". A comunicação instaurada pelo sistema retórico é, em certo sentido, mais ampla, pois esse sistema abre a mensagem para o mundo social, afetivo, ideológico: se definíssemos o real pelo social, o sistema retórico seria o mais real, enquanto o sistema terminológico, por ser mais formal, assemelhado a uma lógica, seria menos real; mas também esse código denotado é mais "escolhido", é ele que demonstra melhor um puro esforço humano: um cão pode compreender o primeiro código (sinais) e o último (jogo de entonações do dono), mas não pode compreender a mensagem denotada, que é acessível apenas ao homem. Se fosse preciso hierarquizar os três sistemas de um ponto de vista antropológico, medindo o homem pelos poderes do animal, poderíamos dizer que o animal pode receber e emitir sinais (primeiro sistema); que só pode receber o último[7]; e que não pode receber nem emitir o segundo; o homem, ao contrário, tem o poder de converter objetos em signos, transformar esses signos em linguagem articulada, e a mensagem literal em mensagem conotada.

II. Os sistemas do vestuário escrito

3.6. Cálculo dos sistemas

As observações gerais que acabamos de fazer acerca dos sistemas simultâneos permitirão agora descrever aquilo que po-

....
7. Um cão não pode usar os sinais que emite para construir um segundo sistema de razões e máscaras.

deríamos chamar de "geologia" do vestuário escrito e especificar o número e a natureza dos sistemas que ele mobiliza. Como recensear esses sistemas? Com uma série de provas dirigidas de comutação: basta levar essa prova a diferentes níveis do enunciado e observar se ela de fato designa signos especificamente diferentes; esses signos, então, remetem necessariamente a sistemas que também são diferentes. Por exemplo, a prova de comutação designará aqui o vocábulo como simples parte do sistema linguístico (*pars orationis*); ali, esse mesmo vocábulo (ou grupo de vocábulos, ou mesmo uma frase), como elemento de uma significação indumentária; acolá, como significante da Moda, e em algum outro lugar, como significante estilístico: é a multiplicidade dos níveis de comutação que demonstra a pluralidade dos sistemas simultâneos. É preciso insistir nisso, pois toda a análise semiológica aqui proposta baseia-se numa distinção entre língua e código indumentário escrito que pode chocar, mas cuja validade decorre do seguinte: língua e descrição indumentária não têm o mesmo nível de comutação. Como no vestuário escrito há duas espécies de equivalência e dois pares de classes comutativas (conjuntos A: *vestuário ≡ mundo*; conjuntos B: *vestuário ≡ Moda*), analisaremos de início os enunciados com significados explícitos (conjuntos A) e depois os enunciados com significados implícitos (conjuntos B), para em seguida interrogarmos as relações entre esses dois conjuntos.

3.7. Sistemas dos conjuntos A

Seja um enunciado com significado explícito (mundano): *os estampados vencem o dérbi*. Já sei que tenho aqui pelo menos dois sistemas significantes. O primeiro, por princípio, está situado na realidade: se eu me transportasse (pelo menos naquele ano) a Auteuil, *veria*, sem precisar recorrer à linguagem, que existe equivalência entre o número de estampados e a festividade do dérbi; essa equivalência, evidentemente, é a equivalência que fundamenta todo o enunciado de Moda, pois é vivenciada como anterior à linguagem, e seus elementos são considerados reais, e não falados; ela põe em relação um vestuário real e uma circunstância empírica do mundo; seu signo típico é: *vestuário real* ≡ *mundo real*, e por essa razão doravante receberá o nome de: código indumentário real. No entanto, aqui, ou seja, nos limites do vestuário escrito (que nos comprometemos a respeitar por submissão à regra terminológica), a realidade (a pista de corridas de Auteuil, os estampados como tecido específico) nunca passa de referência: não vejo nem os estampados nem o dérbi; ambos me são representados por meio de um elemento verbal, que é tomado de empréstimo à língua; portanto, em meu enunciado a língua constitui um segundo sistema informativo, que chamarei de código indumentário escrito ou sistema terminológico[8], pois ele apenas denota de modo bruto a realidade do mundo e do vestuário, na forma de uma

---

8. Não pode ser chamado de sistema linguístico, pois os sistemas seguintes também são internos à língua.

nomenclatura; se eu parasse nesse nível a elaboração do vestuário escrito, obteria um enunciado do tipo: *neste ano, os estampados são o signo do dérbi*. Nesse sistema, o significante já não é *estampados* (como no sistema 1), mas o conjunto das substâncias fônicas (aqui: gráficas) necessárias ao enunciado, a que se dá o nome de *frase*; o significado já não é o *dérbi*, mas o conjunto dos conceitos[9] atualizados pela frase, que se chama *proposição*[10]. A relação entre esses dois sistemas obedece ao princípio das metalinguagens: o signo do código indumentário real torna-se o simples significado (proposição) do código indumentário escrito; esse significado segundo, por sua vez, é provido de um significante autônomo: a frase.

Sist. 2 ou terminológico	St: Frase	Sd: Proposição
Sist. 1 ou código indumentário	St: Vest. real	Sd: Mundo real

Mas não é só isso. Faltam em meu enunciado outros signos típicos (outras equivalências), portanto outros sistemas. Em primeiro lugar, é certo que a equivalência entre *estampados* e *dérbi*, entre vestuário e mundo, só é dada (escrita) porque expõe (significa) a Moda; em outras palavras, usar estampado no dérbi passa a ser o significante de um novo significado: a Moda; mas, como esse significado só é atualizado porque

---
9. Sempre em sentido saussuriano, ainda que esse termo seja discutível.
10. A distinção entre frase e proposição vem da lógica.

a equivalência entre mundo e vestuário é *escrita,* a própria notação dessa equivalência torna-se significante do sistema 3, cujo significado é a Moda: pelo simples *notado*, a Moda conota a relação significante entre estampados e dérbi, simplesmente denotada no nível do sistema 2. Esse sistema 3 (*estampado* ≡ *dérbi* ≡ *[Moda]*) tem sua importância, pois possibilita que todos os enunciados mundanos do conjunto A signifiquem a Moda (é verdade que de um modo menos direto do que os enunciados do conjunto B[11]); mas, como, apesar de tudo, se trata de um sistema muito reduzido – visto que seu signo típico só comporta uma variação binária (*notado/não-notado, Moda/fora-de-moda*) –, nós o chamaremos simplesmente de conotação de Moda. Em conformidade com o princípio dos sistemas desmembrados, é o signo do sistema 2 que se torna simples significante do sistema 3: com o mero ato da notação, o enunciado terminológico significa suplementarmente a Moda. Por fim, o conjunto dos três sistemas identificados até agora comporta um último significado original, portanto um último signo típico: quando enuncia que *os estampados vencem o dérbi,* a revista não diz apenas que os estampados significam dérbi (sistema 1 e 2) e que a correlação entre eles significa Moda (sistema 3), mas também mascara essa correlação com a forma dramática de competição (*vencer*); estamos, portanto, diante de um novo signo típico, cujo significante é o enunciado de Moda na for-

---

11. A diferença entre os dois conjuntos, decorrente do fato de que a Moda é denotada nos conjuntos B e conotada nos conjuntos A, é fundamental para a economia geral do sistema, em especial para aquilo que poderia ser chamada sua ética (cf. *infra*, 3, 10 e cap. 20).

ma completa e cujo significado é a representação que a revista faz, ou quer oferecer, do mundo e da Moda; tal como na sinalização de trânsito ensinada, a fraseologia da revista constitui uma mensagem conotante, destinada a transmitir uma certa visão do mundo; portanto, daremos a esse quarto e último sistema o nome de sistema retórico. Tais são, rigorosamente, os quatro sistemas significantes que devemos encontrar em todo enunciado com significado explícito (mundano)[12]: código indumentário real (1), código indumentário escrito ou sistema terminológico (2), conotação de Moda (3) e sistema retórico (4). Esses quatro sistemas, evidentemente, se dão a ler na ordem inversa de sua elaboração teórica; os dois primeiros fazem parte do plano de denotação, e os dois últimos, do plano de conotação: esses dois planos, como veremos, poderão constituir os níveis de análise do sistema geral[13].

4. Sist. retórico	*St:* Fraseologia da revista			*Sd:* Representação do mundo
3. Conotação de Moda	*St:* Notado		*Sd:* Moda	
2. Código indum. escrito	*St:* Frase	*Sd:* Proposição		
1. Código indum. real		*St:* Vest.	*Sd:* Mundo	

....
12. Ao falarmos de significado explícito, referimo-nos evidentemente ao sistema 2, ou terminológico.
13. Cf. *infra*, 4, 10.

3.8. Sistemas dos conjuntos B

O que ocorre com cada um desses sistemas nos enunciados do conjunto B, ou seja, quando o vestuário escrito é diretamente o significante do significado implícito *Moda*? Seja o seguinte enunciado: *Que toda mulher encurte a saia até o joelho, adote o axadrezado suave e use escarpim de duas cores.* Pode-se imaginar uma situação real, na qual todos esses traços indumentários (nenhum dos quais remete a um significado mundano) seriam recebidos imediatamente como um signo geral de Moda por todas as mulheres que vissem esse vestuário; portanto, estamos diante de um primeiro código indumentário real, análogo ao do par A, com a diferença de que o significado já não é o mundo, porém – de modo imediato (e já não indireto) –, a Moda. No entanto, esse código real só existe na revista na qualidade de referência de um código indumentário escrito; também aí a arquitetura dos enunciados A é idêntica à dos enunciados B, exceto por se notar mais uma vez (pois é nesse nível que a diferença aparece) que o significado Moda está sempre implícito. Ora, como a Moda aí é o significado do sistema 2, não pode servir de significado conotado do sistema 3, que já não tem razão de ser e desaparece: já não é a simples notação do signo *Vestuário* ≡ *Mundo* que remete à Moda, é o detalhe dos traços indumentários, sua organização "em si" que significa *imediatamente* a Moda, da exata maneira como, nos enunciados A, esse mesmo detalhe e essa mesma organização significavam imediatamente a circunstância mundana (dérbi):

nos enunciados B, já não há conotação de Moda. Mas, como o enunciado do vestuário (*que toda mulher encurte...*) assume a forma de decreto legal e quase religioso (pouco importa para a análise que seja *cum grano salis*), tem-se aí de novo um sistema de conotação: é o sistema retórico; tal como no caso dos enunciados A, ele transmite a representação da Moda que a revista pode ter ou quer transmitir, ou, mais exatamente, a representação da Moda no mundo, vivenciada como uma instância superior, de essência tirânica. Assim, os enunciados do par B só comportam três sistemas: um código indumentário real, um código indumentário escrito, ou sistema terminológico, e um sistema retórico; o plano de conotação só compreende um sistema, e não mais dois.

3. *Sistema retórico*	St: Fraseologia da revista		Sd: (Representação do mundo)
2. *Sistema indum. escrito*	St: Frase	Sd: Proposição	
1. *Código indum. real*		St: Vest.	Sd: Moda

3.9. Relações entre os dois conjuntos

Todo o vestuário escrito divide-se assim em dois tipos de conjunto: o primeiro com quatro sistemas, o segundo com três sistemas. Quais são as relações entre esses dois conjuntos? Cabe notar, já de início, que os dois conjuntos têm o mesmo significante típico no nível do plano de denotação: o vestuário ou, mais exatamente, uma sucessão de traços indumentários; segue-se que, quando se quiser estudar a estrutura dos códigos 1 e 2, será preciso analisar apenas um significante, o vestuário, quer ele faça parte de um enunciado A, quer de um enunciado B, isto é, seja qual for o conjunto a que pertença. Dito isso, cumpre ressaltar a diferença entre os dois conjuntos. Essa diferença está essencialmente no seguinte: a Moda é um valor conotado no conjunto A e um valor denotado no conjunto B. No nível do código 2 B, o sentido de Moda não provém da simples notação (ato de representar por notas), mas dos próprios traços indumentários; ou, mais exatamente, a notação é imediatamente absorvida no detalhe dos traços, não pode funcionar como significante, e a Moda não pode escapar à situação de significado imediato; mas, no conjunto A, interpondo significados mundanos entre o vestuário e a Moda, a revista se esquiva de algum modo à Moda, faz que ela regrida de um estado implícito para um estado latente[14]. Ora, a Moda é um valor arbitrário; no caso dos conjuntos B, o sistema geral se mostra, por conseguinte, como um sistema arbitrário ou, se preferirem, francamente cultural; no caso dos conjuntos A, ao contrário, a arbitrariedade da Moda se torna sub-reptícia, e o sistema geral se mostra como natural, pois o vestuário já não tem a aparência de signo, mas de função. Descrever: *um casaquinho curto totalmente abotoado*

....
14. Sobre implícito e latente, cf. *infra*, 16, 5.

nas costas etc. é fundar um signo[15]; afirmar que *os estampados vencem o dérbi* é mascarar o signo por trás da aparência de uma afinidade entre o mundo e o vestuário, ou seja, de uma natureza.

III. Autonomia dos sistemas

3.10. Grau de autonomia dos sistemas

Para analisar o sistema geral da Moda, é preciso poder manejar separadamente os sistemas que o compõem; logo, é importante avaliar o grau de autonomia desses sistemas; pois, embora alguns sistemas sejam indissolúveis, será preciso submetê-los juntos à análise. Um sistema será (relativamente) independente se, subtraindo-se seu significante do conjunto, continuar sendo possível manejar o restante do enunciado sem que o sentido respectivo dos sistemas residuais seja alterado. Portanto, sua autonomia poderá ser julgada opondo-se um sistema ao "restante" dos sistemas inferiores.

3.11. O sistema retórico

Confrontado com o "restante" dos sistemas que coroa, o sistema retórico é (relativamente) independente. Seja o seguinte

---

15. Com a ressalva de que o sistema retórico dos conjuntos B pode transformar esse signo em "fato natural" ("*as saias são curtas*"), (cf. cap. 19).

enunciado: *une petite ganse fait l'élégance* [*um debrunzinho faz todo o alinho*] (conjunto A). Pode-se facilmente depreender nesse enunciado uma sucessão de significantes retóricos: primeiramente, o emprego metafórico do verbo *faire* [*fazer*], que transforma o significado do código terminológico (*élégance* = *elegância, alinho*) em puro produto do significante[16] (*petite ganse* = *debrunzinho*); é também a ambiguidade do adjetivo *petit*, que remete ao mesmo tempo a uma medida física (≠ de *grande*) e a um juízo ético (= *humilde, modesto, simpático*)[17]*; também é a cesura da frase, que brinca com o dístico:

Um debrunzinho
faz todo o alinho[18]*

Por fim, o próprio isolamento do enunciado, montado como um provérbio preciosista. Ora, se subtrairmos do enunciado todos esses significantes retóricos, ainda sobrará um enunciado verbal do tipo: *o debrum é um signo de alinho*; na forma reduzida, denotada, esse enunciado ainda condensa os sistemas

....
16. Quando falamos, agora e adiante, de *significados* e *significantes*, sem maiores detalhes, trata-se e sempre se tratará dos elementos do código indumentário escrito ou sistema terminológico.
17. *Petit* é um dos raros termos que se situam entre o sistema denotado e o sistema conotado. Cf. *infra*, 4, 3 e 17, 3.
 * No original, o autor tece comentários sobre o emprego do adjetivo *petit* (pequeno), anteposto ao substantivo *ganse*; na tradução, preferimos empregar o sufixo *-zinho*, por nos parecer mais frequente em português do que a anteposição do adjetivo *pequeno* e se presta aos mesmos comentários. [N. da T.]
18. Exemplos numerosos desse procedimento: *Ela está à beira-mar, ela está sempre a par, dez guarda-roupas úteis e fúteis, Cabeça graciosa, preciosa, caprichosa*. [No original: Un(e) petit(e) ganse / Fait l'élégance]

1, 2 e 3. Portanto, será legítimo constituir o sistema retórico como objeto de análise independente.

3.12. A conotação de Moda

A conotação de Moda (sistema 3 do conjunto A) não tem autonomia nenhuma: não se pode separar a notação do *notado*; esse sistema, portanto, parasita inteiramente o código indumentário escrito; aliás, vimos que nos conjuntos B a notação de Moda se identifica com o enunciado terminológico dos traços indumentários, tornando-se seu simples significado denotado. Portanto, não se poderá submeter a conotação de Moda a uma análise independente.

3.13. Autonomia teórica do código indumentário escrito e do código indumentário real

Faltam os dois sistemas inferiores do conjunto (quer se trate do conjunto A, quer do conjunto B): o sistema terminológico e o código indumentário real. Em princípio, esses dois sistemas são independentes, porque constituídos por substâncias diferentes (aqui "vocábulos", ali objetos e situações); não se tem o direito de confundi-los completamente, de decretar que não há nenhuma diferença entre o vestuário real e o vestuário escrito, entre o mundo real e o mundo nominado; em primeiro lugar, porque a língua não é decalque da realidade e lhe impõe, no mínimo com a forma de nomenclatura, um recorte que já é uma construção; em segundo lugar porque, no caso do vestuário escrito, o sistema terminológico só poderia existir caso não se referisse à suposta existência de uma equivalência *real* entre o mundo e o vestuário, entre a Moda e o vestuário; certamente essa equivalência não está empiricamente estabelecida; nada "prova" (na revista) que o estampado vale realmente pelo dérbi, ou que o casaquinho curto vale realmente pela Moda; mas isso tem pouca importância para a distinção dos dois sistemas; pois para se ter o direito (e o dever) de distingui-los, basta que seus critérios de validade sejam diferentes: a validade do sistema terminológico depende das regras gerais da língua; a validade do código indumentário real depende da revista: é preciso que a equivalência entre vestuário e mundo, entre vestuário e Moda satisfaça às normas (por mais obscuras que sejam) do *fashion-group*. Portanto, há autonomia de princípio entre os dois sistemas[19], e o conjunto do sistema geral da Moda compreende três níveis teoricamente acessíveis à análise: retórico, terminológico e real.

....

19. A distinção, evidentemente, só é válida porque o próprio real (suposto) aqui constitui um código.

| **capítulo 4** | O VESTUÁRIO SEM FIM

O traje passeio se pontua de branco.

I. Transformações e divisões

4.1. Princípio e número

Imaginemos (se possível) uma mulher vestida com uma roupa sem fim, roupa tecida com tudo aquilo que a revista de Moda diz, pois essa roupa sem fim se apresenta por meio de um texto sem fim. Esse vestuário total precisa ser organizado, ou seja, é preciso recortar nele unidades significantes, para poder compará-las entre si e reconstituir a significação geral da Moda[1]. Esse vestuário sem fim tem duas dimensões: por um lado, aprofunda-se ao longo dos diferentes sistemas que com-

---

1. Sempre entendemos *significação* não no sentido corrente de significado, mas no sentido ativo de processo.

põem seu enunciado; por outro, como todo discurso, estende-se ao longo da cadeia dos vocábulos; portanto, é feito ora de blocos sobrepostos (são os sistemas ou códigos), ora de segmentos justapostos (são os significantes e os significados e a união entre eles, ou seja, os signos). Assim, em *um debrunzinho faz todo o alinho*, pudemos identificar[2] verticalmente quatro "blocos" ou sistemas (é verdade que um deles se subtrai imediatamente à análise: a conotação de Moda) e, horizontalmente, no nível terminológico, dois termos: um significante (um debrunzinho) e um significado (o alinho). Portanto, devemos dirigir a análise simultaneamente para trás (ou para baixo) da linha dos vocábulos e ao longo dessa linha. Isso equivale a prever, diante de todo enunciado de Moda, dois tipos de operação: *transformação*, quando os sistemas são reduzidos entre si, e *divisão*, quando se procuram isolar os elementos significantes e os elementos significados. A transformação visa aos sistemas em profundidade: a divisão visa aos signos de cada um deles em extensão. Transformações e divisões devem ser decididas com a garantia da prova de comutação: no vestuário sem fim só deveremos considerar os elementos cuja variação acarrete uma variação de significado: inversamente, todo elemento cuja alteração não tiver efeito sobre nenhum significado deverá ser declarado insignificante. Quantas operações de análise devemos prever? Visto que a conotação de Moda parasita inteiramente o código indumentário escrito, sempre há (tanto nos con-

....
2. Cf. *supra*, cap. 3.

juntos A quanto nos conjuntos B) apenas três sistemas para reduzir, portanto duas transformações: do sistema retórico para o código indumentário escrito e do código indumentário escrito para o código indumentário real. Quanto às divisões, nem todas são necessárias nem possíveis. A divisão da conotação de Moda (sistema 3 dos conjuntos A) não pode constituir uma operação autônoma, pois o significante (notação) é estendido a todo o enunciado, e o significado (Moda) está latente. A divisão do sistema terminológico (sistema 2) não tem cabimento aí, pois consistiria em estabelecer o sistema da língua francesa, que é tarefa da linguística propriamente dita[3]. A divisão do sistema retórico é possível e necessária; quanto à divisão do código indumentário real (sistema 1), como esse código só pode ser considerado através da língua, sua divisão, por mais necessária que seja, exigirá certa "preparação" e, digamos, certa "composição"; no entanto, para resumir, é preciso prever a submissão do vestuário sem fim a duas operações de "transformação" e a duas operações de "divisão".

II. Transformação 1:
do retórico ao terminológico

4.2. Princípio

A primeira transformação não suscita problemas originais, pois só se trata de desfazer a frase (ou o período) de seus valo-

---
3. Pode-se citar: K. Togeby, *Structure immanente de la langue française*, Copenhague, Nordisk Sprog og Kulturfortag, 1951.

res retóricos, para reduzi-la apenas ao enunciado verbal (denotado) de uma significação indumentária. Ora, esses valores em geral são conhecidos (embora pouco estudados ainda do ponto de vista de uma semântica da conotação): são metáforas, cortes, trocadilhos, rimas, que não teremos dificuldade em "evaporar" até chegarmos a uma simples equivalência verbal entre vestuário e mundo, vestuário e Moda. Quando lemos: *a tarde exige franzido* ou *que toda mulher use escarpins de duas cores*, basta formular: *o franzido é signo da tarde* ou *os escarpins de duas cores significam Moda*, para atingir imediatamente o sistema terminológico ou código indumentário escrito que temos em vista nessa primeira transformação.

4.3. Termos mistos: "petit"

A única dificuldade possível é quando se encontram unidades verbais sobre as quais não seja possível decidir imediatamente se pertencem ao sistema retórico ou ao sistema terminológico, uma vez que, por condição lexical, elas comportam vários valores e fazem parte dos dois sistemas ao mesmo tempo; é o que acontece – conforme já indicamos – com a palavra *petit* [*pequeno*]: ela pertencerá ao sistema denotado se remeter à simples apreciação de medida; ao sistema conotado, se remeter à ideia de modéstia, economia ou mesmo de caráter afetivo (nuance hipocorística)[4]; o mesmo acontece com adjetivos como "brilhante",

---
4. Cf. *infra*, 17, 3 e 17, 6.

"correto", que podemos tomar às vezes em sentido literal e às vezes em sentido metafórico. Esses casos não são insolúveis, mesmo sem o recurso a um juízo estilístico: é evidente que no enunciado: *une petite ganse* [*um debrunzinho*], o adjetivo *petite* [*pequeno*; *-zinho*] não é um significante indumentário (pertencente ao sistema terminológico ou denotado), a não ser que fosse possível encontrar *grandes ganses* [*debrunzões*], ou seja, a não ser que ele fizesse parte de uma oposição pertinente *grande/pequeno*, cuja variação de sentido fosse confirmada pela revista de Moda; como isso não ocorre, cabe concluir (no caso dos debruns) que o adjetivo *petit* [o sufixo *–zinho*] pertence inteiramente ao sistema retórico. Logo, é lícito reduzir: *um debrunzinho faz todo o alinho* a: *um debrum é signo de alinho*.

III. Transformação 2: do terminológico ao código indumentário

4.4. Limites da transformação 2

Dissemos[5] que, em princípio, existe autonomia do código indumentário escrito e do código indumentário real. No entanto, embora o sistema terminológico vise ao código real, esse código nunca se realiza fora dos vocábulos que o "traduzem"; sua autonomia é suficiente para obrigar a uma decifração original, necessariamente diferente da decifração (puramente

....
5. Cf. *supra*, 3, 13.

linguística) da língua; ela é insuficiente para que se possa esperar trabalhar com uma equivalência entre mundo e vestuário inteiramente separada da língua. Do ponto de vista metódico, esse estatuto paradoxal é muito complicado. Pois, se tratarmos as unidades do vestuário escrito como unidades verbais, não abordaremos nesse vestuário nenhuma outra estrutura que não seja a da língua; analisaremos o sentido da frase, não o sentido do vestuário; e, se as tratarmos como objetos, como elementos reais do vestuário, de seu arranjo não extrairemos nenhum sentido, pois esse sentido quem produz é a fala da revista. Ou ficamos muito perto, ou vamos muito longe; nos dois casos, perdemos a relação central, que é a relação do código indumentário na forma como ele é atualizado pela revista, ou seja, ao mesmo tempo real, pelo modo como é visado, e escrito, em virtude de sua substância. Quando alguém afirma que *os trajes de passeio se pontuam de branco*, mesmo que eu reduza esse enunciado a seu estado terminológico (*pontos brancos num traje são signo de passeio*), do ponto de vista estrutural, não posso encontrar relações que não sejam sintáticas entre pontos, branco, traje e passeio: são relações entre sujeito, verbo, objeto etc. Ora, essas relações, provenientes da língua, não constituem as relações semânticas do vestuário, pois este não conhece verbos, sujeitos ou objetos, mas apenas materiais e cores. Certamente, se só tivéssemos de tratar de um problema de descrição, e não de significação, poderíamos "traduzir" sem preocupações o enunciado da revista como materiais e empregos reais, pois uma das funções da língua é comunicar informações sobre a realidade; mas aqui não estamos diante de uma "receita"; se fosse preciso "realizar" o enunciado da revista, quantas incertezas (forma, número, disposição dos pontos brancos)! De fato, cabe reconhecer que o sentido indumentário (a própria finalidade do enunciado) é estreitamente dependente do nível verbal: os pontos brancos significam *em sua própria imprecisão*: a língua tem um limite além do qual o sentido se irrealiza; no entanto, as relações da língua não podem identificar-se com as relações do código indumentário real.

4.5. Autonímia

Esse circuito lembra o circuito de uma escrita equívoca que confundisse *uso* e *menção* de um termo, e misturasse o tempo todo a objetividade da linguagem com sua autonímia, designando o vocábulo ao mesmo tempo como objeto e como vocábulo. *Mus rodit caseum, mus est syllaba, ergo...*[6] [O rato rói o queijo; o rato é uma sílaba, logo...]; essa escrita que joga com o real, captando-o para depois eludi-lo, teria muita semelhança com uma lógica ambígua que viesse a tratar *mus* como sílaba e como rato, a esconder o rato por trás da sílaba, ao mesmo tempo que inchasse a sílaba com toda a realidade do rato.

4.6. Rumo a uma pseudossintaxe

A análise só poderá ficar prisioneira para sempre dessa ambiguidade, a menos que prefira francamente instalar-se nela e

---
6. "*Job est indeclinabile, Caesar est dissyllabum: verba accepta sunt materialiter*" [Jó é indeclinável, César é dissílabo: as palavras são percebidas materialmente].

explorá-la. Mesmo sem abandonarmos a linha dos vocábulos (pois ela garante o sentido do vestuário), podemos tentar substituir as relações gramaticais (que, por sua vez, não se encarregam de nenhuma significação indumentária) por uma *pseudossintaxe*, cujas articulações, desvinculadas da gramática, terão a única finalidade de manifestar um sentido indumentário, e não mais uma inteligibilidade discursiva. Assim, partindo de um enunciado terminológico como: *pontos brancos num traje são signo de passeio*, pode-se de algum modo "evaporar" as relações sintáticas da frase e substituí-las por funções suficientemente formais, ou seja, suficientemente vazias para preparar a transferência do linguístico para o semiológico[7], do sistema terminológico para o último código indumentário que se possa razoavelmente esperar atingir. Essas funções serão, por enquanto, a *equivalência* (≡), que já utilizamos, e a *combinação* (•), que ainda não sabemos se será implicação, interdependência ou simples ligação[8]; obteremos assim um enunciado semiverbal, semi-semiológico do seguinte tipo:

traje • pontos • branco ≡ passeio

4.7. *Código misto ou pseudorreal*

Vê-se agora qual será o produto da transformação 2: será um código indumentário específico que extrairá suas unidades

---

7. *Semiológico* é entendido aí como exterior à linguística.
8. São os três tipos de relação estrutural que já serviram à teoria hjelmsleviana, quando tentou "desgramatizar-se" (cf. exposição de K. Togeby, *Structure immanente*..., p. 22).

da língua[9] e suas funções de uma lógica suficientemente geral para poder dar conta de algumas relações do vestuário real; tratar-se-á, portanto, de um código misto, intermediário entre o código indumentário escrito e o código indumentário real. O enunciado, semiverbal, semialgorítmico, ao qual se chegou (*traje • pontos • branco ≡ passeio*), representa certamente o melhor estado da transformação: pois, por um lado, não se tem o direito de decompor mais os termos verbais da equação: tentar dissociar *traje* em elementos componentes (peças de vestuário) seria sair da língua e recorrer, por exemplo, a um conhecimento técnico ou visual do vestuário, deixando de observar a regra terminológica; por outro lado, temos certeza de que todos os termos da equação (*traje*, *pontos*, *passeio*) têm valor significante (no nível do código indumentário, e não mais no nível da língua), pois, modificando-se um deles, muda-se o sentido indumentário da frase: não se pode substituir *branco* por *azul* sem tornar problemática a equivalência entre traje e passeio, ou seja, sem alterar o conjunto da significação. Portanto, esse é o último código ao qual a análise pode chegar, desde que concorde em submeter-se à regra terminológica; logo, é preciso agora retificar (o que não se poderia fazer antes) a noção de código indumentário real usada até o momento: trata-se, na verdade, de um código pseudorreal. Se abstrairmos a conotação de Moda (sistema 3 A), o conjunto do vestuário escrito compreenderá os seguintes sistemas:

....
9. A língua dá ao código indumentário pseudorreal sua nomenclatura, mas lhe retira os vocábulos vazios que, como se sabe, representam metade dos vocábulos de um texto.

3. Retórico: *os trajes de passeio se pontuam de branco.*
2. Terminológico: *pontos brancos num traje significam passeio.*
1. Pseudorreal: *traje • pontos • branco ≡ passeio.*

4.8. Ditaduras da transformação 2

Uma vez que a transformação 2 é incompleta, pois não consegue transformar exaustivamente o código indumentário escrito em código indumentário real, mas se limita a produzir um código liberto da sintaxe linguística, porém ainda parcialmente escrito, submete a análise a certa ditadura. A ditadura geral, oriunda da regra terminológica, consiste em determinar que é proibido transgredir a natureza denominativa do vestuário analisado, ou seja, passar dos vocábulos às técnicas ou às imagens. Essa ditadura é muito grande sempre que o vestuário seja denominado na forma de uma espécie: *chapéu, gorro, toque, cloche, canotier, fedora, casquete, capelina* etc.; para estruturar as diferenças dessas variedades de acessórios, seria tentador decompô-las em elementos simples, apreendidos no nível da imagem ou no da fabricação; isso é impedido pela regra terminológica: a revista detém sua notação no nível da espécie, e não se pode ir mais longe do que ela. Essa suspensão da análise não é tão gratuita quanto poderia parecer: o sentido que a revista dá ao vestuário não provém de certas qualidades intrínsecas à forma, mas apenas de certas oposições entre espécies: se o gorro está na Moda, não é por ser alto e sem abas, mas simplesmente por já não ser touca e ainda não ser capelina; ultrapassar a denominação da espécie, portanto, seria "naturalizar" o vestuário e, assim, faltar para com o próprio ser da Moda: a regra terminológica não é ditadura sem sentido: é a porta estreita por onde passa o sentido de Moda, pois, sem seus limites verbais, a Moda nada mais seria do que o entusiasmo por certas formas ou certos detalhes, tal como houve em todos os tempos na indumentária; ela não seria uma elaboração ideológica.

4.9. Liberdades da transformação 2

No entanto, a tirania da língua não é completa (caso contrário, a transformação seria impossível). Não só é necessário ultrapassar a relação sintática fornecida pela língua[10], como também é permitido transgredir a letra do enunciado no próprio nível das unidades terminológicas. Em que limites? Evidentemente, quem os fixa é a prova de comutação: é possível substituir livremente alguns vocábulos por outros, desde que essa substituição não acarrete mudança do significado indumentário; se dois termos remetem ao mesmo significado, é porque sua variação é insignificante, e podemos substituir um pelo outro sem alterar a estrutura do vestuário escrito: *de-alto-a-baixo* e *em-todo-o-comprimento* serão considerados termos intercambiáveis se tiverem o mesmo significado; mas, ao contrário, bastará que a revista vincule uma variação de sentido indumentário a dois termos aparentemente muito próximos ou mesmo lexicalmente idênticos, para que a substituição seja proibida: as-

---

10. Por exemplo, a sintaxe indumentária (e não mais linguística) não pode conhecer a oposição entre voz ativa e voz passiva (cf. *infra*, 9, 5).

sim, de acordo com o dicionário, *aveludado* e *veludoso* têm exatamente o mesmo sentido denotado (*macio e lustroso como veludo*); no entanto, se a revista afirmar que neste ano os *tecidos aveludados substituem os tecidos veludosos*, a despeito do dicionário será preciso admitir que *aveludado* e *veludoso* são significantes distintos, pois cada um remete a um significado diferente (*no ano passado/neste ano,* ou seja, *fora-de-moda/na Moda*). Percebe-se por aí que uso se pode fazer dos sinônimos da língua: a sinonímia linguística não abrange obrigatoriamente a sinonímia indumentária, pois o plano de referência do código indumentário (pseudorreal) não é língua, é equivalência entre vestuário, mundo e Moda: apenas aquilo que perturba essa equivalência denuncia a sede de um fenômeno significante; mas, como essa equivalência é *escrita*, tudo o que a perturba ou desloca fica preso a certa nomenclatura. Somos obrigados pela língua, uma vez que o sentido do vestuário (*debrum* ≡ *alinho*) é sempre sustentado apenas por uma noção que, de um modo ou de outro, recebe consagração da própria língua; mas dela nos libertamos na medida em que os *valores* linguísticos dessa noção não produzem efeito sobre o código indumentário.

4.10. Reduções e ampliações

Para que servem essas liberdades? Aqui cabe lembrar que o que estamos procurando estabelecer é uma estrutura geral, capaz de dar conta de todos os enunciados de Moda, quaisquer que sejam seus conteúdos: para ser universal, essa estrutura deve ser tão formal quanto possível. A transformação do terminológico em indumentário (é assim que chamaremos doravante o código pseudorreal), portanto, só será eficaz se guiada pela procura de funções simples, comuns ao maior número possível de enunciados: há interesse em, digamos, *transvasar* os enunciados, mesmo reduzidos, do código indumentário pseudorreal para um pequeno número de modelos, sempre que isso puder ser feito, sem modificar o sentido indumentário. Isso explica por que a transformação 2 não é guiada por uma preocupação com economia, como poderia ocorrer com uma *redução*, no sentido próprio, mas por uma preocupação com a generalização: a amplitude da segunda transformação, portanto, será variável; é provável que na maioria das vezes haja efetivamente uma redução: o enunciado indumentário acabará sendo mais exíguo que sua versão terminológica: vimos que: *traje • pontos • branco ≡ passeio* constitui um enunciado mais enxuto que *os trajes de passeio se pontuam de branco*; mas pode ser útil, ao contrário, ampliar o enunciado terminológico para fazê-lo chegar a uma forma extensa cuja generalidade seja confirmada pelo resto do sistema; assim, *vestido de linho** deve ser desenvolvido em: *vestido de tecido de linho*[11], ou melhor ainda: *vestido • tecido • linho*, porque uma infinidade de outros casos demonstra a utilidade estrutural de um intermediador (tecido) entre a espécie linho e o vestido. A transformação 2, portanto, ora é de redução, ora de ampliação.

....

* Usaremos *linho* para traduzir *toile*, tendo-se em mente que a *toile* é todo tecido de fibra vegetal, sobretudo de linho. [N. da T.]
11. *Tecido* pertencerá ao gênero *Material*.

IV. Níveis de análise

4.11. Máquina de fazer Moda

São essas as duas transformações às quais se deve proceder com enunciados extremamente variados. Se quisermos ter uma ideia de seu papel operacional, podemos comparar rapidamente a revista a uma máquina de fazer Moda. O trabalho da máquina propriamente dita girará em torno do resíduo da segunda transformação, ou seja, do código indumentário pseudorreal; portanto, é preciso que esse resíduo seja formal, geral, capaz de oferecer alternativas e rotinas; a primeira transformação, a que vai do retórico ao terminológico, é apenas a *edição preliminar* (como se diz das máquinas de traduzir) do texto que porventura se queira converter em vestuário. A lógica, aliás, também conhece esse duplo estágio de transformação: ela converte *o céu é azul* em: *há céu azul*, antes de submeter este segundo enunciado a um último tratamento algorítmico[12].

4.12. Dois níveis de análise

Vimos que em todo enunciado de Moda há três sistemas principais: retórico, terminológico, pseudorreal; portanto, deveríamos proceder, em princípio, a três inventários; mas o inventário do sistema terminológico se confundiria com o da língua, pois se trataria de explorar as relações entre significante e signifi-

---

12. Cf. R. Blanchi, *Introduction à la logique contemporaine*, Paris, A. Colin, 1957, 208 p., p. 128.

cado no interior do signo linguístico (do "vocábulo", por exemplo). De fato, só duas estruturas dizem respeito diretamente ao vestuário escrito: a do nível retórico e a do código indumentário pseudo-real; as transformações 1 e 2 têm como função conduzir ao código pseudorreal; e, como esse código constitui a infraestrutura do sistema retórico, é por ele que começaremos a análise do vestuário escrito; portanto, ao todo, faremos dois inventários: o do código indumentário pseudorreal ou, mais simplesmente, código indumentário (Parte I) e o do sistema retórico (Parte II).

V. Divisão 1: enunciado da significação

4.13. Caso dos conjuntos A

Reduzido em sua profundidade, ou seja, levado ao estado de código pseudorreal, o vestuário sem fim deve ser ainda dividido em unidades de significação, ou seja, em sua extensão. Nos conjuntos A (*Vestuário* ≡ *Mundo*), é fácil isolar os enunciados da significação, porque neles os significados são explícitos, assumidos pela língua (*dérbi, alinho, noites de outono no campo* etc.). Em tais enunciados, há entre o significante e o significado uma designação recíproca, e basta organizar o discurso da revista em torno dos sentidos indumentários que ela mesma tem o cuidado de formular[13]: tal como os dois argumentos

---
13. A revista às vezes chega a fazer a análise semântica da significação: "*Observe de onde vem a impressão de* habillé: *da gola, dos braços à mostra, da delicadeza dos tons etc.*" Mas está claro que a análise aí é um "jogo": "exibe" conhecimento técnico, é um significante de conotação.

de uma função, toda frase saturada por dois objetos, um mundano (M) e outro indumentário (I), sejam quais forem os circunlóquios da escrita, constituirá uma equação semântica do tipo I ≡ M, portanto um enunciado da significação: *os estampados vencem no dérbi, o acessório faz a primavera, estes sapatos são ideais para a caminhada*, todas essas frases, dadas aqui em sua forma retórica, constituem enunciados da significação, porque cada uma delas está inteiramente saturada por um significante e um significado:

> estampados ≡ dérbi
> acessórios ≡ primavera
> sapatos ≡ caminhada

Naturalmente, será preciso pôr num mesmo lado da equação todos os traços homogêneos, sem levar em consideração sua dispersão retórica ao longo da frase; se, por exemplo, a revista fragmenta o significante, se apresenta um significado mundano em meio a seus significantes indumentários, deveremos restabelecer a separação dos campos; ao lermos: *um chapéu jovial porque deixa a testa à mostra*, reduziremos, sem risco de alterar o sentido indumentário: *chapéu que deixa a testa à mostra ≡ jovial*. Também não deveremos nos preocupar com a extensão ou com a complexidade dos enunciados. Pode-se encontrar um enunciado muito longo: *passeio solitário pelas docas de Calais, com um impermeável reversível, gabardine de algodão cru em loden verde-garrafa, ombros largos* etc.; isso não o impede de constituir uma única unidade de significação, pois aí temos apenas dois campos, o do passeio e o do impermeável reversível, unidos por uma única relação.

Todos os enunciados que acabamos de citar são simples (ainda que longos ou "quebrados"), porque neles a significação só mobiliza um significante e um significado. Mas há casos mais complicados. A revista pode muito bem dar dois significados para um significante nos limites de uma mesma frase verbal (*um casaco de linho para a meia-estação ou para as noites frescas de verão*) ou dois significantes para um significado (*para o coquetel, musselina ou tafetá*)[14], ou mesmo dois significantes e dois significados, ligados numa dupla variação concomitante (*flanela listrada ou twill com bolinhas, se de manhã ou de noite*). Se nos ativéssemos ao nível terminológico, deveríamos ver nesses exemplos apenas um enunciado da significação, pois a frase abrange uma relação de mão única; mas, se quisermos apreender o código indumentário, deveremos sempre tentar atingir a menor parcela produtora de sentido; do ponto de vista operacional, portanto, é preferível contar tantos enunciados da significação quantas forem as uniões de um significante e um significado, mesmo que um desses termos seja implícito no nível terminológico; nos exemplos que acabamos de citar, portanto, teremos os enunciados da significação seguinte:

casaco • tecido • linho ≡ meia-estação.
casaco • tecido • linho ≡ noites frescas de verão.

....
14. Sobre a partícula ou, cf. *infra*, 13, 8 e 14, 3.

tecido • *musselina* ≡ *coquetel.*
tecido • *tafetá* ≡ *coquetel.*

tecido • *flanela* • *listrada* ≡ *manhã.*
tecido • *twill* • *bolinhas* ≡ *noite.*

Naturalmente, a forma verbal desses enunciados complexos não é indiferente; ela pode informar sobre certas equivalências internas de significantes (*musselina* ≡ *tafetá*) ou de significados (*meia-estação* ≡ *noites frescas de verão*), que não deixam de lembrar os casos de sinonímia e homonímia da língua; e a dupla variação concomitante (*flanela listrada ou twill de bolinhas, se de manhã ou de noite*) é ainda mais rebuscada, pois nela a própria revista esboça certos paradigmas de significantes, ao atualizar a oposição pertinente, em geral virtual, entre *flanela listrada* e *twill de bolinhas*.

4.14. Caso dos conjuntos B

Nos conjuntos de tipo B (*Vestuário* ≡ *[Moda]*), o inventário dos enunciados não pode seguir os mesmos critérios, porque neles o significado é implícito. Poderíamos até ser tentados a considerar toda a massa de descrições indumentárias do tipo B como um único e imenso significante, pois todas essas descrições correspondem ao mesmo significado (*a Moda este ano*). Mas, assim como na língua significantes distintos podem remeter ao mesmo significado (sinônimos), também no vestuário escrito de tipo B é lícito prever que a massa significante se fragmentará em unidades de significação que a revista não atualiza ao mesmo tempo (no mínimo por dispersá-las em várias páginas), constituindo, por conseguinte, unidades distintas. Como definir operacionalmente essas unidades? A frase, no sentido linguístico, não pode constituir um critério de divisão, pois não tem nenhuma relação estrutural com o código indumentário[15]; por outro lado, o vestuário, como conjunto de traços distribuídos sobre uma mesma pessoa (*um uniforme, um tailleur* etc.) também não é uma unidade garantida, pois com muita frequência a revista se limita a descrever elementos ínfimos da *toilette* (*uma gola amarrada como echarpe*) ou, ao contrário, elementos indumentários por assim dizer transpessoais, que têm relação com um gênero, não com uma pessoa (*linho para todos os casacos*). Para dividir os enunciados de tipo B, é preciso lembrar que, na revista de Moda, as descrições do vestuário duplicam uma informação vinda de uma estrutura que não é a fala, seja ela a imagem ou a técnica: a descrição acompanha uma fotografia ou uma receita, e é dessa referência exterior que ela de fato extrai sua unidade estrutural; e como, para passar dessas estruturas à fala, a revista dispõe de certos operadores, que chamamos de *shifters*, bastará considerar como enunciado da significação, nos conjuntos B, toda porção de descrição indumentária introduzida por um *shifter*: *aí está o bolero curto e justo* etc. (*shifter*: aí está); *rosa aplicada no cinto* etc. (*shifter*: anafórico

....

15. Aliás, o que é frase? (cf. A. Martinet, "Réflexions sur la phrase" [Reflexões sobre a frase] in *Language and Society essays presented to Arthur M Jensen*, Copenhague, De Berlingske Bogtrykkeri, 1961, pp. 113-1.181).

no grau zero); *faça você mesma o casaquinho abotoado nas costas* etc. (*shifter*: faça você mesma).

VI. Divisão 2: enunciados subsidiários

4.15. Enunciado do significante, enunciado do significado

Dividido o vestuário sem fim em enunciados da significação, já não há dificuldade para dele extrair enunciados subsidiários com os quais se possa trabalhar. Para os conjuntos A e B, o enunciado do significante será constituído por todos os traços indumentários contidos num único enunciado da significação. Para os conjuntos A (apenas), o enunciado do significado será constituído por todos os traços mundanos contidos num único enunciado da significação. Nos conjuntos B, o significado, por ser implícito, é por definição desprovido de enunciado[16].

---

16. A estruturação do vestuário escrito, portanto, comportará as seguintes etapas: I. Inventário do código indumentário (misto ou pseudorreal): 1. Estrutura do significante (conjuntos A e B); 2. Estrutura do significado (conjuntos A); 3. Estrutura do signo (conjuntos A e B). II. Inventário do sistema retórico.

I. CÓDIGO INDUMENTÁRIO
1. ESTRUTURA DO SIGNIFICANTE

| **capítulo 5** | UNIDADE SIGNIFICANTE

Cardigã esporte ou formal, gola aberta ou fechada.

I. Procura da unidade significante

5.1. Inventário e classificação

Vimos que é lícito tratar como significante do código indumentário todo enunciado que a revista dedique ao vestuário, desde que esteja compreendido apenas na unidade de significação. Do simples *tailleur* às *calças com foulard na cintura, comprimento abaixo do joelho*, a colheita promete ser imensa e, aparentemente, anárquica; ora colheremos apenas uma palavra (*a Moda está no azul*), ora um conjunto complicadíssimo de notações (*calças com foulard...* etc.). Ora, nesses enunciados de extensão e sintaxe variadas, é preciso descobrir uma forma constante, caso contrário nunca saberemos como o sentido indumentário é produzido. E essa ordem deve satisfazer a duas exigências de método: primeiro, devemos poder dividir o enunciado do significante em espaços tão reduzidos quanto possível, como se todo enunciado de Moda fosse uma cadeia cujos elos é preciso identificar; depois, devemos comparar esses fragmentos de espaço entre si (sem nos preocuparmos com o enunciado de que fazem parte), para determinar de acordo com que oposições eles produzem sentidos diferentes. Usando vocabulário da linguística, diremos que é preciso num primeiro momento fixar quais são as unidades sintagmáticas (ou espaciais) do vestuário escrito e, num segundo momento, quais são as oposições sistemáticas (ou virtuais). A tarefa, portanto, é dupla: inventário e classificação[1].

5.2. Caráter composto do enunciado do significante

A distinção das unidades significantes seria imediata se toda mudança de significado acarretasse obrigatoriamente uma mudança integral do significante: cada significado possuiria seu próprio significante, que lhe estaria ligado de um modo até certo ponto imóvel: a unidade significante teria então a medida do enunciado do significante e haveria tantas unidades diferentes quantos fossem os enunciados diferentes; a definição das unidades sintagmáticas então seria muito fácil, mas, em contrapartida, a reconstituição das listas de oposições virtuais seria

---

[1]. É pelo menos a ordem lógica da pesquisa. Mas K. Togeby, *Structure immanente...*, p. 8, já observou que na prática muitas vezes é preciso remeter-se ao sistema para estabelecer o sintagma. É o que seremos obrigados a fazer em parte.

quase impossível, pois seria preciso fazer que todas as unidades enunciadas coubessem num paradigma único e interminável, o que seria renunciar a qualquer estruturação[2]. Evidentemente, não é o que ocorre com o vestuário escrito: basta comparar alguns enunciados do significante indumentário para constatar que eles frequentemente comportam elementos comuns, o que significa que esses elementos são móveis e podem participar de sentidos diferentes: *comprimento* também estará associado a vários objetos indumentários (saia, calças, mangas), produzindo cada vez um sentido específico; isso significa que esse sentido não depende do objeto nem de sua qualificação, mas no mínimo da combinação entre eles. Logo, é preciso prever que o enunciado do significante tem um caráter sintático: ele pode e deve ser decomposto em unidades menores.

II. Matriz significante

5.3. Análise de um enunciado com dupla variação concomitante

Como descobrir essas unidades? Mais uma vez, é preciso partir da prova de comutação, pois só ela pode designar a menor unidade significante. Ora, aqui dispomos de enunciados privilegiados, que já utilizamos para estabelecer as classes comutativas do vestuário escrito[3]: trata-se dos enunciados de du-

---

[2]. A estrutura se desfaz sempre que os paradigmas são "abertos"; veremos que é o que ocorre com algumas das variantes do vestuário escrito, e que nesse ponto o trabalho de estruturação malogrou.
[3]. Cf. *supra*, 2, 2.

pla variação concomitante, nos quais a própria revista vincula expressamente uma variação de significados a uma variação de significantes (*flanela listrada ou twill com bolinhas, se de manhã ou de noite*); esses enunciados se incumbem da prova de comutação; portanto, basta analisá-los para detectar o lugar necessário e suficiente da variação de sentido. Seja um enunciado deste tipo: *cardigã esporte ou formal, gola aberta ou fechada*. De fato, como vimos[4], trata-se de dois enunciados, pois há dupla significação:

cardigã • gola • aberta ≡ esporte.
cardigã • gola • fechada ≡ formal.

Mas, como esses enunciados têm elementos fixos e comuns, é fácil neles detectar a parte cuja variação provoca mudança de significado: é a oposição entre *aberto* e *fechado*: portanto, é a abertura ou o fechamento de um elemento que comporta o poder significante, provavelmente em certo número de casos. Esse poder, porém, não é autônomo; embora não produzam sentido diretamente, os outros elementos do enunciado participam da significação: sem eles, ela seria impossível. É verdade que entre o *cardigã* e a *gola*, há, digamos, uma diferença de responsabilidade, uma vez que esses elementos comuns não têm a mesma estabilidade: o *cardigã* não muda, seja qual for seu significado: é o elemento mais afastado da variação (*aberto/fechado*), mas também é aquele que a recebe indubitavel-

....
4. Cf. *supra*, 4. 13.

mente: de fato, é o cardigã que é esporte ou formal, e não a gola, que apenas ocupa posição intermediária entre o elemento variante e o elemento receptor; quanto ao segundo elemento, sua integridade é real porque a *gola* subsiste, esteja aberta ou fechada, mas também é precária, enfrentando diretamente uma alteração significante. Em suma, num enunciado desse tipo, a significação parece seguir uma espécie de itinerário: partindo de uma alternativa (*aberto/fechado*), atravessa um elemento parcial (*gola*) e vai tocar e, digamos, impregnar o vestuário (*cardigã*).

5.4. Matriz significante: objeto, suporte, variante

Entrevemos aqui uma economia possível do significante: um elemento (*o cardigã*) recebe a significação; um outro (*a gola*) a suporta; um terceiro (o fechamento[5]) a constitui. Essa economia parece suficiente, pois dá conta inteiramente do trajeto do sentido e não podemos imaginar outras articulações nesse trajeto, cujo modelo é informativo[6]. Será ela necessária? Podemos discuti-lo: de fato, é bem possível conceber que o sentido venha a atingir diretamente o vestuário que ele deve modificar, sem passar pela intermediação de nenhum outro elemento: a Moda pode efetivamente falar de *golas abertas* sem referência

....
5. Encontramos aqui uma lacuna do vocabulário francês que nos atrapalhará muito ao longo deste trabalho: não dispomos de um vocábulo genérico para designar o ato de fechar e abrir; em outras palavras, em muitos casos só poderemos designar um paradigma por um de seus termos. Já Aristóteles lamentava a falta de termos genéricos (κοινὸν ὄνομα) para designar seres que tenham caracteres comuns (*Poética*, 1447 b).
6. Toda mensagem comporta um ponto de emissão, um canal de transmissão e um ponto de recepção.

a nenhuma outra parte do vestuário; além disso, a distinção substancial entre cardigã e gola é muito menos forte do que a distinção entre a gola e seu fechamento: entre o vestuário e sua parte há unidade de substância, ao passo que entre o vestuário e sua qualificação a substância é rompida: diante do elemento 3, os elementos 1 e 2 formam um grupo afim (esse hiato será encontrado durante toda a análise). No entanto, pode-se prever que a distinção entre o elemento receptor (*cardigã*) e o elemento transmissor (*gola*) possui pelo menos uma vantagem operacional constante[7]: pois, quando a variação não é qualitativa (*aberto/fechado*), mas apenas assertiva (por exemplo, em: *bolsos com portinhola/bolsos sem portinhola*), é necessário reservar um intermediador (*portinhola*) entre a variação significante (*presença/ausência*) e o vestuário indubitavelmente afetado por ela (*bolsos*); portanto, será interessante considerar como normal a distinção entre três elementos e como simplesmente condensado[8] o enunciado com dois termos (*golas abertas*). Ora, se a associação desses três elementos for logicamente suficiente e operacionalmente necessária, será legítimo ver nela a unidade significante do vestuário escrito; pois, mesmo que a fraseologia misture a ordem desses elementos, mesmo que a descrição às vezes exija a condensação ou, ao contrário, a multiplicação[9] deles,

---

7. Seu papel operacional não impede que o termo receptor tenha uma função original no sistema teórico da Moda (cf. *infra*, 5, 6).
8. Sobre as confusões de elementos, cf. cap. 6.
9. A língua tem o direito de condensá-los, pois o sistema terminológico não é o código real; e, como se trata de unidades, é normal prever uma combinação dessas unidades, ou seja, uma sintaxe.

| *Unidade significante* |

é sempre possível encontrar em qualquer enunciado de significante um *objeto* visado pela significação, um *suporte* da significação e um terceiro elemento, propriamente *variante*. Como, por um lado, esses três elementos são ao mesmo tempo sintagmaticamente inseparáveis e funcionalmente diferentes, e como, por outro, cada um pode ser preenchido por substâncias variadas (*cardigã* ou *bolsos*, *gola* ou *portinhola*, *fechamento* ou *existência*), chamaremos essa unidade significante de *matriz*. Evidentemente, seremos levados a fazer grande uso dessa matriz, que encontraremos condensada, desenvolvida ou multiplicada em todos os enunciados do significante; portanto, usaremos abreviações correntes para designar o objeto visado pela significação (O), seu suporte (S) e a variante (V); a própria matriz será designada pelo símbolo gráfico OSV. Desse modo, teremos por exemplo:

$$\underbrace{\text{um pulôver de gola fechada}}_{\text{O \quad S \quad V}} \equiv habillé.$$

$$\underbrace{\text{um suéter de decote canoa}}_{\text{O \quad S \quad V}} \equiv [\text{Moda}]$$

$$\underbrace{\text{um chapéu de copa arredondada}}_{\text{O \quad S \quad V}} \equiv [\text{Moda}].$$

5.5. *"Prova" da matriz*

Como se vê, a matriz não é uma unidade de significante definida mecanicamente, embora sua demonstração seja extraída da prova de comutação; ela é, antes, um modelo, uma unidade ideal, ótima, fornecida pelo exame de enunciados privilegiados; sua "prova" não procede de uma racionalidade absoluta (vimos que podemos discutir seu caráter "necessário"), mas sim de uma comodidade empírica (ela possibilita uma análise "econômica" dos enunciados), e de uma satisfação "estética" (ela é um modo suficientemente "elegante" de conduzir a análise, no sentido que a palavra elegante pode ter quando aplicada a uma solução matemática): diremos, com mais modéstia, que ela tem fundamento porque possibilita dar conta de *todos* os enunciados, mediante alguns ajustes *regulares*.

III. Objeto, suporte e variante

5.6. Objeto ou sentido à distância

Como indicamos, existe relação estreita de substância entre o suporte da significação e o objeto que ela tem em vista: às vezes, há confusão terminológica entre os dois elementos (*golas abertas*); às vezes há relação de inclusão (técnica) entre o suporte e o objeto: o suporte é uma parte do objeto (*a gola* e *o cardigã*). Mas não é nesse nível de interdependência entre suporte e objeto que apreenderemos a função original do objeto visado pela significação; a separação entre objeto e suporte é maior nos enunciados. Em: *uma blusa ampla dará um ar român-*

tico à saia[10], blusa e saia são peças completamente distintas, tão-somente contíguas; no entanto, é só a saia que recebe a significação; a blusa não passa de intermediador, sustenta o sentido, não é beneficiada por ele; toda a *matéria* da saia é insignificante, inerte, no entanto é a saia que irradia romantismo. Vê-se por aí que o que caracteriza o objeto visado é sua extrema permeabilidade ao sentido, mas também sua distância em relação à fonte desse sentido (*amplidão* da blusa). Esse trajeto, essa irradiação do sentido, contribui para fazer que o vestuário escrito seja uma estrutura original; na língua, por exemplo, não há objeto visado, pois cada parcela de espaço (da cadeia falada) significa: tudo é signo na língua, nada é inerte; tudo é sentido, nada o recebe. No código indumentário, a inércia é o estatuto original dos objetos que a significação vai apreender: uma saia existe sem significar, antes de significar; o sentido que ela recebe é ao mesmo tempo ofuscante e evanescente: a fala (da revista) apreende objetos insignificantes e, *sem modificar sua matéria*, imprime-lhes sentido, dá-lhes a vida de um signo; também pode tomá-los de volta, de tal modo que o sentido é como uma graça que desce sobre o objeto; se a amplidão abandonar a blusa, a saia morrerá para o romantismo, não passará de saia, voltará à insignificância. A fragilidade da Moda, portanto, não decorre apenas de sua variabilidade sazonal, mas também do

....
10. \Saia com blusa ampla/ ≡ romântico.
   O   S   V

caráter gracioso de seus signos, da irradiação de um sentido que, por assim dizer, toca à distância os objetos que elege: a vida desta saia não provém de seu significado romântico, mas do fato de ela conter, pelo tempo de uma fala, um sentido que não lhe pertence e que lhe será retomado. Naturalmente, a difusão de um sentido à distância assemelha-se bastante ao processo estético, que faz um detalhe parcial modificar inteiramente uma figura de conjunto; o objeto visado realmente está próximo de uma "forma", mesmo quando não é materialmente extensivo ao suporte; é ele que confere certa generalidade à matriz, e é por meio dele que as matrizes se ampliam: quando elas se combinam entre si, é sempre para designar um último objeto visado, que assim recebe todo o sentido do vestuário escrito[11].

5.7. Originalidade semiológica do suporte

Tal como o objeto visado, o suporte da significação é sempre constituído por um objeto material, vestuário, parte de uma peça ou acessório; na cadeia matricial, ele é a primeira matéria que recebe a alternativa do sentido que deve transmitir ao objeto visado; em si, é um elemento inerte que não produz nem recebe o sentido, mas simplesmente o transmite. Materialidade, inércia e condutibilidade fazem do suporte da significação um elemento original do sistema da Moda, pelo menos em relação à língua. A língua, realmente, nada possui que se assemelhe

....
11. Cf. *infra*, cap. 6.

a um suporte de significação[12]; sem dúvida, na língua as unidades sintagmáticas não são diretamente significantes, e os signos devem passar pela intermediação de uma segunda articulação, a dos fonemas: as unidades significativas apoiam-se em unidades distintivas; no entanto, os próprios fonemas são variantes, a matéria fônica é imediatamente significante, portanto não podemos dividir o sintagma linguístico em partes ativas e partes inertes, significantes e insignificantes: na língua tudo significa. A necessidade e a originalidade do suporte de significação provêm precisamente do fato de que o vestuário não é *em si* um sistema de significação, tal como a língua; substancialmente, o suporte representa a materialidade do vestuário, tal como ela existe fora de qualquer processo de significação (ou pelo menos anteriormente a esse processo): na matriz, ele é testemunho do ser técnico do vestuário perante a variante, que testemunha seu ser significante. Isso permite prever que todos os sistemas de comunicação baseados em objetos que existam técnica ou funcionalmente antes de significar comportarão inevitavelmente suportes distintos de suas variantes; em alimentação, por exemplo, o pão serve para comer; no entanto, podemos fazer que ele signifique algumas circunstâncias (pão de forma para recepções, pão preto para significar certa rusticidade etc.): o pão então se torna suporte de variações de

---

12. Evidentemente, poderíamos considerar o som bruto como suporte de significação da língua: mas fora da língua o som oral só existe no estado de grito "inarticulado", cuja função, reduzidíssima, não tem nenhuma relação com a importância funcional do suporte num sistema como o da Moda.

sentido (*forma/preto* ≡ *recepção/campo*)[13]. O suporte seria, em suma, um conceito operacional decisivo para a análise dos sistemas derivados. É provável que, em todos os objetos culturais que na origem tenham alguma finalidade funcional, a unidade suficiente sempre será pelo menos composta de um suporte e uma variante.

5.8. Vestema ou variante

A variante (por exemplo: *aberto/fechado*) é o ponto da matriz de onde a significação sai e de algum modo se irradia ao longo de todo enunciado, ou seja, do vestuário escrito. Poderíamos chamá-la de *vestema*, pois seu papel não deixa de lembrar o dos fonemas ou morfemas da língua[14], ou mesmo o dos "gostemas", analisados por Cl. Lévi-Strauss a respeito do alimento[15]: como eles, é constituído por oposições de traços pertinentes. Se depois dessa reflexão nos mantemos no termo mais neutro, *variante*, é porque as variações significantes do vestuário são constituídas por modificações de ser ou de qualidade que não são próprias ao vestuário, mas poderiam ser encontradas em outros sistemas de objetos significantes: por exemplo, medida, peso, divisão, soma. O caráter original da variante é sua imate-

---

13. Cf. "Para uma psicossociologia da alimentação contemporânea" [OC, vol. I, pp. 924-934].
14. Não cabe especificar se a variante ou vestema está próxima do fonema ou do morfema enquanto não soubermos se o sistema da Moda é duplamente articulado, tal como o da língua. (A dupla articulação, tratada por A. Martinet, designa o fenômeno pelo qual a língua se articula em unidades significativas – "vocábulos" – e em unidades distintivas – "sons".)
15. *Anthropologie structurale,* Paris, Plon, 1958, p. 99 [Trad. bras. *Antropologia estrutural,* Rio de Janeiro, Tempo brasileiro, 1985].

rialidade[16]: ela modifica uma matéria (a do suporte), mas não é material; não se pode dizer que seja constituída por uma alternativa, pois não se sabe se todas as variantes são binárias (do tipo: *presença/ausência*)[17], mas pode-se dizer com certeza que toda variante procede de um corpo de diferenças (por exemplo: *aberto/fechado/entreaberto*); rigorosamente, deveríamos chamar esse corpo genérico de *classe de variantes* (para a qual, como indicamos, a língua francesa raramente tem vocábulo neutro), e de *variante* cada um dos pontos do sistema diferencial ou paradigma; por economia terminológica e sem grande risco de ambiguidade, chamaremos daqui por diante de *variante* o conjunto dos termos da variação: variante de *comprimento*, por exemplo, compreenderá os termos *comprido* e *curto*.

IV. Relações dos elementos da matriz

5.9. Sintagma e Sistema

Já indicamos que o objeto e o suporte sempre são objetos materiais (*vestido*, *traje*, *gola*, *portinhola* etc.), enquanto a variante é um valor imaterial. Essa disparidade corresponde a uma diferença estrutural: o objeto e o suporte são fragmentos de espaço indumentário, são porções *naturais* (se assim podemos

---
16. Existe uma transgressão aparente à imaterialidade da variante no caso das variações de espécie (*tela/veludo*); mas na verdade é a asserção que varia, cf. cap. 7.
17. Sobre a estrutura das variantes, cf. cap. 11.

dizer) de sintagma; a variante, ao contrário, é uma reserva de virtualidades, que tem apenas um termo atualizado no nível do suporte que ela afeta. A variante, portanto, constitui o ponto do sistema que aflora no nível do sintagma. Também aí se percebe um caráter original do sistema da Moda, pelo menos em relação à língua. Na língua, o sistema, digamos, vaza em cada ponto do sintagma, pois não há nenhum signo da língua, fonema ou monema, que não faça parte de uma série de oposições significantes ou paradigmas[18]. No vestuário (escrito), o sistema marca de maneira esporádica uma massa originalmente insignificante, mas essa marca, pelo caminho da matriz, exerce uma espécie de ação irradiante sobre todo o vestuário. Poderíamos dizer que na língua o sistema tem um valor de ser, ao passo que no vestuário seu valor é apenas atributivo; ou ainda que na língua sintagma e sistema preenchem plenamente as duas dimensões do espaço simbólico que os representa, ao passo que, no vestuário (escrito), esse espaço é, digamos, manco, pois a dimensão sistemática é interrompida por elementos inertes.

5.10. Interdependência dos elementos da matriz

A melhor metáfora para explicar o funcionamento da matriz OSV talvez seja a da porta fechada à chave. A porta é o objeto visado pela significação; a fechadura é o suporte; a chave é a variante. Para produzir sentido, é preciso "introduzir" a va-

---

[18]. Sabemos que, embora os paradigmas de fonemas sejam perfeitamente conhecidos (fonologia), os paradigmas de monemas (ou unidades significantes) ainda são objeto de estudos preliminares.

| *Unidade significante* |

riante "no" suporte e percorrer os termos do paradigma até que haja produção do sentido; então a porta se abre, e o objeto ganha sentido; às vezes, a chave não "funciona": a variante de comprimento não pode ser aplicada ao suporte *Botões*[19]; e, quando funciona, o sentido é diferente conforme a chave gire para a esquerda ou para a direita, conforme a variante diga *comprido* ou *curto*. Nesse aparelho, nenhum elemento comporta por si só o sentido; todos, de alguma maneira, se parasitam reciprocamente, ainda que o que atualiza o sentido seja a escolha da variante, tal como é o gesto da mão que consuma a abertura ou o fechamento da porta. Isso quer dizer que, entre os três elementos da matriz há uma relação de *interdependência* ou, como dizem alguns linguistas, de *dupla implicação*: objeto e suporte, suporte e variante são pressupostos um pelo outro[20], um obriga ao outro: não se pode encontrar nenhum elemento em estado isolado (com a ressalva de algumas licenças de ordem terminológica[21]). Essa interdependência é estruturalmente absoluta, mas não tem a mesma força conforme seja situada no nível da substância indumentária ou no nível da língua; o objeto e o suporte estão ligados por uma interdependência indumentária muito forte, pois ambos são igualmente materiais, perante a variante, que não o é: aliás, na maioria das vezes trata-se da mesma peça (objeto e suporte são então terminologicamente con-

....
19. Vê-se aqui o esboço de uma daquelas "injunções" que, em conjunto, constituirão certa lógica da Moda (cap. 12, 1).
20. Por isso, seria melhor escrever a matriz da seguinte maneira: O)(S)(V, pois)(é o sinal da dupla implicação; mas, como só há uma relação possível (de interdependência), dispensaremos esse símbolo.
21. Sobre confusões e extensões de elementos, cf. próximo capítulo.

fundidos), ou de uma peça e de uma parte sua (*um cardigã e sua gola*); ao contrário, do ponto de vista da língua, é entre o suporte e a variante que a ligação é a mais estreita, expressa na maioria das vezes por aquilo que A. Martinet chama de *sintagma autônomo*[22]; é mais fácil, de fato, amputar terminologicamente a matriz de seu objeto do que de sua variante: em *um chapéu com abas levantadas*, o fragmento *abas levantadas* tem um sentido (linguístico) suficiente, enquanto o fragmento *um chapéu com abas*... não passa de sentido suspenso[23]; ademais, como o manejo operacional do suporte e da variante é muito frequente, chamaremos de *traço* essa parte da matriz, que é composta de suporte e variante.

V. Substâncias e formas

5.11. *Distribuição das substâncias indumentárias na matriz*

Como a substância indumentária (peças, partes de peças, tecidos etc.) se distribui entre esses três elementos[24]? Haverá atribuição específica de substância a cada um deles? Os cardigãs serão sempre objetos visados, as golas serão sempre suportes, e

---

22. A. Martinet, *Éléments*, p. 110. Embora na maioria das vezes o traço seja constituído pela união de um substantivo com um adjetivo, a terminologia estrutural é melhor por ser mais flexível.
23. Eliminar reticências é fechar o sentido, mas é também mudá-lo (e mudar a matriz):
 \um chapéu com abas/ \um chapéu com abas levantadas/
  O   SV   O   S   V
24. *Substância* aqui é empregada no sentido muito próximo do de Hjelmslev: conjunto dos aspectos dos fenômenos linguísticos que não podem ser descritos exaustivamente sem que se recorra a premissas extralinguísticas (cf. L. Hjelmslev, *Essais*, p. 36 e p. 106).

| *Unidade significante* |

o fechamento será sempre variante? Será possível estabelecer listas estáveis de objetos, suportes e variantes? Aqui precisamos remeter-nos à natureza de cada elemento. Como são imateriais, as variantes nunca podem confundir-se *substancialmente* com os suportes e os objetos (mas podem muito bem confundir-se terminologicamente[25]): uma saia, uma blusa, uma gola, uma portinhola nunca podem constituir uma variante; inversamente, nenhuma variante pode ser convertida em objeto ou em suporte. Em contrapartida, por serem todos materiais, objetos e suportes podem perfeitamente intercambiar sua substância: uma gola pode ser aqui suporte e ali objeto visado; depende do enunciado; se a revista falar de *golas de bordas levantadas*, a gola se tornará o objeto visado pela significação, ao passo que alhures era apenas suporte: digamos que basta *subir* um grau na matriz para converter um objeto visado em simples suporte[26]. Portanto, teremos de estabelecer apenas duas listas de substâncias: uma para as variantes, e outra, comum, para objetos e suportes[27]. Vemos por aí que a matriz significante do vestuário escrito é, na verdade, semiformal e semissubstancial, pois nela a substância é móvel, intercambiável nos dois primeiros elementos (objeto e suporte) e estável no terceiro (variante). Aí está um estatuto que difere notavelmente do da língua, em que cada "forma" (fonema) sempre tem a mesma substância fônica (com a diferença das variações insignificantes).

....

25. Por exemplo, em *um chapéu com abas*, pois a palavra *abas* sustenta em si mesma sua própria variação de existência.
26. Sobre o jogo dos "graus" ou "dentes", cf. *infra*, 6, 3 e 6, 10.
27. O inventário comum de objetos e suportes será feito nos caps. 7 e 8; o inventário das variantes, nos caps. 9 e 10.

| **capítulo 6** | CONFUSÕES E EXTENSÕES

Um vestido de algodão com axadrezados vermelhos e brancos.

I. Transformações da matriz

6.1. Liberdade de transformação da matriz

Como a matriz nada mais é que uma unidade significante, segue-se que ela, na forma canônica em que foi apresentada até agora, não pode dar conta de todos os enunciados do significante: esses enunciados, em seu estado terminológico, na maioria das vezes são ou longos demais (*casaquinho curto, todo abotoado nas costas* etc.) ou curtos demais (*a Moda está no azul este ano*, ou seja: $Moda \equiv azul$). Portanto, é preciso prever uma transformação dupla da matriz: de redução, quando alguns de seus elementos serão confundidos num único vocábulo, e de extensão, quando houver multiplicação de um elemento dentro de uma única matriz ou encadeamento de várias matrizes entre si. Essas liberdades de transformação decorrem de dois princípios: por um lado, o sistema terminológico não coincide inevitavelmente com o código indumentário: um pode ser ou "maior" ou "menor" que o outro: eles não obedecem à mesma lógica, não sofrem as mesmas injunções, o que explica as confusões de elementos; por outro lado, a matriz é uma forma flexível, semiformal, semimaterial[1], definida pela relação de três elementos: um objeto visado, um suporte e uma variante; a única injunção é que esses três elementos devem estar *pelo menos* presentes no enunciado para que a economia de distribuição do sentido seja respeitada; mas nada "impede" que eles sejam subdivididos[2], o que explica as extensões de matrizes. Quanto a seu encadeamento, nada mais é que a sintaxe que em geral une as unidades significantes de um sistema. Em outras palavras, a análise de todo enunciado do significante está submetida a duas condições: é preciso que uma matriz identificada seja preenchida por seus três elementos pelo menos; é preciso que cada termo do enunciado encontre lugar numa matriz: as matrizes devem esgotar o enunciado, os elementos devem saturar as matrizes: o significante está cheio de significação[3].

....
1. Cf. *supra*, 5, 13.
2. Salvo o objeto visado, que sempre é singular, pelo menos no nível de uma matriz (cf. *infra*, 6, 8).
3. Ainda que, como dissemos (5, 11), o sentido esteja distribuído ao longo da matriz com densidade desigual.

II. Inversão de elementos

6.2. Liberdade de inversão e seus limites

A ordem até agora fixada para os três elementos da matriz (OSV) é a ordem usual; corresponde à lógica da leitura, que reconstitui o processo do sentido, de certa forma ao inverso, e dá antes o efeito (o objeto visado) e depois remonta à causa (a variante). Contudo, essa ordem não é obrigatória, e a revista pode muito bem inverter alguns elementos da matriz. A liberdade de inversão é grande; mas não é total, pois está submetida a uma injunção perfeitamente racional. Vimos que entre o suporte e a variante há forte interdependência linguística. Portanto, é normal que não se possa dissociar a parte da matriz que é o traço. Das seis inversões de O, S e V teoricamente possíveis, há, então, duas que estão legalmente excluídas: aquelas nas quais suporte e variante estariam separadas pelo objeto visado[4]:

SOV

VOS

As outras fórmulas são possíveis: se, no interior do próprio traço, houver inversão de suporte e variante; se o próprio traço se permutar com o objeto visado; ou se as duas permutações forem simultâneas:

---

4. Evidentemente, com a exceção das matrizes nas quais há confusão terminológica entre objeto e suporte e nas quais se pode ter: V • (OS), como em:

\ampla gola de organza /
\   O   SV   /
  V   OS

| *Confusões e extensões* |

O • (SV): \cardigã de gola aberta /
　　　　　　O　　S　V

O • (VS): \blusa com ampla gola /
　　　　　　O　　　V　　S

(SV) • O: \cintura alta para o vestido / (de noite)
　　　　　　S　　V　　　　　O

(VS) • O: \pequena gola para o casaco / (esporte)
　　　　　　V　　S　　　　　O

Como seria de esperar, a permutação dos dois elementos no interior do traço (SV ou VS) tem pouca importância, pois sua origem é puramente linguística: na língua francesa, por exemplo, a ordem do traço muda em decorrência da obrigação de certos adjetivos virem antes do substantivo e outros, depois (*grand col*, *col ample*). O deslocamento do objeto visado tem valor mais expressivo: a primazia do traço acarreta certo realce semântico do suporte (cintura alta para o vestido de noite). Por fim, cabe notar desde já que, no caso da combinação de várias matrizes entre si, o objeto visado da matriz final pode, de alguma maneira, subjazer a vários elementos das matrizes intermediárias; a representação do enunciado deixa então de ser linear e se torna arquitetônica; já não se pode dizer que o objeto visado precede ou segue seus elementos correlativos: ele simplesmente lhes é extensivo[5]. Está claro que todas essas permutações de-

....
5. Exemplo: \conjunto, *canotier* e enfeite de cabeça combinados /
　　　　　　　S1　　S2　　S3　　　　
　　　　　　　　　　O　　　　V

pendem estritamente da estrutura da língua; bastaria que a Moda se exprimisse numa língua flexional como o latim para que a ordem OSV pudesse ser constantemente respeitada.

III. Confusão de elementos

6.3. Confusão de O e S

Já indicamos que duas formas podem receber a mesma substância, portanto o mesmo nome: há então confusão terminológica de dois elementos da matriz num único vocábulo. É o que ocorre com as condensações de objeto e suporte: *este ano, as golas serão abertas*[6]. A condensação terminológica não destrói a distinção das funções estruturais do objeto e do suporte; em *gola aberta*, pode-se dizer, em última análise, que não é a mesma gola que recebe materialmente a abertura (aquela é a gola deste ano) e é visado pelo sentido de Moda (esta é a gola em geral): de fato, o gênero-gola (objeto visado) se atualiza este ano em gola aberta (a gola é então suporte). Como costumam ocorrer essas condensações de objeto e suporte? Seria possível comparar a condensação a um nó que interrompa bruscamente

....

Em certos casos, a representação arquitetônica é necessária para dar conta de uma única matriz:

$$\underbrace{\overbrace{\text{esse tailleur e seu toque}}^{}}_{O}$$
$$\overline{S1VS2}$$

6. $\overbrace{\underline{\text{Moda deste ano} \equiv \text{golas abertas}}}^{}$
$\overline{OSV}$

o fio de uma corrente: basta que, ao descrever um vestuário, a revista *interrompa* o sentido em gola e pare em certo momento de enunciar, para que o suporte, numa verdadeira colisão, preencha o objeto visado e se confunda com ele; em contrapartida, se a revista estender sua fala e levar o sentido para além da gola, será produzida uma matriz normal de três elementos explícitos: em todas as matrizes condensadas, há assim uma espécie de amputação implícita de um objeto mais distante e retorno do sentido para o antigo suporte: em *gola aberta está na Moda*, a gola recebe a designação de sentido destinada alhures a um objeto explícito (*blusa de gola aberta*). Esse fenômeno com certeza tem alcance geral: possibilita compreender o fato de uma descrição extrair certa organização de sentido de seus próprios limites (e não apenas de sua extensão): *dizer* não é apenas fazer a notação e omitir, é também parar e, em virtude da própria situação dessa parada, realizar uma nova estruturação do discurso; há reversão do sentido, dos limites do enunciado para seu centro.

6.4. Confusão de S e V

Vimos que o traço (união de suporte e variante) na maioria das vezes é constituído por um sintagma autônomo[7], ordinariamente formado por um substantivo e um determinante (*gola aberta, copa arredondada, dois colares, lado com fenda* etc.). Mas, justamente por ser forte a coesão linguística do traço e

....
7. Cf. *supra*, 5, 12.

por haver disparidade de matéria entre esses dois elementos, não é útil para a língua confundir suporte e variante: é usual nomear os dois termos por serem linguisticamente estereotipados, mas substancialmente distintos. Para que haja confusão de suporte e variante, portanto, é preciso que a variante perca seu valor atributivo (como, por exemplo, o que pode ser expresso por um adjetivo ligado a um substantivo) e atinja o próprio ser do suporte. Isso explica por que só se encontram confusões dos elementos do traço para dois tipos de variante: a variante de existência e a variante de espécie (aqui, cumpre antecipar-nos ao inventário das variantes[8]). De fato, se a significação do enunciado depende da presença ou da ausência de uma peça, é inevitável que a nomeação dessa peça como suporte absorva completamente a expressão da variante, pois o suporte só precisa sustentar sua própria existência ou sua própria carência: *um cinto com ponta* quer dizer: *um cinto com ponta existente*; no primeiro enunciado, a palavra *ponta*, portanto, é ao mesmo tempo suporte como matéria indumentária e variante como afirmação de que essa matéria existe. Ao contrário, no caso da variante de espécie, pode-se dizer que é a variante que absorve o suporte; quando, por exemplo, todo o enunciado é ocupado por: *um vestido de linho*, pode ser tentador definir o vestido como uma confusão de objeto e suporte, e o linho como variante (oposta, por exemplo, ao veludo, à seda etc.); no entanto, como a variante é imaterial, o linho não pode constituir diretamente uma variante; de fato, é a materialidade do tecido que

....
8. Cf. *infra*, cap. 9.

suporta a variação nominal da espécie (*linho/veludo/seda* etc.); em outras palavras, entre o objeto visado (o vestido) e a *diferença* das espécies, é preciso restabelecer a intermediação de um suporte material, por mais genérico que ele seja, o *tecido*, cuja expressão terminológica se confunde com a nomeação da espécie: o linho é suporte na qualidade de material indiferenciado (como tecido) e variante na qualidade de afirmação (ou seja, de escolha) de uma espécie[9]: se a língua o permitisse, isso explicaria uma expressão como: *vestido de tecido "telado"*; como a asserção de espécie é uma variante muito rica[10], a confusão de suporte e variante é muito frequente; é encontrada em todos os enunciados que comportem menção a uma espécie de tecido, cor ou motivo: *um vestido de (tecido de) linho, uma blusa (de cor) branca, popeline (com motivos) quadriculada(os)*. Assim, o traço encontra medida exata na unidade vocabular toda vez que a fonte primeira do sentido seja a asserção pura e simples de uma existência ou de uma espécie, pois a língua não pode nomear sem, simultaneamente, fazer existir ou particularizar[11].

6.5. Confusão de O, S e V

Por fim, o objeto visado pode muito bem se confundir com o traço, esteja este normalmente desenvolvido ou condensado.

---

9. Cf. *infra*, cap. 7 sobre asserção de espécie.
10. Uma variante é *rica*, não necessariamente porque seu paradigma compreende muitos termos, mas porque pode ser aplicada a um número elevado de suportes: é o "rendimento sintagmático" (cf. *infra*, 12, 2).
11. Sobre a particularização, cf. *infra*, 7, 4.

No primeiro caso, teremos suporte e variante separados, mas o objeto visado estará, de alguma maneira, subjacente ao conjunto do traço; se a revista escreve: *para a primavera, este tailleur e seu toque*, percebe-se que o objeto visado pela significação é o conjunto formado por *tailleur* e toque, e que o sentido não surge de um ou do outro, mas de sua associação; o objeto visado, portanto, é o traje, cuja expressão terminológica se confunde aí com cada peça que o compõe e com a variante que o faz significar[12]. No segundo caso, o enunciado do significante se reduz a um vocábulo; em: *a Moda está no azul este ano*, azul é, ao mesmo tempo, objeto, suporte e variante: é a cor em geral que suporta e recebe a significação; é a afirmação da espécie *azul* que o constitui[13]. Esta última elipse, a mais forte que se possa imaginar, convém muito bem às grandes seções da revista de Moda, aos títulos de suas páginas: abreviando com um único termo ("*Os vestidos*-chemisiers", "*O tecido*"), pode-se ler um significado (a Moda este ano) e um significante, por sua vez composto de um objeto visado, de um suporte (o gênero vestido-chemisier, o tecido) e de uma asserção de espécie[14].

....
12. $\dfrac{\setminus \text{Primavera} \equiv \text{este tailleur e seu toque} /}{\text{S1} \quad \text{V} \quad \text{S2}}$
13. A Moda este ano $\equiv \dfrac{\setminus \text{(cor) azul} /}{\text{OS} \quad \text{V}}$
14. A única confusão excluída é de O e V, ficando S explícito, pela mesma razão pela qual não se pode intercalar o objeto entre suporte e variante (cf. *supra*, 6, 2).

IV. Multiplicação de elementos

6.6. Multiplicação de S

Como cada elemento da matriz é uma "forma", pode-se, em princípio, "preenchê-lo" com várias substâncias ao mesmo tempo[15]; pode haver extensão da matriz por multiplicação de alguns de seus elementos. É comum, por exemplo, encontrar dois suportes numa mesma matriz; isso ocorre com todas as matrizes que contenham uma variante de conexão, pois é próprio dessa apoiar-se em dois fragmentos de vestuário (pelo menos): vejamos um caso clássico: *camisa com* foulard *no decote*[16] (pois aí não há nenhuma elipse). O caso mais frequente, porém, é o das matrizes com confusão parcial entre o objeto visado e um dos dois suportes; por exemplo: *blusa por dentro da saia*: a blusa é, realmente, o objeto visado, mas serve ao mesmo tempo de suporte parcial com variante de emergência[17]. Evidentemente, em tais enunciados o objeto se confunde preferencialmente com o primeiro suporte, porque a língua (estamos diante do vestuário escrito) atribui privilégio estilístico ao termo que coloca no início do período; percebe-se por aí que um simples "detalhe" pode muito bem constituir o objeto visado, ainda que esteja associado a um suporte materialmente mais importante

----

15. Exceto o objeto visado, que é sempre singular, como se verá em 6, 8.
16. \Camisa *com* foulard *no decote*/
        O   S1   V   S2
17. \Blusa por dentro da saia /
      OS1   V   S2

que ele; em *pulseira que combina com o vestido*, fala-se principalmente da pulseira, é para ela que se quer chamar a atenção, é ela o objeto visado, ainda que um vestido seja mais importante que uma pulseira[18]. De fato, uma das razões do sistema da Moda é atribuir poder semântico no mínimo igual a elementos materialmente desproporcionados e contrariar a lei primitiva da quantidade por meio de uma função compensatória.

6.7. Multiplicação de V

Visto que, do objeto à variante, a matriz se sutiliza, é normal que as variantes possam multiplicar-se com mais facilidade que os suportes; quanto mais nos aproximamos do objeto visado, mais a matriz se espessa, mais difícil é a acumulação; ao contrário, quanto mais nos afastamos do objeto, mais os elementos da matriz dispõem das liberdades da abstração. Portanto, é comum ter diversas variantes diferentes sobre um mesmo suporte. Em: *blusa fendida de um lado* (ou seja: *blusa que tem um lado fendido*), o suporte se presta a duas variantes: a fenda (*fendido*) e o número (*um*)[19]. Vejamos um enunciado no qual se encontram no mínimo quatro variantes: *genuína túnica chinesa reta e fendida*[20]. Aliás, pode ocorrer que, linguisticamente, uma variante modifique outra variante, e não o suporte que as sus-

----

18. \ Pulseira combinando com a saia /
     OS1   V   S2
19. \ Blusa fendida de um lado /
     O   V1   V2   S
20. \ Genuína túnica chinesa reta e fendida /
     V1   OS   V2   V3   V4

tenta; em: *alças cruzadas atrás*, a variante de posição (*atrás*) modifica a variante de fechamento (*cruzado*)[21]. Nada tem de surpreendente o fato de os termos variantes se acumularem assim num único ponto, ou de um suporte estar em contato com uma variante apenas por intermédio de outra variante: *mutatis mutandis*, em *cantaremos*, a marca de plural e a marca de futuro são sustentadas pelo mesmo radical, que funciona como escora (*cant-*)[22]. Aqui será suficiente fazer a distinção entre as variantes comuns, que podem modificar indiferentemente suportes ou outras variantes, e variantes especiais, que sempre só modificam outra variante; essas variantes especiais são intensivos ou variantes de grau (*com displicência*, em *amarrado com displicência*); é preciso deixá-las de lado, pois, se quisermos fazer o inventário dos traços (SV), os intensivos não poderão fazer parte diretamente deles, uma vez que nunca estão ligados a um suporte: é preciso examinar a união deles com as variantes, não com os suportes[23].

6.8. Singularidade de O

Só um elemento não pode ser multiplicado no interior de uma mesma matriz: é o objeto visado[24]. É normal que a Moda

....

21. \ Alças cruzadas atrás /
 OS   V1   V2
22. A analogia para por aí, pois, ao contrário do suporte indumentário, *cant-* é um semantema: contém sentido, não é um suporte inerte.
23. Cf. *infra*, cap. 10, 10.
24. Agora seria possível dizer que a singularidade do objeto visado serve para definir uma matriz (a matriz seria o que contém pelo menos e apenas um objeto visado) e, por extensão, o enunciado do significante em seu conjunto, como algo composto de matrizes: esse enunciado, como veremos em breve, só contém um objeto visado extensivo a todas as matrizes cujo encadeamento possibilitou designá-lo.

se negue a multiplicar o objeto de uma matriz: pode-se dizer que toda a estrutura do vestuário escrito é ascendente; através de um labirinto de elementos frequentemente distanciados, trata-se de fazer o sentido convergir para um objeto único; a própria finalidade do sistema da Moda é a difícil redução do múltiplo ao uno; pois, por um lado, é preciso preservar a diversidade do vestuário, sua descontinuidade e a profusão de seus componentes; por outro, disciplinar essa profusão, impor-lhe um sentido unitário, em termos de mirada única. Portanto, não há dúvida de que é a singularidade do objeto visado pela significação que garante a unidade da matriz; fortemente apoiada em seu objeto único, ela pode multiplicar livremente seus suportes e suas variantes, sem risco de desfazer-se. E, visto que, quando as matrizes se combinam, seguem uma organização convergente[25], todo o enunciado é finalmente preenchido por uma única matriz, extensiva a todas as outras: o objeto visado dessa última matriz, em sendo único, recolhe todo o sentido elaborado progressivamente no nível das matrizes anteriores: a singularidade do objeto visado fundamenta, de alguma maneira, toda a economia do sistema da Moda.

V. Arquiteturas de matrizes

6.9. Delegação de matriz a um elemento ou a um grupo de elementos

A combinação das matrizes entre si dentro de um mesmo enunciado baseia-se na liberdade de que toda matriz dispõe

....
25. Cf. parágrafos seguintes.

para se fazer representar por um elemento ou um grupo de elementos de outra matriz que lhe seja, evidentemente, extensiva; assim, as matrizes não se encadeiam por simples justaposição linear, como os vocábulos de uma frase, mas por uma espécie de desenvolvimento contrapontístico e de acordo com aquilo que se poderia chamar de arquitetura ascendente, pois em geral o enunciado é ocupado por uma única matriz que "recolheu" todas as outras. Seja uma matriz já saturada: *debrum branco* (O (SV)); na qualidade de elemento material (ainda que esse elemento seja provido de uma qualidade variante), esse debrum branco pode perfeitamente assumir uma função parcial numa matriz mais ampla, onde, por exemplo, não passará de objeto ou suporte; se o debrum branco tiver de formar conjunto com botões (*debrum branco e botões brancos*), o debrum (branco) e os botões (brancos) nada mais serão que suportes de uma nova variante de associação, cujo objeto visado é, implicitamente, o traje inteiro:

$$
\underbrace{\text{debrum branco e botões brancos}}_{\underbrace{\underbrace{O \quad SV}\; \underbrace{O \quad SV}}_{\underbrace{S1 \quad V \quad S2}_{O}}}
$$

O enunciado, portanto, compreende três matrizes, das quais a última (O S1 S2 V) é extensiva às duas primeiras, pois cada um de seus suportes "representa", sozinho, uma matriz completa. Poderíamos dizer que, nesses desenvolvimentos sintáticos, uma matriz passa procuração a um elemento de outra matriz para representá-la e transmitir em seu nome, à matriz final, um pouco do sentido que ela possui. As matrizes podem se delegar a um elemento ou a um grupo de elementos, caso se trate de elementos confundidos. No entanto, nem todas as fórmulas de delegação são possíveis: a variante não pode representar uma matriz, por ser imaterial; em contrapartida, a matriz, em virtude de seu objeto e de seu suporte, comporta inevitavelmente matéria indumentária[26]; segue-se que a "ponta" do sentido (a variante) é sempre solitária (em relação aos elementos "representantes") e parece extrair o sentido na frente à maneira de quem puxa a fila; isso é bem visível nas matrizes terminais, em que a delgadeza da variante contrasta com a espessura de seu suporte e de seu objeto. Por outro lado, o grupo OV também não pode representar nenhuma matriz, pois a variante não pode ser confundida com seu objeto sem a intermediação de um suporte. Portanto, teremos as seguintes delegações:

---

26. Quando desenvolvemos terminologicamente um enunciado como *popelina com bolinhas amarelas*, à primeira vista parece que a matriz primária (*bolinhas amarelas*) se torna simples variante da matriz secundária:

$$\setminus \text{popelina com (motivo) de bolinhas amarelas} /$$
$$\setminus \text{O} \quad \text{S} \quad \text{V} /$$
$$\text{OS} \qquad \text{V}$$

Na verdade, a segunda variante é de existência; portanto, é preciso restabelecer:

$$\setminus \text{popelina com (motivo) de bolinhas amarelas (existentes)} /$$
$$\setminus \text{O} \quad \text{S} \quad \text{V} /$$
$$\text{O} \qquad \text{S} \qquad \qquad \text{V}$$

As *bolinhas amarelas* são apenas suporte de sua própria existência.

I. Elementos:

OSV = V: impossível
OSV = S: ⟍ debrum branco e botões brancos ⟋
⟍ O   SV ⟋
S1...
OSV = O: ⟍ casaco de couro com gola tailleur[27] ⟋
⟍ O   SV ⟋   ⟍ O   SV ⟋
O   SV

II. Grupos de elementos:

OSV = SV: ⟍ popeline com bolinhas amarelas ⟋
⟍ O   SV ⟋
O   SV
OSV = SO: ⟍ ampla gola de organza ⟋
⟍ O   SV ⟋
V   SO
OSV = OV: impossível

6.10. A pirâmide do sentido

É de lei que a relação que rege a união das unidades significantes (das matrizes) seja de simples combinação (e não de interdependência ou implicação, como em outras sintaxes); formalmente, nenhuma matriz pressupõe outra, cada uma pode ser autossuficiente. No entanto, essa relação de combinação é

---

[27]. Todas as matrizes primárias introduzidas por *com* tornam-se na matriz seguinte um traço (SV) cuja variante é de existência: *com gola tailleur/sem gola tailleur*.

peculiar, pois as matrizes se encadeiam por desenvolvimento, não por adição. Nunca é possível ter uma sequência do tipo OSV + OSV + OSV etc.; se duas matrizes aparecem numa ordem de sucessão simples, é porque ambas são assumidas por uma matriz extensiva que lhes é subjacente. A impressão é a de que o vestuário escrito é construído como um cânone por aumento ou como uma pirâmide invertida: a base (superior) da pirâmide seria ocupada ao mesmo tempo pelas matrizes primárias[28], pelos sentidos parcelares do conjunto descrito e por seu enunciado literal; o vértice (inferior) da pirâmide seria a última matriz secundária, a que recolhe e resume todas as matrizes prévias que possibilitaram edificá-la, propondo assim à intelecção, se não à leitura, um sentido final unitário. Tal arquitetura tem um alcance bem preciso. Por um lado, ao mesmo tempo que possibilita uma verdadeira perfusão do sentido indumentário através do enunciado, preserva a unidade final do sentido: pode-se dizer que o segredo precioso do sentido de Moda está encerrado na matriz final (e, singularmente, em sua variante), seja qual for o número das matrizes preparatórias que a precederam: é a associação que dá verdadeiro sentido de Moda aos debruns e aos botões, não sua brancura. Por outro lado, ela faz do enunciado do significante uma espécie de máquina denteada: é o último dente, ou grau, que contém o sentido; dispor de um dente a mais ou eliminar um dente é mu-

---

28. Chamamos aqui de *matriz primária* a matriz na qual nenhum elemento representa outra matriz; de *matriz secundária*, a matriz em que um elemento pelo menos é "representante".

dar toda a distribuição das substâncias ao longo das matrizes[29]; o sentido derradeiro é sempre o sentido notável, mas não está necessariamente situado no fim da frase: o enunciado é um objeto profundo, por certo percebido (linguisticamente) em sua superfície (cadeia falada), mas lido ("indumentariamente") em sua profundidade (a arquitetura das matrizes), como bem mostra o seguinte exemplo:

```
   \Vestido de algodão com axadrezados vermelhos e (axadrezados) brancos/
1.  \O       SV/        \O      SV/          \O        SV/
2.                         \OS1      V          S2/
3.       O                            SV
```

Nesse enunciado, pode-se dizer que há três camadas de sentido: a primeira é constituída pelas espécies de materiais e de cores constantes do vestuário descrito (*algodão*, *vermelho*, *branco*); a segunda, pela associação dos axadrezados vermelhos e dos axadrezados brancos; a terceira, pela existência de uma unidade complexa feita de axadrezados vermelhos e brancos num vestido de algodão; este último sentido não seria possível sem menção dos sentidos preparatórios; no entanto, é ele que contém a ponta da mensagem de Moda.

....
29. Em *popeline com bolinhas*, o sentido decorre da oposição entre a espécie de motivo (bolinhas) e outras espécies inominadas; enquanto em *popeline com bolinhas amarelas*, a espécie de motivo já não tem responsabilidade direta na edificação do sentido, que depende ao mesmo tempo da cor amarela (oposta a outras cores) e da existência (oposta à carência) de uma unidade: *bolinhas amarelas*.

6.11. Sintaxe homográfica

Para compreender a originalidade dessa sintaxe arquitetural, é preciso voltar mais uma vez à língua. A língua se caracteriza pela dupla articulação: um sistema de "sons" (fonemas) acompanha um sistema de "palavras" (monemas); no vestuário escrito, há também um sistema duplo: formas da matriz (OSV) e matrizes entre si. Mas a comparação termina aí; pois, na língua, as unidades de cada sistema estão ligadas por um arranjo combinatório puro, enquanto no vestuário escrito os elementos da matriz são interdependentes: só as matrizes são combinatórias. E esse arranjo combinatório não se parece em nada com a sintaxe da língua: a sintaxe do vestuário escrito não é paratático nem regencial: as matrizes não são justapostas nem (linearmente) subordinadas; engendram-se reciprocamente por extensão substancial (os axadrezados vermelhos e os axadrezados brancos formam um conjunto extensivo a cada uma de suas partes) e redução formal (toda matriz se torna simples elemento da matriz seguinte). Seria possível dizer que a sintaxe do vestuário escrito é uma sintaxe homográfica, por ser uma sintaxe de correspondência, e não de encadeamento.

VI. Rotinas

6.12. Rotinas (OS) V e O (SV)

Os elementos da matriz (O, S, V) são formas cuja disponibilidade só é limitada pela regra de distribuição das substâncias

(O e S são materiais, V é imaterial). Seria possível comparar a matriz a um *pattern*, e seus elementos, aos *pattern-points* definidos por alguns linguistas[30]; cada *pattern-point* comporta certo potencial de substância, mas evidentemente há substâncias que preenchem certas formas com mais frequência do que outras. Os *patterns* mais frequentes, portanto mais fortes, são: matrizes O (SV), nas quais o objeto é constituído por uma peça ou parte de peça indumentária, e o traço (SV) pelo material, cor ou motivo, providos de uma variação de espécie[31] (*vestido de flanela, casaco branco, popeline xadrez*); matrizes (OS) V, nas quais o objeto-suporte é constituído por uma peça ou uma parte de peça indumentária, e a variante, por uma qualificação (*casaco com fenda, alças cruzadas, blusa ampla* etc.); por fim, no nível das matrizes secundárias, como foi possível constatar nos exemplos citados, o *pattern* mais forte é constituído pela adjunção de uma matriz primária à matriz secundária, onde ela toma o lugar do traço (SV) e funciona como variante de existência (*popelina com bolinhas amarelas*). Como esses *patterns* se situam num só bloco no enunciado, podem ser considerados como rotinas, análogas às "configurações elementares" ou aos "tijolos" da máquina de traduzir[32]; de modo que, se quisésse-

---

30. Kenneth L. Pike, "A problem in morphology-syntax", *Acta Linguistica*, V, 3, p. 125. Pattern: *John came*; *pattern-points*: *John* e *came*; *pattern-point*-substituição-potencial: *Bill, Jim, the dog, boys* etc. podem substituir *John*.
31. Sobre a distinção entre a espécie e sua asserção, cf. *infra*, cap. 7.
32. Sobre as configurações elementares, cf. A.-J. Greimas, "Les problèmes de la description mécanographique" [Problemas da descrição mecanográfica], *Cahiers de lexicologie*, I, p. 58. – Os "tijolos" ou "sub-rotinas" são "trechos de cálculo codificados de antemão e utilizados como tijolos na construção de todo código" (B. Mandelbrot, *Logique, langage et théorie de l'information*, Paris, PUF, 1957, p. 44).

mos construir uma máquina de fazer a Moda, poderíamos frequentemente economizar o detalhe das matrizes primárias, quer sejam elas (OS) V ou O (SV). Podemos dizer que uma rotina é um estado intermediário entre a forma e a substância: é uma substância generalizada, pois a rotina só é plenamente válida no nível de certas variantes específicas.

6.13. Rotinas e sentido final

Essas rotinas não têm apenas importância operacional; contribuem para ordenar a produção do sentido: de acordo com uma lei bem conhecida, sua própria frequência tende a banalizar a mensagem que elas transmitem; assim, quando entram em composição e ocupam o plano das matrizes primárias, constituem um fundo cuja banalidade reforça a originalidade do sentido final; no nível das rotinas, o sentido interno se espessa, fossiliza-se, mas, por isso mesmo, todo o seu vigor e todo o seu frescor são deixados para a variante final, que deles se encarrega; em: *um vestido de algodão com axadrezados vermelhos e brancos*, o vestido de algodão, os axadrezados vermelhos e os axadrezados brancos têm um sentido fraco, em virtude da lei segundo a qual um clichê tende à insignificância; a variante de associação que une o vermelho e o branco dos axadrezados produz um sentido que já é mais vigoroso; mas, afinal, é a existência dos axadrezados vermelhos e brancos *em relação* ao vestido de algodão que carreia a informação mais forte, o sentido mais novo, aliás aquele que aflora primeiramente à leitura, que é o próprio objetivo do enunciado. Adivinha-se assim qual é a finalidade profunda de toda essa sintaxe: concentrar aos poucos o sentido, fazê-lo passar do banal ao original, elevá-lo à singularidade do nunca-visto ou do nunca-lido. O enunciado do significante, portanto, é coisa bem diferente de uma compilação de traços notáveis: é realmente o nascimento, delicado e paciente, de uma significação.

| **capítulo 7** | ASSERÇÃO DE ESPÉCIE

O twin-set aparece em grande estilo.

I. Espécie

7.1. Espécies do vestuário

Vimos que o objeto visado e o suporte da significação podem permutar sua substância, e que essa substância é sempre material: uma saia, uma blusa, uma gola, luvas, uma prega ora podem ser objeto, ora suporte, ora as duas coisas. Portanto, diante da variante, cujo inventário é específico, precisamos recensear, para os objetos e os suportes, apenas uma substância que lhes seja comum. Essa substância nada mais é que o vestuário, em sua materialidade: o inventário substancial dos objetos e dos suportes coincide inevitavelmente com o inventário do vestuário. Mas, como aqui se trata de um vestuário intermediado pela fala, o que se terá de recensear serão os próprios vocábulos de que a língua se vale para designar o vestuário (mas não para qualificá-lo, o que é da alçada do inventário das variantes). Em outras palavras, o que se deve recensear são os nomes do vestuário (conjuntos, peças, partes de peças, detalhes e acessórios), em outras palavras ainda: suas espécies. A espécie (blusa, jumper, blusa solta, touca, gorro, capelina, colar, escarpins, saia etc.) constitui a unidade terminológica necessária e suficiente para constituir um suporte ou um objeto. Poderíamos dizer de uma outra maneira que a espécie pertence ao plano de denotação da linguagem; portanto, não é em seu nível que corremos o risco de encontrar elaborações retóricas, ainda que sua designação seja frequentemente de origem metafórica (*colarinho Danton, xale*-chaufferette*, *verde-musgo* etc.).

7.2. Espécie real, espécie nomeada

As espécies indumentárias são tão abundantes que é natural querer submetê-las a um princípio redutor que nos dispense de fazer um inventário exaustivo. Certamente, se precisássemos estabelecer a estrutura do vestuário real, teríamos o direito de passar para além da fronteira do vocábulo, teríamos a liberdade de definir na espécie os elementos técnicos que a constituem; poderíamos, por exemplo, considerar o gorro como um chapéu sem abas e com copa alta, ou seja, encontrar na espécie visada espécies primeiras (copa, aba) e variantes implícitas (altura, carência)[1]; esse trabalho de análise real sem dúvida possibi-

---

* Chaufferette: aparelho para esquentar os pés ou rechaud. (N. do E.)
1. Sobre a questão das variantes implícitas ("ou investidas"), cf. *infra*, 11, 10.

litaria reduzir a profusão e a anarquia das espécies indumentárias a algumas espécies simples, cuja mera combinação produz, provavelmente, todo o vestuário. Mas, como nos abstivemos de inferir uma estrutura real de uma estrutura terminológica, não poderemos aqui remontar além do nome da espécie: é com esse nome que precisamos tratar, e não com aquilo que ele designa: não precisamos saber como é construída uma blusa, no que ela difere de uma camisa pólo; em última análise, nem mesmo precisamos saber o que é uma blusa ou uma camisa pólo: basta que a variação do nome seja sancionada pela variação de um sentido indumentário. Em suma, o princípio da espécie aqui não é da alçada propriamente do real em si nem do vocabulário em si, mas apenas desse misto de ambos que é o código indumentário.

7.3. Classificação das espécies

Segue-se que, no vestuário escrito, a classificação das espécies não pode ser submetida a critérios reais (tecnológicos) ou lexicológicos[2]: para as espécies do vestuário escrito, é necessária uma ordem própria, imanente ao próprio sistema, ou seja, submetida a critérios de significação, e não a critérios de fabricação ou de afinidade lexical. Para encontrar essa ordem, evidentemente é preciso sair um pouco do plano sintagmático: o sintagma dá cadeias de unidades, não fornece, diretamente,

---
2. Critérios lexicológicos: cf. classificações nocionais de W. von Wartburg, J. Trier e G. Matoré.

nada que possibilite classificá-las. No caso das espécies, essa "resistência" do sintagma é mais forte porque as espécies se confundem com os suportes e os objetos, ou seja, com os elementos inertes da matriz: é a variante que introduz o sentido no sintagma, é ela que representa a dimensão paradigmática[3]; e, como diante da profusão dos fatos sintagmáticos o sistema é um princípio de classificação (pois possibilita constituir listas de oposições), o que se precisa tentar encontrar, portanto, é uma variante ligada propriamente às espécies, caso se tenha a esperança de classificá-las. Ora, essa variante existe: é encontrada toda vez que o sentido de uma matriz surge da afirmação pura e simples de uma espécie específica de vestuário[4]: chamaremos essa variante de *asserção de espécie*, e, embora em princípio o inventário dos objetos-suporte deva preceder o inventário das variantes, estudaremos essa variante primeiro, antes de voltarmos à classificação das espécies.

II. Variação de espécie

7.4. Princípio da asserção de espécie

A espécie pode significar em si. Se enunciarmos que o *twin-set aparece em grande estilo*, significa à primeira vista que o próprio ser do *twin-set* lhe permite significar a Moda, e não o compri-

....
3. Cf. *supra*, 5, 10.
4. Ou seja, nas matrizes com confusão de S e V.

mento, a flexibilidade ou a forma; é por se distinguir de outros vestuários que a espécie *twin-set* é aí imediatamente provida de um sentido de Moda: basta que o *twin-set* afirme sua espécie para significar[5]. Isso não quer dizer que o próprio *twin-set* constitua literalmente a variante, pois a variante não pode ser material. Na verdade, se examinarmos com mais atenção, veremos que não é a matéria do *twin-set* que sofre, primordialmente, a variação significante; a oposição aqui não ocorre, *de início*, entre o *twin-set* e suas espécies-irmãs, porém, de maneira mais formal e imediata, entre a afirmação de uma escolha (seja ela qual for) e o silêncio dessa escolha. Em suma, quando a nomeação da espécie é surda, sempre é preciso distinguir nela dois valores ou, se preferirem, duas formas: uma forma material, que se coaduna com a parte objetiva da matriz (objeto ou suporte), e uma forma assertiva, a afirmação de que essa matéria existe numa forma escolhida; e aquilo que significa (na qualidade de variante) nunca é a materialidade da espécie, e sim sua afirmação. Essa distinção pode parecer bizantina, se nos ativermos ao nível da língua, pelo menos da língua francesa, que costuma confundir, no enunciado de uma coisa, ao mesmo tempo sua existência, a classe à qual ela pertence e a afirmação de sua es-

....

5. Inversamente, em virtude da lei do último sentido, a espécie só é significante se não for aumentada por nenhuma outra variante: é preciso que a palavra que a afirma seja surda; pois, se dissermos que o que aparece em grande estilo são os *twin-set justos*, veremos que o *twin-set*, mesmo participando do sentido na qualidade de objeto visado e suporte, não extrai seu sentido último de sua natureza de *twin-set*, mas de seu ajuste. Aliás, lembramos que as matrizes diferem segundo o caso:

$$\frac{\setminus twin\text{-}set /}{OSV} \qquad \frac{\setminus twin\text{-}set\ justo /}{OS \quad V}$$

pecialidade; mas, por um lado, é afinal surpreendente o fenômeno de a linguagem não possibilitar distinguir entre o simples enunciado de uma coisa e a afirmação de que ela existe: nomear é sempre fazer existir e, para desfazer a existência da coisa, é preciso somar à sua nomeação um instrumento especial, que é a negação: existe um privilégio nominativo do ser (qual Borges imaginará uma língua na qual dizer as coisas seria, de pleno direito, negá-las e na qual seria preciso somar uma partícula afirmativa para fazê-las existir?); por outro lado, existem línguas (banto, japonês, malaio, por exemplo), que, no enunciado da coisa, mencionam expressamente sua classe e sua espécie, dizendo: *3 animais-cavalos*, *3 flores-tulipas*, *2 objetos-redondos-anéis* etc.[6]; o exemplo dessas línguas pode possibilitar entender que é legítimo fazer, no *twin-set* ou no *branco*, a distinção entre a classe material do vestuário (gênero-*twin-set*[7] ou cor) e a escolha que nele realiza uma determinação de espécie; pois, em suma, ao desenvolvermos implicitamente um *vestido de linho* ou um *vestido de tecido de linho*, nada mais fazemos que separar a materialidade do suporte da afirmação abstrata da escolha que o faz significar: semiologicamente, o linho nada é; ela não é a espécie em sua materialidade, mas a asserção de que uma espécie é escolhida contra todas as que são excluídas do sentido atual.

---

6. Citado por L. Hjelmslev, "Animé et inanimé, personnel et non personnel" [Animado e inanimado, pessoal e impessoal], in *Trav. Inst. ling.*, I, p. 157.
7. A denominação "gênero-*twin-set*" evidentemente é provisória, pois ainda não sabemos a que classe pertence o *twin-set*.

7.5. Oposição x / o resto

Pois a afirmação aqui não passa de escolha suspensa: se a língua não obrigasse a isso, língua que não pode dizer sem fazer que as substâncias surjam, seria inútil preencher essa escolha para torná-la significante. Do ponto de vista do sistema (e por conseguinte), por mais paradoxal que pareça, do ponto de vista da Moda, que importância tem o linho? Amanhã, será o tussor ou a alpaca, mas haverá sempre a mesma oposição entre uma espécie escolhida (seja ela qual for[8]) e a massa das espécies inominadas. Desde que queiramos suspender a substância, a oposição significante aí será rigorosamente binária: ela não remete um ser ao seu contrário (o linho não é o contrário de nada), mas à reserva anônima da qual esse ser é extraído: essa reserva, digamos, é *o resto* (pólo bem conhecido da linguística). A fórmula da asserção de espécie seria então:

x	/	o resto
(linho)		(os outros tecidos)

Qual é a natureza dessa oposição? A não ser que recorramos a análises técnicas complicadíssimas, apenas do ponto de vista do código indumentário, a relação entre x e o "resto" é a relação que distingue um elemento particular de um elemento mais geral. Por isso, analisar mais o mecanismo da asserção

---

8. A indiferença da escolha não é absoluta; tem como limite o próprio real, que na prática distingue os tecidos pesados dos tecidos leves; o linho, portanto, só pode opor-se semanticamente a outro tecido leve (cf. *infra*, 11, 11).

de espécie é explorar a natureza desse "resto", cuja oposição com a espécie afirmada constitui todo o sentido de Moda.

III. Classe de espécies: o gênero

7.6. "Restos" múltiplos: percursos de oposição

É evidente que o "resto" não é todo o vestuário menos a espécie nomeada. Para significar, o linho não precisa excluir-se de um "resto" que compreendesse indiferentemente colares, cores, casacos, pregas etc.; nunca a revista enunciará: no verão, use linho e, no inverno, escarpins; tal proposição (a oposição de espécies que ela enuncia: linho/escarpins) é propriamente *absurda*, ou seja, ela se situa fora do sistema do sentido[9]: para que haja sentido, é preciso, por um lado, que haja liberdade de escolha (*x/o resto*) e, por outro, que essa liberdade seja limitada a certo percurso de oposições (*o resto* não passa de *certa* parte do vestuário total[10]). Portanto, pode-se esperar que o vestuário em sua totalidade esteja constituído por certo número de percursos (por "restos"); cada percurso não é, propriamente dito, o paradigma da espécie nomeada, pois a oposição significante ocorre somente entre a formulação (de uma espécie) e a informulação (das outras espécies); ele é no mínimo o horizonte que limita

---

9. A menos, evidentemente, que por retórica queiramos ressaltar o próprio absurdo: o absurdo torna-se então o significado de conotação da frase inteira.
10. Cf. os percursos de significação da lógica moderna, R. Blanché, *Introduction*, p. 138.

essa oposição, a referência substancial que lhe possibilita produzir sentido.

7.7. Prova de incompatibilidade

A operação que deve possibilitar reconstituir os diferentes "restos" ou percursos da asserção de espécie só pode ser formal, pois não se pode recorrer diretamente ao conteúdo técnico ou às afinidades lexicológicas das espécies. Como um percurso é constituído por todas as espécies cuja variação é prisioneira dos mesmos limites, bastará encontrar o princípio desses limites para poder estabelecer os percursos de espécie. Ora, é evidente que, se o linho, a alpaca e o tussor, por exemplo, entram em oposição significante[11], isso ocorre porque na verdade esses tecidos não podem ser usados *ao mesmo tempo e no mesmo ponto do vestuário*[12]; inversamente, o linho e os escarpins não podem entrar em oposição significante porque podem perfeitamente coexistir num mesmo traje: pertencem, pois, a percursos diferentes. Em primeiro lugar, o que é *sintagmaticamente* incompatível (linho, tussor, alpaca) é *sistematicamente* associado; o que é sintagmaticamente compatível (linho, escarpins) só pode pertencer a sistemas de espécies diferentes. Portanto, para definir os percursos, basta recensear, no nível da espécie, todas as

....
11. Falamos aqui de oposição significante entre as espécies para simplificar: na verdade, a oposição não é entre as espécies materiais, mas sim entre a asserção e a não-asserção.
12. Se parecem usados ao mesmo tempo, é porque não se trata do mesmo ponto da *toilette*, e sua coexistência é então assumida por uma variante especial de associação: as espécies não são mais que suportes.

incompatibilidades sintagmáticas (a isso se poderia dar o nome de prova de incompatibilidade); reunindo mentalmente todas as espécies incompatíveis, produzimos um tipo de espécie genérica, que resume economicamente todo um percurso de exclusões significantes: por exemplo, o linho, o tussor, a alpaca etc. formam uma espécie genérica (material); a touca, o gorro, a boina etc. formam outra espécie genérica (o toucado) etc. Assim se obtêm séries de exclusões resumidas por um termo genérico:

$$a^1/a^2/a^3/a^4 \ldots\ldots A$$
$$b^1/b^2/b^3/b^4 \ldots\ldots B \text{ etc.}$$

É muito útil poder manejar com facilidade o composto genérico (A, B etc.) de cada série, pois, graças a ele, será possível reduzir a profusão e a anarquia das espécies a uma ordem, se não finita, pelo menos metodicamente acessível; portanto, chamaremos esse composto de *gênero*.

7.8. Gênero

O gênero não é uma soma, é uma classe de espécies, reúne de maneira lógica todas as espécies que se excluem semanticamente; portanto, é uma classe de exclusões; isso deve ser ressaltado, pois pode ser tentador preencher um gênero com todas as espécies intuitivamente afins; ora, a afinidade e a dessemelhança, embora efetivamente caracteres substanciais das espécies de um gênero, não são critérios operacionais; a constituição dos gêneros não se baseia num juízo aplicado à substância[13], mas sim numa prova formal de incompatibilidade; podemos ser tentados, por exemplo, a reunir chapéu e enfeite de cabeça num mesmo gênero, tamanha é a afinidade entre eles; mas a prova de incompatibilidade o impede, pois chapéu e enfeite de cabeça podem ser usados ao mesmo tempo (um sobre o outro); inversamente, vestido e traje de esquiar, embora formalmente muito diferentes, fazem parte do mesmo gênero, pois é preciso "escolher" entre um e outro, de acordo com o significado que se queira transmitir. Às vezes a própria língua dá aos gêneros um nome específico, que não é o nome de nenhuma das espécies que o compõem: o branco, o azul e o rosa são espécies do gênero *cor*. Mas, na maioria das vezes, não há nenhum termo genérico para designar uma classe de espécies ligadas pela exclusão: qual pode ser o gênero que "coroe" peças como blusa, blusa solta, bustiê, jumper, cuja variação, porém, é pertinente? Daremos a esses gêneros anônimos o nome da espécie mais comum que deles faça parte: gênero-blusa, gênero-mantô, gênero-casaco etc.: bastará fazer a distinção, sempre que necessário, entre a blusa-espécie e a blusa-gênero. Essa ambiguidade terminológica reproduz a confusão entre variante-classe e variante-termo[14]; é normal, pois o gênero é a classe na qual a variante de espécie isola seu ponto de asserção. Definido o gênero, pode-se agora especificar a fórmula da asserção de espécie; já não é exata-

---

13. Cf. classificação temática de R. Hallig e W. von Wartburg, *Begriffssystem als Grundlage für die Lexicologie. Versuch eines Ordnungsschemas*, Berlim, Akademie Verlag, 1952, XXXV-140 p.
14. Cf. *supra*, 5, 8.

mente: x / "o resto", mas, se chamarmos a espécie de *a* e o gênero de A, será:

$$a/(A - a).$$

IV. Relação entre espécies e gêneros

7.9. *Gêneros e espécies do ponto de vista da substância*

Determinados formalmente os gêneros, será possível atribuir-lhes certo conteúdo? O que se pode garantir é que entre as espécies de um mesmo gênero há, ao mesmo tempo, certa semelhança e certa dessemelhança. De fato, se duas espécies são absolutamente idênticas, não pode haver entre elas oposição significante, pois, como vimos, a variante é essencialmente uma diferença; e, ao contrário, duas espécies que sejam totalmente dessemelhantes (linho, escarpins) também não podem opor-se semanticamente, pois sua confrontação é literalmente absurda. Assim, para cada espécie, os elementos aos quais se limita o seu "resto" (ou percurso, ou gênero) são ao mesmo tempo afins e dessemelhantes: *corpete* não pode opor-se a *corpete* (identidade total), mas tampouco a capelina (dessemelhança total); ele entrará em oposição com o bolero, o bustiê ou o *jumper* porque, do ponto de vista da substância, essas peças têm com o corpete uma relação de semelhança-dessemelhança. Pode-se dizer que, em geral, a semelhança incide sobre a função das espécies de um mesmo gênero (*corpete*, jumper e *bustiê* têm mais ou menos a mesma situação funcional no conjunto do vestuário), enquanto a dessemelhança incide sobre a forma das espécies. O jogo de semelhança e de dessemelhança corresponde, evidentemente, a um jogo entre sintagma e sistema, pois entre duas espécies dadas a relação sintagmática exclui a relação sistemática, e vice-versa; isso está explicado na tabela abaixo, da qual analisaremos depois cada caso:

	Seme-lhança	Desseme-lhança	Fórmula	Exemplo	Sistema	Sintagma
1	–	+	a • b	mantô & toque	–	+
2	+	–	2a	2 colares	–	+
3	+	+	a1/a2 a1 • a2	toque gorro mantô & imper-meável	+ – fora do sistema	

7.10. Espécie de gêneros diferentes: a • b

Percebe-se (exemplo n.º 1) que, quando cada uma de duas espécies pertence a um gênero diferente, a relação entre elas é de semelhança-dessemelhança, sua relação sistemática é nula, e sua relação sintagmática é possível: *um mantô* e *um toque* podem coexistir, mas não haveria sentido algum em os opor, porque neles não há nenhuma medida entre os traços de semelhança (nulos) e, digamos, os traços de dessemelhança (fundamentais). Caso se tratasse do vestuário real, seria mais interessante fazer o inventário das relações sintagmáticas que os gêneros podem ter entre si (supondo-se que se encontrem no vestuário real os gêneros do vestuário escrito); pois, se no vestuário escrito a relação que une os elementos da matriz é sempre de interdependência (O) (S) (V), nada garante que no vestuário real as associações de peças estejam submetidas a esse tipo de relação. Por acaso a blusa obriga à saia, e a saia à blusa? O tailleur pressupõe a blusa? Talvez encontrássemos aí as três relações sintagmáticas estabelecidas pela linguística (implicação, interdependência, combinação), e, evidentemente, essas seriam as relações que constituiriam a sintaxe do vestuário real[15]. Mas, no que se refere aos gêneros do vestuário escrito, não é possível tratar suas relações sintagmáticas em termos de conteúdo, pois não há aí outro sintagma senão o sintagma (duplo) dos elementos da matriz e das matrizes entre si; quando a revista quer estabelecer uma relação de coexistência entre duas espécies, confia essa relação ou à própria matriz (*um cinto com ponta*), ou a uma variante explícita de conexão (*um mantô e seu toque*)[16]: a espécie duplicada volta a ser simples suporte dessa variante particular e desaparece a asserção de espécie.

7.11. *Espécies idênticas: 2a*

Entre duas espécies idênticas (exemplo n.º 2), não pode haver oposição sistemática, mas, evidentemente, as duas espécies

---

15. Do ponto de vista do vestuário real, remontando-se até o critério de cobertura do corpo, estabelecer-se-ia, por exemplo, que para o homem há implicação simples entre a cobertura do busto e a cobertura da pelve, mas para a mulher a relação passa a ser de dupla implicação.
16. \cinto com abas/   \ mantô e seu toque /
    O   SV   \ S1   V   S2/
                                O

podem ser usadas ao mesmo tempo: duas pulseiras, por exemplo; portanto, aí a relação sintagmática é possível, mas dela se encarrega explicitamente uma variante particular (soma ou multiplicação), da qual a própria espécie não passa de suporte.

7.12. Espécies de um mesmo gênero: a1/a2 e a1 • a2

Por fim (exemplo n.º 3), quando as duas espécies pertencem ao mesmo gênero (ou seja, quando têm uma relação de semelhança-dessemelhança), há entre elas possibilidade de asserção de espécie (*toque/boina/gorro* etc.), e essas duas espécies não podem coexistir. Essa incompatibilidade, evidentemente, só é válida do ponto de vista legal, pois na realidade nada impede, empiricamente, que se usem duas espécies de um mesmo gênero: se estiver chovendo, para atravessar um jardim, pode-se jogar um impermeável sobre o mantô; mas esse gênero de "encontro" (ou, se preferirem, de sintagma) sempre é improvisado e praticado com a consciência de se romper (provisoriamente) uma instituição; trata-se de um simples uso de *traje*, que só poderíamos comparar, em linguística, a um fato de fala aberrante (em oposição aos fatos da língua).

V. Função da asserção de espécie

7.13. Função geral: da natureza à cultura

No sistema da Moda, a espécie ocupa um lugar estratégico. Por um lado, na qualidade de denominação pura e simples do vestuário, ela esgota todo o plano de denotação do vestuário escrito: acrescentar uma variante a uma espécie (e, singularmente, a própria variante de espécie) já é sair do literal, já é "interpretar" o real, iniciar um processo de conotação que se desenvolverá naturalmente em retórica; como matéria, ela é absolutamente inerte, está fechada em si mesma e é indiferente a qualquer significação, o que demonstra bem a tautologia que explica espontaneamente seu caráter denotado: *um mantô é um mantô*. Por outro lado, essa matéria é a própria diversidade; é na lista móvel das espécies que está implícita a diversidade das técnicas, das formas e dos usos, em suma tudo o que na natureza (mesmo que já social) há de irredutível a qualquer classificação. Portanto, é dessa *diversidade concreta*, dada pela natureza, que a cultura se apossa por via da asserção de espécie, transformando-a em algo inteligível[17]. Para isso, basta-lhe converter a espécie-matéria em espécie-função, o objeto, em termo sistemático[18], o mantô, em escolha. Mas, para ser significante, essa escolha precisa ser arbitrária; por isso, como instituição cultural, a Moda dispõe o essencial de suas asserções de espécies em que a escolha não é ditada por nenhuma motivação "natural"; entre o mantô quente e o vestido fresco, não pode haver escolha livre, portanto significação, pois quem manda é a temperatura;

---

17. Cf. Cl. Lévi-Strauss, *La pensée sauvage*, Paris, Plon, 1962, p. 164 [Trad. bras. *O pensamento selvagem*, Campinas, Papirus, 5ª ed., 2005]: "Existem apenas dois modelos verdadeiros da diversidade concreta: um no plano da natureza, é o da diversidade das espécies; o outro no plano da cultura, é oferecido pela diversidade das funções."
18. Vimos, por uma observação de Saussure, que a palavra *termo* implica passagem para o sistema (cf. *supra*, 2, 1).

só há escolha significante onde a natureza termina: a natureza não impõe nenhuma discriminação real entre o tussor, a alpaca e o linho, entre o gorro, o toque e a boina; por isso também, a oposição significante não passa diretamente entre as espécies de um mesmo gênero, mas apenas entre uma asserção (seja qual for seu objeto) e sua negação implícita, entre uma escolha e uma recusa; o fato sistemático não é escolher o linho, é apenas *escolher alguma coisa dentro de certos limites*; seria possível dizer que os dois termos do paradigma são aí a escolha e seus limites (a / (A – a)). Assim, transformando a matéria em função, a motivação concreta em gesto formal e, repetindo uma antinomia famosa, a natureza em cultura, a asserção de espécie inaugura realmente o sistema da Moda: ela é o limiar do inteligível.

7.14. Função metódica

Essa função fundamental da asserção de espécie se encontra no plano metódico: é a asserção de espécie que inaugura o inventário do sistema. Fundamentando classes de incompatibilidades, ou gêneros, ela possibilita manejar cada um desses gêneros no lugar das espécies que ele "coroa". Ora, como dissemos, as espécies são as próprias substâncias que saturam os objetos e os suportes da significação. Toda espécie vale por um objeto ou um suporte, em virtude do seguinte princípio: *toda a materialidade do vestuário é esgotada pelos objetos e pelos suportes no nível da matriz, e pelos gêneros e pelas espécies no nível da terminologia*. O inventário dos objetos e dos suportes, portanto, se reduz indubitavelmente ao inventário das espécies e dos gêneros; basta estabelecer a lista dos gêneros por meio da prova de incompatibilidade para dispor de um inventário dos objetos-suporte. O gênero é a realidade operacional que vai assumir ao mesmo tempo o objeto e o suporte perante a variante, que, por sua vez, é irredutível, pois não tem a mesma substância que a parte propriamente material (ou indumentariamente sintagmática) da matriz. Portanto, os gêneros, as variantes e seus modos de associação (frequente, possível ou impossível, segundo os casos) são os elementos que possibilitam estabelecer de modo completo o sistema geral do significante de Moda.

| **capítulo 8** | INVENTÁRIO DOS GÊNEROS

Gazes, organzas, voile, *musselina de algodão, chegou o verão.*

I. Modo de composição dos gêneros

8.1. *Número de espécies por gênero*

Formalmente, a asserção de espécie nada mais é que uma oposição binária do tipo: a / (A – a); logo, o gênero não é propriamente um paradigma de espécies, mas apenas o percurso que limita as possibilidades substanciais da oposição. O número das espécies que fazem parte de um gênero, portanto, não tem incidência estrutural; o fato de um gênero ser ou não fornecido em espécies tem pouca importância para o sistema; a "riqueza" de um gênero depende, como veremos[1], do número de variantes aos quais ele pode oferecer-se e, entre essas varian-

....
1. Cf. *infra*, cap. 12.

tes, a asserção de espécie sempre conta por um, seja qual for a extensão de seu percurso.

8.2. Subespécies

Certas espécies podem "coroar" outras espécies; o *laço*, por exemplo, é uma espécie do gênero "Fecho", mas também pode comportar subespécies: *laço triplo*, *laço-vaivém*, *laço-gravata*; isso quer dizer que um laço triplo se opõe de maneira significante a todos os outros laços, antes de se opor de maneira geral aos outros fechos. Quer consideremos a espécie-intermediária (laço) como um tipo de subgênero, quer prefiramos contar cada subespécie como uma espécie imediata do gênero principal, transformando o substantivo composto que a designa em simples monema igual aos outros – o que será indicado pelo hífen (*laço-vaivém*, *laço-gravata*) –, a existência dessas subespécies não altera em nada o sistema geral dos gêneros, uma vez que o gênero (principal ou secundário) continua sendo uma classe de exclusões.

8.3. Variedades

É também a regra de exclusão que obriga em alguns casos a distinguir criteriosamente entre *espécie* e *variedade*. Pode ser cômodo reunir mentalmente algumas espécies ou mesmo alguns gêneros em classes de inclusão; por exemplo, colares, pulseiras, golas, bolsas, flores, luvas e carteiras alimentam uma categoria geral muito importante em Moda: o *detalhe*. Mas o "detalhe", tal como a peça ou o acessório, é uma coleção de objetos, não é uma classe de exclusão: não há oposição significante nem incompatibilidade sintagmática entre dois tipos de detalhe, entre uma bolsa e uma carteira. Por isso, chamaremos de *variedades* as espécies ou os gêneros que componham lexicologicamente um conjunto[2], sem que isso os obrigue a compô-lo semanticamente; de fato, o "detalhe", frequentemente registrado nos enunciados de Moda, pode ser um gênero por si só: pode, por exemplo, receber diretamente uma variante: *detalhe leve* e coexistir no inventário dos gêneros ao lado de algumas de suas *variedades* que não são absolutamente suas *espécies*. A ambiguidade da variedade e da espécie é a própria ambiguidade do vestuário escrito: em Moda, manejam-se classes de exclusões, enquanto a língua sempre tende a propor classes de inclusões.

8.4. *Gêneros com uma espécie*

Pode ocorrer que uma espécie não entre em oposição significante com nenhuma outra espécie registrada, mas, assim que é nomeada, mesmo que uma só vez, torna-se necessário reservar-lhe um lugar no inventário dos gêneros, pois ela pode ser o objeto visado ou o suporte de uma variante. A *basque*, por exemplo, registrada no *corpus* estudado, não faz parte de nenhum gênero e não contém nenhuma espécie; portanto, somos obri-

---

2. A variedade e o conjunto ao qual ela está ligada mantêm a mesma relação intuitiva mantida por uma rubrica e seus componentes nas classificações temáticas como a de Hallig e V. Wartbourg. Vimos que esse tipo de classificação não tem valor estrutural (cf. *supra*, 7, 3).

gados a considerá-la ao mesmo tempo como espécie e como gênero ou, se preferirem, como gênero de uma espécie: formalmente, trata-se mesmo de um gênero, pois a basque é sintagmaticamente compatível com qualquer um dos outros gêneros identificados[3]; mas, substancialmente, apesar de sua singularidade, é também uma espécie, visto que pôde ou poderá um dia opor-se a outras espécies (*crinolina, anquinhas*): um percurso pode ser momentaneamente defectivo, mesmo que continue aberto, teórica e historicamente; a consciência linguística da espécie não pode permanecer puramente sincrônica; portanto, o gênero se baseia numa diacronia virtual, visto que a sincronia só oferece uma espécie singular[4]. No entanto, em todos os casos nos quais o gênero só comporte uma espécie (e então se confunde obrigatoriamente com ela), essa espécie não pode ser propriamente o suporte de uma oposição: a / (A – a), e é lógico que não seja possível aplicar-lhe a variante de asserção de espécie: *um vestido com falda* não é um vestido provido de uma espécie de falda, é apenas um vestido aumentado com uma falda: portanto, é a asserção de existência que engloba todos os casos – temporários – nos quais, sendo única a espécie, sua variação de asserção é impossível. Percebe-se então que, se a asser-

---

3. Evidentemente, trata-se de uma compatibilidade no nível do vestuário escrito; pois no vestuário real, cujas injunções sintáticas são outras, é perfeitamente possível encontrar uma espécie singular que, no entanto, seja incompatível com outra espécie, sem que possamos arranjá-las no mesmo gênero: as *meias* geralmente são incompatíveis com *maiôs*.
4. Não é necessário imaginar uma sincronia ampla para fundamentar o gênero, pois a Moda inventa facilmente novas espécies no interior de sua microdiacronia (é verdade que, na maioria das vezes, ressuscitando antigos termos indumentários).

ção de espécie é a chave metódica que possibilita abrir o inventário dos gêneros, é preciso admitir a complementação desse inventário com gêneros que não estejam diretamente ligados à asserção de espécie, mas que sejam de algum modo constituídos pelo resíduo rejeitado por essa asserção.

8.5. Espécies pertencentes a vários gêneros

Por fim, ocorre que uma espécie pode parecer pertencer a vários gêneros ao mesmo tempo; isso é apenas aparência, pois na verdade o sentido (denotado) do próprio vocábulo não é o mesmo, segundo o gênero ao qual esteja vinculada a espécie: um laço pode ser aqui um fecho e ali um ornamento (se não atar nada). As espécies, portanto, podem migrar de um gênero para o outro, de acordo com as mudanças de uso a que o contexto ou, mais amplamente, a história as submeta. Isso porque o gênero, repetimos, não é uma classe de sentidos terminológicos vizinhos (como aquela que poderia ser encontrada num dicionário analógico), mas de incompatibilidades semânticas temporárias. A distribuição das espécies nos gêneros, portanto, é frágil, sem deixar de ser estruturalmente possível.

II. Classificação dos gêneros

8.6. Fluidez da lista dos gêneros

A lista dos gêneros e das espécies é precária, pois basta ampliar historicamente o *corpus* estudado para detectar novos gêneros e novas espécies. Mas, de um ponto de vista metódico, esse é um caráter inconsequente, pois a espécie não significa em si, em sua substância, mas apenas por sua asserção: a lista dos gêneros não é orgânica, dela não será possível extrair nenhuma indicação de fundo sobre a estrutura do vestuário escrito[5]. Essa lista, porém, precisa ser feita, pois reúne os pontos de aplicação das variantes (os gêneros são os suportes-objetos da matriz). Para o *corpus* estudado, o inventário das espécies traz à tona 69 gêneros; mas alguns gêneros são tão específicos, tão visivelmente enunciados pela revista de uma maneira excêntrica, que, por economia de exposição, aqui serão incluídos numa reserva para simples registro[6]. Portanto, a lista aqui apresentada contém apenas cerca de sessenta gêneros.

8.7. Critérios exteriores de classificação

Antes de enumerar os gêneros, também é preciso decidir a ordem na qual serão apresentados. Caberá submeter os sessenta gêneros identificados e aceitos a um classificação metódica? Em outros termos, será possível derivar todos esses gêneros de uma divisão progressiva do vestuário total? Tal classificação certamente é possível, desde que se saia do vestuário escrito e se recorra a critérios anatômicos, tecnológicos ou puramente linguísticos. No primeiro caso, poderíamos dividir o corpo hu-

....
5. Ao contrário das indicações que possam ser extraídas do número dos termos de uma variante, indicações que dizem respeito à estrutura do vestuário escrito (cf. *infra*, cap. 11).
6. Gêneros para registro: *Brincos. – Enfeites de cabeça. – Alma (do sapato). – Meia de náilon. – Gáspea. – Fundo (de tecido). – Peruca. – Galocha. – Sobre-saia.*

mano em regiões cada vez mais específicas e agrupar os gêneros que digam respeito a cada uma delas, segundo uma progressão dicotômica[7]. No segundo caso, levaríamos em conta essencialmente a independência, a articulação ou a forma típica dos gêneros, tal como se classificam as peças mecânicas no almoxarifado geral de uma indústria[8]. Mas, nos dois primeiros casos, isso seria recorrer a juízos exteriores ao vestuário escrito. Quanto à classificação linguística, decerto mais apropriada ao vestuário escrito, infelizmente falta; a lexicologia propôs apenas grupos ideológicos (campos nocionais), e a semântica propriamente dita ainda não conseguiu estabelecer listas estruturais de lexemas[9]; muito menos a linguística, que não pôde atuar num léxico tão particular quanto o do vestuário. Assim, não sendo totalmente real nem totalmente terminológico, o código que aí deciframos dificilmente pode extrair da realidade ou da língua o princípio de classificação de seus gêneros.

8.8. Classificação alfabética

Portanto, preferiremos uma classificação simplesmente alfabética. Provavelmente a classificação alfabética pode parecer

....

7. Por exemplo: Tronco = busto + pelve. – Busto = pescoço + tórax. – Tórax = costas + peito etc.
8. Por exemplo: Vestuário = peças + parte de peças. – Peças = articuladas + envolventes. – Partes de peças = planas + volumosas etc.
9. Sabe-se que a semântica estrutural está muito menos avançada do que a fonologia, porque ainda não foi encontrado o meio de construir listas de semantemas: "(Em relação à fonologia) *as oposições parecem ter caráter diferente, muito mais frouxo, no léxico, cuja organização parece prestar-se menos à análise sistemática*" (P. Guiraud, *La Sémantique*, Paris, PUF, Que sais-je?, p. 116 [Trad. bras. *A semântica*, Rio de Janeiro, Bertrand Brasil, 1989]).

um quebra-galho, primo pobre de classificações mais ricas; mas essa é uma visão parcial, em suma ideológica, uma vez que, por contraste, atribui privilégio e dignidade às classificações "naturais" ou "racionais". No entanto, se atribuirmos um sentido igualmente profundo a *todos* os modos de classificação, conviremos que a classificação alfabética é uma forma emancipada de classificação: o neutro é mais difícil de institucionalizar do que o "pleno". No caso do vestuário escrito, a classificação alfabética tem justamente a vantagem de ser neutra, pois não recorre à realidade técnica nem à realidade linguística; deixa a descoberto a natureza insubstancial dos gêneros (são classes de exclusões), cuja contiguidade só pode existir se assumida por uma variante especial de conexão, ao passo que em qualquer outra classificação seríamos obrigados a "aproximar" os gêneros diretamente, sem fazermos menção a uma conexão explícita.

III. Inventário dos gêneros

8.9. Lista das espécies e dos gêneros

Portanto, aí está o inventário das espécies detectadas no *corpus* estudado[10], dividido por gêneros:

1. ACESSÓRIO: Vimos que esse gênero compreende variedades (*bolsa*, *luvas*, *carteira* etc.), mas essas variedades não são

---

10. O gênero aqui é dado no singular (a não ser que só possa apresentar-se aos pares) para marcar bem que se trata de um tipo, de uma classe de exclusão, e não de uma classe de inclusão; é nomeado por um vocábulo autônomo caso a língua o permita, ou com o nome de uma de suas espécies (cf. *supra*, 7, 8).

espécies. O acessório é um gênero sem espécie; suas variedades fazem parte de outros gêneros; sem dúvida opõe-se implicitamente à *peça*.

2. ALÇA.

3. ANÁGUA: Embora invisível, a anágua pode participar do sentido, ao modificar o volume ou a forma da saia[11].

4. AVENTAL: *Avental (-blusa, -vestido)*. O gênero Avental está no limite do sublime de Moda: é admitido quando dignificado pela subespécie associada, que é plenamente indumentária (*blusa, vestido*); um avental-saia parece excluído, por demasiadamente doméstico.

5. BASQUE: A basque é "a parte do traje que desce até abaixo da cintura". Naturalmente, só consideramos aqui os casos nos quais o próprio vocábulo é registrado (basques arredondadas), sem nos preocuparmos com a coisa em si, que existe na maioria das peças do vestuário feminino.

6. BLUSA: *Bata, blusa (-avental, -suéter, -túnica), blusa abotoada, blusa de malha, blusa solta, blusinha, bustiê, caftã, camisa, colete, corpete, corselete, jaqueta, jumper, polo, túnica.*

7. BOLSA.

8. BOLSOS: *Bolsos (-embutido, -canguru, de peito).*

9. BROCHE.

10. CALÇADOS: *Babuchas, botas, botinhas, escarpins, -esporte, mocassins, mules, polainas, Richelieu, sandálias, sapatilhas, sapatos.*

---

11. A largura da saia muitas vezes é moderada e maleável, ou então ampla e armada por anáguas.

O "esporte" é um significado antigo, fossilizado como espécie, ou seja, como significante.

11. Calças: *Calças (boca-de-sino, militar, yachting), fuseau, jeans, short.*

12. Capa: *Capa (pelerine).*

13. Capuz: *Balaclava, capuz.*

14. Carteira.

15. Casaco: *Agasalho, blazer, bolero, casaco (-quimono, -spencer, -suéter), jaqueta, paletó.*

16. Cava: O fato de a espécie de uma manga depender da forma de sua cava não pode justificar a transgressão da regra terminológica; é a manga a nomeada, é a manga que suporta a espécie; a cava permanece semanticamente independente.

17. Cinto: *Cinto (-corselete), corrente, cordão, martingale.* O martingale não é um cinto; mas, para ser espécie do gênero Cinto, basta que seja sintagmaticamente incompatível com um cinto.

18. Cintura: A palavra é ambígua; frequentemente é entendida no sentido de: linha marcada, de maior ou menor altura, que separa o busto da pelve; mas a marca já é uma variante, e o gênero não poderia tomar partido imediatamente por um elemento sistemático: portanto, devemos reservar aqui a palavra cintura, da maneira mais neutra possível, à porção circular do vestuário que se situa entre os quadris e a parte inferior do peito[12].

---

12. Segundo o dicionário *Littré*, a cintura não tem o sentido de "cinto": cintura é a conformação do corpo que vai dos ombros até a parte superior do quadril.

19. Colar: *Colar, cordão, corrente, correntinha.*

20. Colete: *Cardigã, colete (sob o casaco, sobre o vestido).*

21. Conjunto: *Associação de peças, biquíni, casaco, conjunto, duas-peças (-blazer, -jaqueta, -cardigã, -jaquetão, jumper, -blusa de malha), separação de peças, tailleur (-blazer, -bolero, -cardigã, quimono, -safári, -túnica), terninho, três-peças, twin-set.*

22. Copa de chapéu.

23. Cor: As espécies de cor são infinitas e não podem ser dominadas, a não ser que se estabeleça uma lista cansativa; vão desde as cores simples (*vermelho, verde, azul* etc.) às metafóricas (*musgo, tília, Pernod*), e até as cores simplesmente qualitativas (*alegres, vivas, neutras, choques*); essa infinidade é compensada pela simplicidade da variante implícita que as faz realmente significar, que é a marca[13].

24. Costas: Tal como no que se refere ao lado e frente, distinguiremos o gênero Costas como *parte de trás*, diferentemente da variante: *atrás, por-trás.*

25. Costura: *Costuras, espiguilhas, nervuras, pespontos, pontos, recortes.* O que consideramos aqui acerca dos pontos é seu ser semântico, e não seu ser tecnológico; pouco importa se servem para unir peças; o importante é que lhes seja atribuído um sentido, e para isso é preciso que sejam vistos: portanto, sempre se trata de pontos aparentes.

26. Decote: *Decote (-canoa, careca), decote profundo (-império, -coração, -italiano, -buraco de fechadura).* Embora uma gola

---
13. Cf. *infra*, 11, 12.

sempre pressuponha um decote, é frequente a afirmação de decote até certo ponto implicar a ausência de gola: quando falta a gola, o decote começa a significar.

27. DETALHE: Esse gênero implica a mesma observação feita no Acessório.

28. ECHARPE: *Echarpe (enrolada, solta), foulard, lenço.*

29. ESTILO: *Estilo (-Califórnia, -cardigã, -Chanel, -camisa, -marinheiro, -esporte, -suéter).* O estilo não deixa de ter afinidade com a linha (tal como ela, tende à conotação); mas a linha é uma "tendência", supõe certa finalidade: o "saco" é aquilo a que tende o vestuário; ao contrário, o estilo é uma reminiscência, seu ser decorre de uma origem. Segue-se que, do ponto de vista da substância, as peças de estilo podem representar indiferentemente significantes (estilo cardigã) ou significados (estilo Watteau); é uma ambiguidade que já vimos no sapato-esporte, expressão na qual o significado se fixa em espécie significante. A própria proximidade entre linha e estilo mostra que, num sistema significante, há uma espécie de circularidade infinita entre a origem formal do signo e sua tendência; a relação entre significante e significado é inerte.

30. FECHO (tipos de): *Abotoamento, botões (-pérola), cadarços, cabochões, colchetes, fivelas, laços (duplos, -vaivém, -gravata), nós, pérolas, zíper.* – Abotoamento é uma coleção, ou melhor, uma fila de botões, mas é um ser semântico distinto dos botões; suporta com mais naturalidade variantes de posição ou de equilíbrio.

31. FLOR: *Buquê, camélia, cravo, flor, lírio, margarida, rosa, violeta.*

32. FORRO: *Avesso, forro, parte de baixo*[14].

33. FRENTE: *Colo, frente, gargantilha, lencinho de pescoço, pala (guimpe), peitilho, plastrão*. Tal como o *lado*, porém mais, evidentemente – pois aqui a parte da peça é materialmente distinta de seu entorno –, a *frente* como gênero não pode ser confundida com seu sinônimo sistemático: *pela-frente, na-frente*.

34. GOLA: *Colarinho, colarete, gola (-cabeção, plana, drapeada, -xale, -esporte, -claudine, circular, -gravata, -Danton, -echarpe, -funil, -marinheiro, -militar, -pelerine, -plastrão, -pólo, -gravatinha, -tailleur, -lapela), gorjeira*.

35. GRAVATA: *Gravata, gravatinha*.

36. LADO: Não há espécies registradas (no entanto, seria possível imaginar: *aumento*). É preciso ter o cuidado de fazer a distinção entre o gênero Lado e a variante: *no-lado* (ou: *dos-dois-lados*); no primeiro caso, trata-se de uma porção material do vestuário, de um sintagma; no segundo caso, o lado já não é um espaço inerte, é uma orientação.

37. LINHA: *Linha (-A, -balão, -sino, -cúpula, -cubo, -princesa, -saco, -sereia, -suéter, -túnica, -trapézio)*[15]. Nada mais prestigioso do que esse gênero: ele contém o essencial da Moda, chega às raias do inefável, do "espírito" e se presta ao sublime, uma vez que, unificando elementos muito diversos, é o próprio

---

14. Numa expressão como: melhor que um forro, o duplo jogo de tecidos de igual qualidade em que a parte de baixo é sempre visível em qualquer ponto do traje.
15. Embora em princípio só haja uma linha fundamental por sincronia, a revista pode ser levada a citar outras linhas; aqui damos várias espécies de linhas para demonstrar a variedade do gênero.

movimento da abstração; em suma, é o sentido estético do vestuário e, embora pertença ao código indumentário, pode-se dizer que já está impregnado de retórica e que virtualmente contém certo sentido conotativo. No entanto, é um gênero cujos componentes, perfeitamente recenseáveis, poderiam ser encontrados na maioria das vezes: cada uma de suas espécies é constituída pela conjunção de certo número de variantes implícitas (forma, rigidez, movimento etc.); essas variantes se combinam com suportes básicos (saia, corpete, gola) tais como as operações de uma máquina que acabam por produzir uma *ideia*: a linha, em suma, seria um longo *cálculo*, cujos termos variam a cada estação.

38. LUVAS: *luvas, mitene.*

39. MANGAS: *manga (-balão, -curta, -comprida, de camisa, sino, -fichu, -morcego, -quimono, bufante, -pagode, -pinguim, -raglã).*

40. MANTÔ: *Capa de oleado, casaco (três-quartos, de pele), guarda-pó, impermeável, mantô (longo, cardigã, -japonês), redingote, sobretudo, trench-coat.*

41. MATERIAL: As espécies são infinitas. Mas, como ocorre com a cor, é possível submeter essa infinidade a uma variante reguladora, evidentemente implícita, que organiza todos os materiais em termos de uma única oposição significante: o peso[16]. – O material pode ser tanto tecido quanto couro, tanto pedra (nas joias) quanto palha. O material é o mais importan-

....
16. Cf. *infra*, 11, 11.

te dos gêneros; a Moda privilegia cada vez mais as substâncias (Mallarmé já notava).

42. Meias.

43. Motivo: *Axadrezado, bolas, bolinha, casinha-de-abelha, cotelê, espinha-de-peixe, estampado, floral, geométrico, listrado, mescla, pé-de-galinha, plumetis, príncipe-de-gales, quadriculado, reticulado, salpicado, texturizado, triangular, xadrez.* Esse gênero é constituído pelos diversos aspectos da superfície material do vestuário; em suma, por seus desenhos, seja qual for a origem técnica – tecida ou estampada – e sem consideração da textura. Aí está mais uma prova da autonomia do sistema semântico em relação ao sistema tecnológico: o *estampado*, por exemplo, não está em oposição com o *motivo tecido*, que não é registrado.

44. Ombros: Evidentemente, trata-se dos ombros da peça de vestuário, e não dos ombros do corpo humano. A distinção é necessária porque, em certos enunciados, o ombro já não é um suporte de variante, mas simples ponto de referência anatômico (*no ombro*).

45. Orla: *Babado, bainha, contorno, debrum, festão, fofos, franja, frisado, galão, orla, pesponto, ponto, tira, trancelim, viés, vivo.* Algumas dessas espécies podem pertencer a outros gêneros, caso não se apresentem como orlas (pontos e babados, por exemplo).

46. Ornamento (ou guarnição): *Babados, festões, fitas, guirlandas, laços.*

47. Pano/aba.

48. Pestana: *Aselha, fivela, passador, debrum, passante, pestana.*

49. Prega: *Babados, drapês, franzidos, godê, pences, plissados, pregas (-macho).*

50. Pulseira: *Argolas, bracelete, placa.*

51. Punhos: *Acabamento de punho, enviés, punho (de camisa, -mosqueteiro).*

52. Quadris: Assim como ocorre com os ombros, é preciso fazer a distinção entre o ponto de referência anatômico (*nos quadris, até os quadris*) e o suporte indumentário (*quadris justos*).

53. Saia: *Minissaia, saia (-envelope, -reta).*

54. Saltos: *Saltos (tipo bota, -Luís XV).*

55. Suéter: *Blusa de lã, casaquinho, malha, pulôver, suéter.*

56. Toucado: *Bandó,* canotier, *capelina, chapéu (-breton, -turbante, -andino), cloche, coifa, gorro, chéchia, tiara, touca (-peruca), toque.*

57. Vestido: Baby-doll, *camiseta, macacão, jardineira, traje de esqui, tubinho, vestido (-blazer, -blusa, -jaqueta, -camisa, -chemisier, -tubinho, -mantô, -suéter, -avental, -túnica).* O gênero não é uma classe inclusiva; portanto, não é de surpreender que se encontrem aqui reunidos vestuários de formas e funções muito diferentes, como o macaquinho, o traje de esqui ou o macacão (vestido é apenas o nome comum de um gênero); se há afinidade substancial entre todas essas espécies, é no nível de sua extensão (elas cobrem o tronco) e do lugar que ocupam na espessura do vestuário (são externos ou subexternos).

58. Véu (de chapéu): *Rede, véu.*
59. Vira: *avesso, vira.*
60. Xale: *Cabeção, capinha, estola (-de pele), pelerine, saída-de-baile, xale.* Esse gênero de peça tem como ponto de apoio os ombros, ao passo que o gênero vizinho das echarpes tem como ponto de apoio o pescoço; portanto, não há nenhuma ambiguidade sintagmática entre esses dois gêneros. Pode haver ambiguidade entre certas espécies de xale (o cabeção, por exemplo) e certas espécies de golas (*largas, redondas, deitadas*), porque aqui a separação só pode provir implicitamente de considerações tecnológicas: a gola, em princípio, está ligada ao corselete; o cabeção é uma peça independente; por isso, o cabeção não se opõe à gola, a não ser que esta se chame: gola-cabeção.

| capítulo 9 | VARIANTES DE SER

A verdadeira túnica chinesa, reta e fendida[1].

I. Inventário das variantes

9.1. Constituição e apresentação das variantes

O gênero designa a matéria que pode preencher indiferentemente o objeto ou o suporte da significação. Resta na matriz uma forma que só pode ser preenchida por uma substância independente e irredutível: a variante. A substância da variante não pode ser confundida com a substância dos gêneros, pois esta é material (*um mantô, um broche*), ao passo que aquela sempre é imaterial (*comprido/curto, com fenda/sem-fenda*). Essa disparidade das substâncias obriga a um inventário sepa-

....
1. \ A verdadeira túnica chinesa, reta e fendida /
    V1   OS   V2   V3   V4

rado das variantes, mas também se tem certeza de que, com o inventário dos gêneros e o das variantes, esgota-se a substância de todas as matrizes e fica-se com o inventário completo dos traços de Moda.

Antes de começarmos o inventário das variantes, é preciso lembrar que estas não se apresentam como as espécies, como simples objetos de uma nomenclatura, mesmo distribuídas em classes de exclusão, mas sim na forma de *oposições* com vários termos, pois neles está o poder propriamente paradigmático da matriz. O princípio de constituição dessas oposições é o seguinte: sempre que haja incompatibilidade sintagmática (espacial), há abertura de um sistema de oposições significantes, ou seja, de um paradigma, ou seja, de uma variante; pois o que define a variante é que seus termos não podem ser *atualizados ao mesmo tempo* num mesmo suporte: uma gola não pode ser ao mesmo tempo *aberta* e *fechada*; e, quando se registra *entreaberto*, significa que *entreaberto* é um termo do sistema diferencial tão válido quanto *aberto* e *fechado*. Em outras palavras, todos os termos de variantes que não possam ser atualizadas ao mesmo tempo constituem uma classe homogênea, ou seja, uma variante (no sentido genérico da palavra). Portanto, para identificar essas classes ou variantes, basta constituir todos os termos identificados com a prova de comutação em listas de incompatibilidades sintagmáticas: uma saia, por exemplo, não pode ser ao mesmo tempo *ampla* e *justa*: esses termos, portanto, fazem parte da mesma classe, participam da mesma variante (*ajuste*); mas, como essa saia pode ser ao mesmo tempo *ampla*, *macia* e *longa*, cada um desses termos pertence a uma variante diferente. Naturalmente, às vezes é preciso recorrer ao contexto para decidir a distribuição de certas variantes: se falamos de *vestido abotoado*, podemos compreender que o sentido do vestido (por exemplo, a Moda do momento) decorre do fato de ele ter botões, em comparação com o mesmo vestido (fora-de-moda) que não os tenha: a variante é então constituída pela existência *ou* pela carência de botões; mas também se pode entender que o sentido do vestido provém do fato de ele ser fechado por botões, e não por um zíper: a variante incidirá então no modo como os dois lados do vestido estão presos, e não na existência dos botões; o paradigma difere segundo o caso: aqui, há oposição entre existência e carência, ali, entre *abotoado, amarrado com laço, com nó* etc[2]. Cada variante comporta um número variável de termos[3]; a oposição mais simples, evidentemente, é binária (*à direita/à esquerda*); mas, por um lado, segundo um esquema criado por Brøndal, uma oposição simples, de tipo polar, pode ser enriquecida com um termo neutro (*nem à direita, nem à esquerda = no meio*) e com um termo complexo (*à direita e à esquerda = dos dois lados*); por outro lado, alguns paradigmas são constituídos por uma lista de termos que não se deixam estruturar facilmente (*fixo/alto/amarrado com nó/abo-*

....

2. A matriz muda assim:

$$\setminus \text{vestido com botões} / \text{(existentes)}$$
$$\text{O} \quad \text{S} \quad \text{V}$$
$$\setminus \text{vestido abotoado} /$$
$$\text{OS} \quad \text{V}$$

3. Cf. cap. 11.

toado/amarrado com laço etc.). Enfim, certos termos do paradigma podem ser terminologicamente defectivos, o que não impede que seu lugar seja reservado: por exemplo, o *ajur* e o *transparente*, embora entrando em oposição significante, são por lógica apenas momentos intermediários de uma lista mais longa, cujo grau pleno (*opaco*) e cujo grau nulo (*invisível*) nunca são registrados; aqui cabe lembrar que o sentido não nasce de uma simples qualificação (blusas *longas*), mas de uma oposição entre aquilo que é objeto de notação e aquilo que não é; ainda que a sincronia estudada registre apenas um termo, sempre é preciso restabelecer o termo implícito no qual ele se apoia, distinguindo-se dele (aqui será escrito entre colchetes); assim, como as blusas nunca são *curtas*, mas seu comprimento às vezes são alvo de notação (blusas *longas*), é necessário reconstituir uma oposição significante entre o *longo* e o [*normal*], mesmo que esse termo não esteja registrado[4], pois, aqui como alhures, é preciso dar prioridade às necessidades internas do sistema sobre as necessidades da língua. Do mesmo modo, admitiremos que um mesmo vocábulo pode pertencer ora a uma variante, ora a outra, uma vez que os jogos de oposição do sistema não abrangem necessariamente os contrários da língua: *largo* pode remeter ora a uma dimensão plana (variante de largura: um nó *largo*), ora a uma dimensão volumosa (variante de volume: saia *larga*); de fato, isso depende da natureza do suporte. Por fim, como o que determina as oposições significantes é sempre o

---

4. Durante o inventário das variantes, o *normal* terá a notação: [....].

sentido indumentário (e não o sentido linguístico), é preciso admitir que cada termo da variante pode, eventualmente, comportar expressões terminológicas diferentes: *em relevo*, *bufante*, *acanudado* são, por exemplo, variações insignificantes do mesmo termo significante: o [*saliente*]; não se trata propriamente de sinônimos (essa é uma noção puramente linguística), mas de vocábulos que não são distinguidos por nenhuma variação de sentido indumentário; no entanto, se variam terminologicamente, é em conformidade com o suporte ao qual estão ligados: *texturizado* e *chapado* evidentemente não têm o mesmo sentido, mas, como ambos, com [*saliente*], estão na mesma relação de oposição com *reentrante*, fazem parte do mesmo termo paradigmático; mudam apenas de valor linguístico conforme se refiram ao suporte-tecido ou ao suporte-bolsos. Portanto, para cada variante, daremos horizontalmente o paradigma principal (sempre que possível na forma de oposição estruturada) e, para cada termo do paradigma, daremos como coluna suas variações insignificantes:

estreito	/	normal	/	largo
fino delgado				

A prova de incompatibilidade sintagmática possibilita depreender trinta variantes[5]. Poderíamos ter apresentado essas va-

---

5. Existe uma variante suplementar ou variante das variantes, pois sempre modifica outra variante (e não um gênero): é uma variante de grau (intensidade ou integridade), de que trataremos no cap. 10, 10.

riantes em ordem alfabética, como fizemos com os gêneros. Preferimos – pelo menos provisoriamente[6] – agrupá-las segundo uma ordem racional (mas não ainda diretamente estrutural), para podermos formular algumas observações comuns a algumas delas. Portanto, aqui encontraremos as trinta variantes distribuídas em oito grupos: *Identidade, Configuração, Matéria, Medida, Continuidade, Posição, Distribuição, Conexão*. As variantes dos cinco primeiros grupos (ou seja, as variantes I a XX) afetam seus suportes de um modo um tanto atributivo, determinando um traço de ser (*vestido longo, blusa leve, túnica fendida*): serão as variantes de ser (cap. 9). Nos três últimos grupos (variantes XXI a XXX), cada variante implica certa situação do suporte em relação com o campo ou com outros suportes (*dois colares, vestido abotoado do lado direito, blusa por dentro da saia*): serão as variantes de relação (cap. 10). Embora os paradigmas de variantes que serão agora apresentados tenham sido estabelecidos em termos puramente formais, recorrendo-se à prova de incompatibilidade sintagmática, não deixaremos de comentá-los brevemente do ponto de vista da substância, ou seja, de justificar cada variante, para além de seu valor sistemático, por meio dos fatores morfológicos, históricos e psicológicos, para mostrarmos as relações entre um sistema semiológico e o "mundo".

....
6. Cf. *infra*, 12, 12.

II. Variantes de identidade

9.2. Variante de asserção de espécie (I)

Um vestuário pode significar por ser nomeado: é a *asserção de espécie*; por ser usado: é a *asserção de existência*; por ser verdadeiro (ou falso): é o *artifício*; por ser acentuado: é a *marca*. Essas quatro variantes têm em comum o fato de fazerem da identidade do vestuário o seu próprio sentido. A primeira dessas variantes é a *asserção de espécie*: o princípio dessa variante já foi enunciado[7]. Vimos que seu paradigma só pode ser formal: trata-se de um paradigma binário, apesar da multiplicidade das espécies, pois ele sempre opõe um indivíduo à sua classe, independentemente da substância com que o enunciado preenche essa oposição; portanto, lembraremos apenas que a fórmula da variante de asserção de espécie é a seguinte:

$$a/(A-a)$$

9.3. Variante de asserção de existência (II)

Se a revista enunciar: *bolsos com portinhola*, não poderemos duvidar de que *de início* (ou seja, anteriormente à sua qualidade de espécie) é a existência da portinhola que dá aos bolsos seu "ar" de Moda, ou seja, seu sentido: inversamente,

----

[7]. Cf. *supra*, cap. 7.

em "vestido sem cinto"[8], é a ausência de cinto que faz o vestido significar. O paradigma, portanto, não opõe uma espécie a outras espécies, mas a presença de um elemento à sua carência. Assim, a espécie se determina de duas maneiras: opondo-se, *in abstracto*, a outras espécies; opondo, *in vivo*, seu aparecimento à sua carência[9]. A variante de existência é bem conhecida da linguística, na qual equivale à oposição entre grau pleno e grau zero. Estruturaremos a oposição do seguinte modo[10]:

com	/	sem
com / de provido de		isento de não

9.4. Variante de artifício (III)

A variante de artifício opõe o natural ao artificial, segundo a tabela abaixo:

natural	/	artificial
genuíno verdadeiro		falso postiço imitação falsificado

....

8. Querendo-se, é possível (e já fizemos isso aqui mesmo) desenvolver a expressão terminológica da presença, restabelecendo o adjetivo: *existente*:
$$\frac{\setminus \text{bolsos com portinholas (existentes)} /}{O \quad S \quad V}$$
9. É inevitável – já aludimos a isso – que, do ponto de vista terminológico, haja às vezes interferência entre as duas asserções: em *casaco com cinto*, o cinto pode opor-se à martingale ou à sua própria ausência.
10. Esse tipo de tabela já foi explicado (cf. *supra*, 9, 1).

A história mitológica dessa variante seria valiosa: durante séculos, parece que nosso vestuário ignorou a própria alternativa entre natural e artificial; um historiador[11] situou nos primórdios do capitalismo o nascimento do *símile* (mangas postiças, frente do colete mais rebuscado que as costas etc.), talvez sob a pressão de um novo valor social, o *parecer*. Mas é difícil saber se a promoção da natureza como valor indumentário (pois o nascimento do artifício fatalmente provocou uma oposição significante, *verdadeiro/artificial*, que não existia até então) foi fruto direto de uma mudança de mentalidade ou do progresso técnico: *dar a impressão de verdadeiro* implica certo número de descobertas. Seja como for, enquanto é geral, o verdadeiro é equiparado ao *normal*, e então o artificial recebe a notação, salvo nos casos em que, precisamente, a técnica facilita a concorrência direta entre o modelo e a imitação (verdadeira lã, costurado à mão etc.[12]). No entanto, a preferência pelo genuíno hoje em dia tende a enfraquecer-se, graças à promoção de um novo valor: o jogo[13]. O jogo agora é responsável pela maioria das notações de artifício, seja quando lhe é atribuído o poder de variar a personalidade e, assim, manifestar sua riqueza virtual, seja quando ele constitui um álibi pudico para a economia com o vestuário. O artifício, portanto, tende a ser mostrado como tal; costuma estar associado à função, que pode ser postiça (um fal-

---

11. J. Quicherat, *Histoire du costume en France*, Paris, Hachette, 1875, p. 330.
12. Existem máquinas que dão a ilusão do costurado à mão (*Entreprise*, n.º 26, 15/4, pp. 28-31).
13. Cf. *infra*, 18, 9.

so laço é um laço que não amarra nada), ou à natureza da peça, ou seja, ao seu grau de independência material: uma peça muitas vezes é declarada falsa quando *parece* independente, ao passo que, tecnicamente, ela parasita outra peça principal à qual está sub-repticiamente costurada; assim, o *falso conjunto* é artificial por constituir uma única peça. Talvez só o material resista a essa promoção do artifício; às vezes ele é alvo de notação, ou seja, sua autenticidade é louvada[14].

9.5. Variante de marca (IV).

Alguns elementos são próprios para acentuar, outros, para serem acentuados. No entanto, a sintaxe indumentária não estabelece diferença estrutural entre o enfatizador e o enfatizado, ao contrário da língua, que opõe a forma ativa e a forma passiva; o importante, para o código indumentário, é reconhecer que, entre dois elementos (em geral entre o objeto e o suporte), *há marca*. Essa ambiguidade é bem percebida no caso em que, havendo confusão entre objeto e suporte, tem-se a impressão de que a própria substância se marca a si mesma: dizer que *a cintura está (apenas) indicada* é dizer que a cintura produz e recebe a marca, sendo mais ou menos ela mesma[15]. O *enfatizado*, portanto, não se opõe ao enfatizador; ambos fazem parte do mes-

---

14. Quase não há oposição semântica entre os tecidos sintéticos (ou artificiais) e os tecidos naturais, salvo talvez no começo, quando o novo tecido sintético começa a sair e imita um material novo (o *surnyl* e a pelúcia). De resto, os tecidos sintéticos, quando adultos, já não precisam procurar a caução do "genuíno".
15. \ Cintura apenas indicada /
    OS (intensivo)   V

mo termo, constituído pela presença indeterminada do fenômeno de marca; o termo contrário só pode ser o não-marcado (ou o não-marcante), que poderia ser chamado de neutro: é um termo tão normal, que não é expresso (exceto com referência à cor). O quadro da variante de marca, portanto, é o seguinte:

marcado - marcante / [não-marcado - não-marcante]	
acentuado–acentuante; indicado–indicador; enfatizado–enfatizador	neutro (cor)

Ao acentuar o ser de alguns gêneros, sem nada a acrescentar, a não ser eles mesmos (*a cintura apenas indicada*), a marca se aproxima da asserção de existência; pode-se dizer que ela assume seu lugar; por exemplo, se a carência de um elemento for fisicamente impossível e se, por conseguinte, a variante de existência não puder atuar, a marca possibilitará que a existência seja significante; não é possível subtrair as costuras a um vestuário (exceto nas meias), o que deveria tornar inútil fazer uma notação sobre a existência delas; mas elas podem existir enfaticamente, na forma de pontos visíveis, o que, precisamente, vai ser mostrado pela variante de marca. E, visto que a marca é uma existência superlativa, seu próprio contrário é, digamos, elevado em um grau; já não é a carência, mas a existência simples, privada de acento, é o neutro; veremos até que ponto o poder significante da variante *marcado/neutro* pode ser forte (sob enunciados às vezes distantes), quando investida nas espécies do gênero *cor*: pois a cor não pode conhecer a inexistência: não há nada que não seja provido de cor[16]: em Moda, portanto, o incolor é simplesmente neutro, ou seja, o *não-marcado*, ao passo que *colorido* é sinônimo de vivo, ou seja, de *marcado*. Cabe notar, por fim, que a variante de marca tem forte tendência retórica: a acentuação é uma noção estética, pertence em grande parte à conotação: pode-se dizer que a ênfase é uniformemente possível no vestuário porque ele é escrito: a ênfase depende da fala do comentador; no vestuário real, extralinguístico, provavelmente só se pode perceber o encontro de dois elementos ou, no caso da cintura marcada, a presença de uma outra variante, como o ajuste.

III. Variantes de configuração

9.6. Forma e fala

No vestuário-imagem, a configuração[17] (*forma, ajuste, movimento*) absorve quase todo o ser do vestuário; no vestuário escrito, sua importância diminui em favor de outros valores (ser, matéria, medida etc.): evidentemente, uma das funções da linguagem é combater a tirania da percepção visual e ligar o sentido a outros modos de percepção ou sensação. Na ordem das formas, a expressão verbal dá existência a valores de que a imagem mal dá conta: a primeira é bem mais ágil que a segun-

---
16. Cf. *infra*, 11, 12.
17. Entendemos aqui uma configuração *animada*, próxima da noção de *Gestalt*.

da para fazer significar (ninguém diz: fazer perceber) conjuntos e movimentos: o vocábulo põe à disposição do sistema semântico do vestuário sua força de abstração e síntese. Assim, em termos de forma, a língua pode perfeitamente considerar apenas os princípios constitutivos (*reto* e *rodado*), ainda que a transformação desses princípios em vestuário real seja das mais complexas: pois uma *saia rodada* comporta muitas outras linhas, além da curva. O mesmo ocorre com o ajuste: o espírito complexo de um contorno pode ser explicado com uma palavra (*amoldado, bufante*). Também se pode dizer o mesmo do mais sutil de todos os valores formais, o movimento (*uma blusa caída*): complexa é a fotografia da realidade, e sua versão escrita se torna imediatamente significativa. A língua possibilita fixar de maneira precisa a fonte do sentido em um elemento finito e miúdo (representado por uma única palavra), cuja ação se difunde através de uma estrutura complexa.

9.7. Variante de forma (V)

A variante de forma é terminologicamente uma das mais ricas: *reta, rodada, redondo, pontudo, cúbico, quadrado, esférico, alongado* etc. Todos esses termos podem entrar em oposição significante uns com os outros, e não seria possível esperar dessa variante um paradigma simples. Essa confusão decorre de duas circunstâncias, que não deixam de ter relação com o poder elíptico da língua: por um lado, pode ocorrer que peças volumosas sejam qualificadas em termos de projeção plana (*casaco reto, mantô quadrado*); por outro lado, embora com frequência a variante de forma só incida sobre uma parte da peça (orla, por exemplo), é a peça inteira que recebe a qualificação de forma: *luvas evasês* na realidade são luvas cujo cano é evasê. No entanto, embora a comutação não permita reduzir a uma oposição simples os cerca de doze termos que constituem a variante de forma – pois cada termo pode opor-se aos outros –, é evidente que o paradigma tem certa estrutura racional; ele é composto de uma oposição-mãe, que lembra o velhíssimo par heraclitiano: a oposição entre *Reta* e *Curva*; cada um desses dois pólos, por sua vez, se subdivide em termos subsequentes, conforme intervenham dois critérios acessórios: primeiramente, um critério de paralelismo – ou de divergência – das linhas que participam da forma principal: o *reto* dá assim nascimento ao *quadrado*, ao *afilado* (ou *pontudo*, ou *pontiagudo*) e ao *cortado em ângulo*; o *curvo*, ao *rodado*, ao *evasê* e ao *oval*; em seguida, um critério geométrico, sendo a forma considerada ora como plana, ora como volumosa; o *reto* então dá o *quadrado* (plano) e o *cúbico* (volumoso); o curvo dá o *balão*, e o *boca-de-sino*[18]. Obtém-se assim o seguinte paradigma, ficando claro que cada um de seus traços pode opor-se aos outros:

reto	/	curvo
quadrado/afilado/em ângulo/rodado/evasê/oval		
quadrado/cúbico	/	balão/sino

....
18. Exemplos de associações: Mantô-cúbico. Mantô, gola quadrada. – Sapatos de bico fino. – Gravata, salto em ângulo. – Gola redonda. – Mantô, saia balão. – Saia evasê. – Calça afunilada. – Decote oval. – Calça boca-de-sino. – Portinhola (de bolso) em circunflexo.

9.8. Variante de ajuste (VI)

A variante de ajuste tem a função de fazer significar o grau de adesão da roupa ao corpo; remete, pois, à sensação de distância; está próxima de outra variante, o volume; mas, enquanto no volume essa distância é avaliada, digamos, no nível de sua superfície externa (como veremos) e em relação ao espaço geral que cerca o vestuário (um *casacão* é um casaco que ocupa lugar), no ajuste, ao contrário, a mesma distância é avaliada em relação ao corpo; o corpo é então o núcleo, e a variante expressa uma pressão maior ou menor (*um casaco folgado*); seria possível dizer que, na variante de volume, a distância de referência se abre (para o espaço circundante), e que na variante de ajuste, ela se fecha (sobre o corpo); o que conta na primeira é a medida de uma globalidade; na segunda, é a sensação de plasticidade. O ajuste, aliás, pode encontrar-se implicitamente com outras variantes: a mobilidade, no caso do *folgado*: uma peça pode libertar-se do corpo a ponto de parecer separada dele (uma ponta, uma echarpe); a rigidez[19], no caso do bufante[20]. O corpo não é o único centro de contração da peça; às vezes, o elemento é sua própria referência: pode-se falar em *laço apertado* ou *laço frouxo*. Portanto, trata-se de um movimento geral de constrição ou dilatação. A unidade final da variante está, em suma, no nível

---

19. Variante de flexibilidade (IX).
20. Evidentemente, uma distância real entre vestuário e corpo é totalmente impossível: é preciso que o vestuário se apoie em algum lugar; mas pensemos em alguns trajes históricos, bufantes em quase todas as suas partes (em especial o traje elisabetano, cf. N. Truman, *Historic Costuming*, Londres, Sir Isaac Pitman and Sons, 10ª ed., 1956, p. 143).

da sensação: embora formal, o ajuste é uma variante cenestésica: estabelece a transição entre a forma e a matéria; seu princípio é a alternância significativa entre apertado e frouxo, sufocamento e relaxamento: portanto, do ponto de vista de uma psicologia (ou de uma psicanálise) do vestuário, essa seria uma das variantes mais ricas[21]. Como a variante se baseia na sensação de distância, é normal que a escala de suas variações seja intensiva, ainda que, de acordo com a regra terminológica, sua expressão seja descontínua; teremos então dois estados (mas não dois seres) significantes: o *apertado* e o *frouxo*, cujas variações terminológicas podem estar aparentemente muito distantes, conforme se trate da relação da peça com o corpo (*justa*), ou da relação da peça consigo mesma (*apertada*). Para cada um desses dois termos, é preciso somar (pelo menos para registro) um superlativo: o *colante* para o justo e o *bufante* para o desembaraçado (aqui, sob a influência da variante de flexibilidade). No entanto, se a peça, graças à sua própria espécie, comportar certo ajuste, a língua evidentemente só fará a notação do termo excêntrico; o primeiro termo, correspondente a um estado normal, ficará implícito: uma blusa não pode ajustar-se sem sair de sua espécie; portanto, ela só pode ser *normal* ou *folgada*. Vejamos então o quadro da variante ajuste:

....

21. O ajuste se presta facilmente a um comentário psicanalítico; Flügel tentou fazê-lo ao esboçar uma tipologia caracterial baseada no grau de constrição do vestuário, considerado ao mesmo tempo como proteção e como prisão (*The Psicology of Clothes*, Londres, The Hogarth Press, 3ª ed., 1950 [*A psicologia das roupas*, São Paulo, Mestre Jou, 1966]).

colante	/	apertado	/	frouxo	/	bufante
amoldado		justo		amplo		
		acinturado		desembaraçado		
		ajustado		solto		
		modelado		largo		
		correto[22]		folgado		
				displicente		
				folgado		

9.9. Variante de movimento (VII)

Já indicamos que a variante de movimento tem a tarefa de animar a generalidade do vestuário. A linha indumentária é vetorial, mas sua direção costuma ser inspirada pela estatura do corpo humano, que é vertical; portanto, os termos de outra variante (*alto/baixo*) são investidos da oposição principal da variante de movimento: *subido/descido*[23]; provavelmente, um *suéter subido* é uma peça de gola alta*; do ponto de vista do conjunto, porém, o termo é de movimento: tecnicamente, a subida da gola ocorre a partir da peça; linguisticamente (ou seja, metaforicamente), a peça inteira é de algum modo aspirada para cima. O mesmo se pode dizer de *luvas subidas*: elas nada mais têm do que um cano longo; mas, semanticamente, o que as define (ou

....

22. *Correto* é um termo misto, situado entre o nível terminológico e o nível retórico, tal como *pequeno* (cf. 4, 3 e 17, 3).
23. Cf. *infra*, 10, 1. *Caído* está próximo de *abaixado* (variante de flexão), mas não pode ser confundido com ele, pois *abaixado* implica a ideia de borda ou de aba fletida.
* A expressão é *sweater montant*; ao que tudo indica, trata-se de um suéter fechado com zíper até o alto da gola. [N. da T.]

seja, o que as opõe a outros tipos de luva) é o fato de parecerem subir ao longo dos braços. Em todos esses casos, há transferência de um caráter real de uma parte da peça para a aparência geral da peça; por isso, essa variante não está distante de certo estado retórico: deve muito à própria natureza do vestuário escrito. Os dois pólos da oposição, portanto, são constituídos por *que sobe* e *que desce*, termos aos quais cabe somar suas variedades metafóricas (*esvoaçante, profundo, tombado*), cujo emprego depende do suporte. A combinação de "*que sobe*" e "*que desce*" num único movimento dá um termo misto ou complexo, o *pendente*; o *pendente* implica a existência de duas superfícies correlativas e, por conseguinte, de uma nova orientação parasita: *para a frente / para trás*[24]; é a mesma nuance que se pode encontrar às vezes em *projetado* e *recuado*; mas, como aí já não há vestígio de alto e baixo, pode-se considerar o *projetado* e o *recuado* como uma categoria neutra, em relação aos pólos principais, pois não participam explicitamente nem do *que sobe* nem do *que desce*. Percebe-se que o arcabouço diferencial da variante é constituído, na verdade, pela orientação, e não pelo movimento, que está presente em todos os termos da oposição; caso contrário, o termo zero (*sem movimento*) seria algo como *imóvel*, que, evidentemente, não é registrado. Uma prova de que o movimento é um valor de direito é que sua ausência não é eufêmica, não pode ser digna de notação; são

---

24. *Pendente* se decompõe em: *subido na frente + descido atrás*. É de se observar que o movimento inverso (*subido atrás + descido na frente*) é considerado profundamente inestético (portanto, nunca alvo de notação): é a silhueta de Polichinelo.

os modos do movimento que recebem todo o realce semântico: por esse motivo, não podemos evitar a sua constituição como variante autônoma, independentemente das variantes de posição ou, eventualmente, de medida (*luva subida* = *luva comprida*), que contribuem tanto para estruturá-lo. Vejamos o quadro paradigmático da variante de movimento:

1	2	misto	neutro
que sobe /	que desce /	pendente /	projetado
esvoaçante	tombado inclinado caído caindo		recuado

IV. Variantes de matéria

9.10. Cenestesia

Esse é um grupo de variantes cuja função é fazer alguns estados do material significar: peso, flexibilidade, relevo da superfície e transparência. Seria possível dizer que, com exceção da transparência, todas são variantes táteis; mas, de todas as maneiras, é melhor não submeter a sensação do vestuário a um sentido particular; quando é pesado, opaco, rígido ou liso (pelo menos quando esses traços são alvo de notação), o vestuário participa da ordem das sensações centrais do corpo humano, chamada de cenestesia: as variantes de matéria (e essa é sua unidade) são variantes cenestésicas e, por isso mesmo, entre todas as variantes provavelmente são as que mais se aproximam de uma "poética" do vestuário; aliás, nenhuma delas é literal: o peso e a transparência de um tecido não podem reduzir-se a propriedades isoladas: transparência é também leveza, peso é também rigidez[25]; a cenestesia, no fundo, se reduz à oposição entre *conforto* e *desconforto*[26]; de fato, são os dois grandes valores do vestuário, quer o *pesado* seja significado em associação com a autoridade, como se fazia antigamente, quer se confira um privilégio geral ao conforto, por conseguinte à leveza, como se faz hoje; é esse privilégio que explica o fato de hoje o *pesado* raramente ser objeto de notação, por ser nefasto; ou o fato de o *transparente*, por ser eufórico, se ressaltar como sensação valiosa longe de seu contrário, o opaco, que nunca é escrito, por ser normal: o jogo das oposições, portanto, é aí de algum modo perturbado por um sistema implícito de tabus sensoriais (aliás, históricos). Essas variantes de matéria, em princípio, só deveriam dizer respeito a tecidos, fibras, madeiras, pedras e metais de que são feitos o vestuário e seus acessórios; pela lógica só deveriam ser aplicados ao gênero Material; mas esse seria um ponto de vista tecnológico, e não semântico; pois é constante que o vestuário escrito transmita, por sinédoque, a natureza do material para a peça ou (com menos frequência) para a parte da peça: uma *blusa leve* é uma blusa de tecido leve; um *mantô vazado* é um mantô de crochê; mas, como a regra terminológica

---

25. Poderíamos agrupar essas noções em redes temáticas segundo o método de análise da crítica literária.
26. Oposição que já detectamos na variante ajuste.

impõe que tomemos o máximo possível ao pé da letra aquilo que a revista diz (a menos que as substituições terminológicas sejam insignificantes do ponto de vista do código indumentário), é preciso considerar que as variantes de matéria se aplicam à maioria dos gêneros, sem nos preocuparmos em reduzir a peça a seu material. Poderíamos ser tentados a pôr em contradição a faculdade (que nos arrogamos) de reduzir um *vestido de linho* a *um vestido de (tecido de) linho* e a impossibilidade (que nos impusemos) de reduzir um *mantô pesado* a *mantô de tecido pesado*; mas o linho é uma espécie do gênero Material, e o caráter de pesado, se fosse espécie, só poderia ser espécie do gênero Peso: o linho existe numa relação de exclusão, e o pesado, numa relação de contrariedade (≠ *leve*). Aliás, outros elementos podem concorrer para a "leveza" de uma blusa (corte, pregas etc.), desde que se reconheça que, graças à linguagem, a ponderação do vestuário é um fato mais "poético" que molecular: o peso se presta perfeitamente a essa confusão entre o material e a peça; quanto ao relevo, ao contrário, é difícil a confusão: essa variante pouco se desvincula do material que ela modifica; a língua não gosta de fazê-la incidir em peças ou acessórios: o tecido de um mantô pode ser rugoso, sem que esse caráter possa ser transferido terminologicamente para a peça: donde a raridade dessa variante; portanto, não é a realidade (há muitos tecidos granulosos ou não lisos) que determina absolutamente o rendimento de uma variante[27]; mais uma vez, trata-se do poder que tem a língua de recortar essa realidade.

....

27. Chamaremos de *rendimento* de uma variante (cf. *infra*, 12, 11) a faculdade que essa variante possui de unir-se a um número evidentemente variável de gêneros.

9.11. Variante de peso (VIII)

Os técnicos da Moda sabem muito bem que nada define melhor um tecido do que seu peso físico; como veremos adiante, a variante que possibilita, implicitamente, dividir as inumeráveis espécies de materiais em dois grandes grupos significantes é precisamente a variante de peso[28]; semanticamente (e não mais fisicamente) é também o peso que define melhor o material. O vestuário parece encontrar aí o velhíssimo par de Parmênides, o par entre a coisa leve (que está do lado da Memória, da Voz, do Ser Vivo) e a coisa densa (que está do lado da Sombra, do Esquecimento, do Frio); pois o peso é uma sensação total[29]; a terminologia mostra bem isso, ao associar o *plano/comum* (e às vezes até o *fino*) ao leve, e o *espesso/encorpado* (*grosso*) ao *pesado*[30]; talvez possamos perceber aí a realidade mais poética do vestuário: como substituto do corpo, o vestuário, com seu peso, participa dos sonhos fundamentais do homem, do céu e da caverna, da vida sublime e do enterramento, do voo e do sono: é com seu peso que o vestuário se torna asa ou mortalha, sedução ou autoridade; os trajes cerimoniais (principalmente os carismáticos) são pesados: a autoridade é um tema de imobilidade, de morte; os trajes que festejam as bodas, o nascimento, a vida são vaporosos e leves. A estrutura da variante é polar (*pesado/leve*). Mas sabe-se que a Moda anota (ou seja, faz significar) apenas os traços eufóricos; portanto, basta que um

---

28. Cf. *infra*, 11, 11.
29. O peso pode ganhar força ou tornar-se difuso graças a variantes auxiliares: uma peça de base larga é mais pesada que uma peça afilada; as pregas largas pesam mais etc.
30. *Grosso* e *espesso* costumam ser termos de medida; no entanto, remetem ao peso, caso o gênero não possa se prestar à variante de volume.

termo se torne nefasto, quando unido a determinado suporte (por exemplo: *o peso das meias*), para que seja desqualificado e desapareça da oposição; o termo feliz nem por isso subsiste (*leve*, por exemplo), mas, se for digno de notação (ou seja, significante), sê-lo-á em relação a um termo implícito, que é o *normal*: uma blusa normal não é pesada nem leve: se pesada, seria importuna; mas sua leveza pode receber uma notação, contrariando a neutralidade das blusas comuns. Na verdade, hoje a leveza é mais frequentemente eufórica, de tal modo que a oposição constante dessa variante é: [*normal*]/*leve*[31]; no entanto, pesado não é pejorativo, sempre que a função protetora ou cerimonial da peça seja suficientemente admitida para justificar uma temática do compacto e do encorpado (xale, mantô), ou sempre que (porém mais raro) a Moda procure glorificar um estilo tenebroso (colar, pulseira, véu). Vejamos o quadro dessa variante:

pesado /	[normal] /	leve
espesso encorpado		fino plano/comum

9.12. Variante de flexibilidade (IX)

A língua só dispõe de um termo parcial (*flexibilidade*) para coroar dois contrários (*flexível/rígido*), mas, evidentemente, é

---

31. Esse deslocamento do *pesado* para o *leve* é corroborado pela evolução do vestuário real; a venda dos mantôs está em declínio, com favorecimento dos trajes mais leves (impermeáveis, gabardines), talvez em razão da urbanização da população e do desenvolvimento do automóvel (cf. *Consommation*, 1961, n.º 2, p. 49).

preciso entender por *flexibilidade* uma qualidade geral que faz o vestuário cair mais ou menos bem. Flexibilidade implica certa consistência, nem de mais, nem de menos: os objetos rígidos por natureza (broches, por exemplo) e os elementos moles demais ou inteiramente parasitas de outra peça não podem receber a variante. Tal como o peso, a flexibilidade é essencialmente uma variante de material, mas tal como naquele, existe uma transferência constante da variação para o conjunto da peça. Também como ocorre com o peso, a oposição é em princípio polar (flexível/rígido); mas, embora antigamente o *rígido* tenha sido amplamente valorizado (em armaduras e engomagens[32]), hoje é o flexível que ganha quase todas as notações: *rígido/armado* só se confessa em relação a algumas espécies de tecidos *(tafetás armados)*, e engomado é quase defectivo (mesmo no vestuário masculino); na maioria dos casos em que *flexível/macio* apenas recebe notação, a oposição fica defasada em um grau e atua entre o *flexível/macio* e o menos *flexível/macio*; portanto, é preciso completá-la com um termo implícito, que é o *normal*, conforme mostra o quadro da variante, que tem grandes analogias com o quadro do peso.

flexível/macio /	[normal] /	rígido
mole		engomado armado

....

32. Flügel (*Psychology of Clothes*, p. 76) propôs uma interpretação psicanalítica do *engomado*, vendo-o com um símbolo fálico.

9.13. Variante de relevo (X)

A variante de relevo tem emprego muito reduzido, pois só diz respeito aos acidentes com que a superfície do suporte pode ser afetada[33]: é realmente uma variante do material: terminologicamente, pouco se desvincula dele; a língua não costuma transferi-lo para as peças, apenas para algumas partes (orlas, golas). Seus termos só podem ser compreendidos quando situados em relação a uma superfície média (a do tecido), a partir do qual os desníveis (reentrâncias ou protuberâncias) ganham notações.

1	2	neutro	misto
(saliente) /	afundado /	liso /	abaulado
empolado [convexo] gofrado estufado granulado chapado em relevo bojudo levantado tubulado	[côncavo]	plano	

Essa variante faz significar tudo aquilo que torne côncava ou convexa a linha do tecido (mas não a linha do corpo, cujos

---
33. Isso não quer dizer que não seja psicologicamente importante. Uma enquete de Lazarsfeld mostrou que as pessoas de baixa renda preferem tecidos lisos (assim como chocolates e

contornos dependem da variante de ajuste); isso autoriza a considerar que *bolsos chapados*, por exemplo, se vinculam ao termo saliente: são bolsos aplicados, que se destacam da peça. Embora rara, essa variante apresenta uma estrutura completa: dois termos polares (*saliente/afundado*); um termo misto (*saliente e afundado*): é o *abaulado* (*um chapeuzinho amolgado*, por exemplo), que não é pejorativo, pois tem notação, como detalhe "divertido".

9.14. Variante de transparência (XI)

A variante de transparência, em princípio, deve dar conta do grau de visibilidade do vestuário; portanto, comporta dois pólos: um grau pleno (é o *opaco*) e um grau nulo, que corresponderia a uma invisibilidade total do vestuário (esse grau, evidentemente, é irreal, pois a nudez é tabu); tal como o "sem costura", a invisibilidade do vestuário é um tema mítico e utópico (O Rei Nu); pois, a partir do momento em que se valoriza o transparente, o invisível passa a ser uma espécie de estado perfeito. Seja como for, desses dois termos, *opaco* e *invisível*, um representa um estado tão constante, que nunca é objeto de notação, e o outro, um estado impossível; a notação, portanto, só pode incidir sobre graus intermediários de opacidade: o *rendado* e o *transparente* (ou *como*

---

perfumes fortes), e que as pessoas de alta renda preferem tecidos "irregulares" (assim como substâncias amargas e perfumes leves) (P. F. Lazarsfeld, "The psychological aspect of market research", *Harvard Business Review*, 13, 1934, pp. 54-57).

véu[34]); aliás, entre esses dois termos não há diferença de intensidade, mas apenas de aspecto: o *rendado* é uma visibilidade descontínua (tecido ou crochê), e a transparência é uma invisibilidade atenuada (gazes, musselinas). Portanto, tudo o que rompe a opacidade do vestuário, seja na extensão, seja na espessura, diz respeito à variante de transparência. Vejamos o quadro:

[opaco] /	rendado /	transparente /	[invisível]
	vazado	que vela que é velado	

V. Variantes de medida

9.15. Do definido ao indefinido

Em Moda, a expressão terminológica da medida é muito variada: *comprido, curto, largo, estreito, amplo, folgado, profundo, alto, considerável, até os joelhos, 3/4, 7/8* etc.: todas essas expressões parecem ter um emprego confuso; entre elas, *grosso modo*, encontramos as três dimensões fundamentais do espaço (comprimento, largura, volume), mas alguns termos não se classificam com facilidade (*considerável, grande*), enquanto outros

---

34. Talvez seja significativo que, em Moda, *como véu* indique uma transparência, portanto visibilidade (ainda que atenuada), ao passo que, psiquicamente, o *véu* está mais ligado à máscara. – Sobre *o que vela – o que é velado*, cf. enfatizador-enfatizado, 9, 4.

têm claramente duplo emprego (*estreito* pode referir-se à largura ou ao volume). As razões dessa confusão são de três tipos; em primeiro lugar, é constante (já vimos isso a propósito de outras variantes) que o enunciado transfira terminologicamente a dimensão de uma parte da peça para a peça inteira: um *chapéu grande* na realidade é um chapéu de abas largas; em segundo lugar, nesse objeto complexo que é o vestuário, em Moda a notação incide menos sobre os componentes reais do que sobre as impressões dominantes: embora em princípio *largo* não possa referir-se à medida de um volume, a Moda falará perfeitamente em *mangas largas*, porque prefere apreciar a aparência plana da peça; por fim, por depender da língua, a Moda é obrigada a essencializar medidas (o "longo", o "largo"), que, na verdade, são relativas[35]; ademais, seu caráter funcional poderia ser sistematizado apenas por uma análise de tipo estrutural[36]; o sistema das três dimensões só poderá ter alguma consistência, alguma estabilidade e, por conseguinte, alguma clareza se for estabelecido num campo homogêneo e constante (objeto, paisagem, por exemplo); ora, a Moda frequentemente mistura dois campos sem aviso prévio: o do corpo humano e o da peça de vestuário: portanto, um penteado *alto* (porque se trata do corpo) e um colar *comprido* (porque se trata da peça). Por tudo isso, embora presentes no sistema da Moda, as noções tradicionais

---

35. *Littré* diz: "Se considerarmos as três dimensões de um corpo, o comprimento é sempre a maior, a largura costuma ser a dimensão média, e a espessura, a menor.
36. Análise análoga à que pôde ser feita sobre o sistema relacional dos dêiticos (H. Frei, "Système des déictiques" ["Sistema dos dêiticos], *Acta Linguistica*, IV, 3, 116).

de medida (comprimento, largura e volume) nela devem ter uma ordem própria, que não pode ser a da simples geometria. Cada variante de medida parece transmitir duas informações: a medida de uma dimensão física (comprimento, largura, espessura), mas também o grau de precisão dessa dimensão. A variante naturalmente mais precisa é o *comprimento (longo/curto)*: como o corpo humano é verticalizado, por um lado as peças que o cobrem podem variar em comprimento com facilidade e clareza, e, por outro, existe tal desproporção entre o comprimento do corpo (ou altura) e as outras dimensões, que o comprimento do vestuário não pode prestar-se a nenhuma ambiguidade: o *comprimento*, portanto, se destaca das outras variantes de medida por sua precisão e independência[37]. A *largura* e o *volume* são variantes bem mais imprecisas; certamente, quando a *largura (largo/estreito)* diz respeito às peças planas por natureza (*uma parte da frente*), sua aplicação é precisa; mas esses casos não são muito numerosos; e, quando a peça é plana por projeção (*uma saia larga*), a largura tende a ser confundida com o volume; o próprio *volume (volumoso/delgado)* é uma noção precisa quando se trata de peças nitidamente esferoides (uma copa de chapéu); mas, com muita frequência, a Moda precisa realmente não tanto medir com exatidão a largura ou a espessura de um elemento, mas sim

....
37. A verticalidade do ser humano comanda sua percepção e aquilo que se poderia chamar de sua sensibilidade visual (G. Friedmann, "La civilisation technicienne et son nouveau milieu" ["A civilização tecnológica e seu novo meio"], *in Mélanges Alexandre Koyré*, Hermann, 1942, pp. 176-195).

avaliar certa globalidade, certa "importância" da peça, sua amplitude ao mesmo tempo transversal e lateral, em relação a seu comprimento; realmente, é necessário distinguir uma variante de largura e uma variante de volume, pois existem elementos planos e elementos esferoidais; mas há duas variantes que formam uma espécie de pólo impreciso de uma oposição na qual o comprimento seria o pólo preciso, oposição esta coroada por um termo genérico de medida, o *tamanho* (*grande/pequeno*), que funciona como o indefinido das três primeiras variantes, quer substitua uma delas, quer resuma todas. As quatro variantes de medida, portanto, se ordenam segundo uma hierarquia de funções:

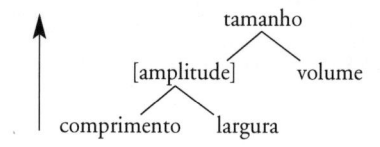

```
                    tamanho
                   /       \
           [amplitude]    volume
           /         \
   comprimento      largura
```

A cada nível, a medida se torna mais imprecisa, e a avaliação, mais arbitrária; o *comprimento* é certamente a medida mais objetiva; aliás, só ela recebe notação centimétrica (*saia a 40 cm do chão*); a *largura* e o *volume*, ao contrário, costumam intercambiar seus termos (*de mangas largas*); os três, por fim, se encontram numa última generalidade, a do tamanho. Essas quatro variantes têm a mesma estrutura. A oposição comporta dois termos polares e um termo neutro [*normal*]; o termo neutro aí tem menos importância do que nas variantes de matéria, pois a medida depara com menos tabus: *grande* é desqualificado com menos frequência do que *pesado*. O neutro, porém, também aí é necessário: *um cardigã comprido* não se opõe a *um cardigã curto*. Embora a língua só possa apresentar uma oposição num estado descontínuo, é óbvio que a diferença entre os termos é na verdade progressiva: 1/3, 1/2, 2/3, 3/4 etc.: cada um dos dois pólos (*comprido/curto, largo/estreito, grosso/delgado, grande/pequeno*) representa muito menos um estado absoluto do que o termo impreciso de um movimento; o que a Moda opõe é um pólo de redução (o que é bem perceptível num termo como *encurtado*[38]) e um pólo de expansão; essa oposição intensiva do *mais* e do *menos*, do maior e do menor, é o próprio contrário da alternativa absoluta que encontramos nas variantes de identidade (sim ou não). No entanto, essa estrutura progressiva, quando expressa pela revista, torna-se facilmente uma estrutura consolidada: tudo ocorre, ou pelo menos se fala, como se houvesse uma essência do *longo* e uma essência do *curto*: a mais móvel das definições, a medida, tende a ser absorvida pela mais passiva das notações, que é a asserção: isso é bem percebido quando a mais relativa das medidas, a proporção (3/4), acaba por fundar uma espécie absoluta (*um três-quartos*).

9.16. Variante de comprimento (XII)

O comprimento é a mais precisa das variantes de medida; é também a mais usual; isso provavelmente decorre do fato de que, tomado em sua verticalidade, o corpo humano não é si-

---

[38]. *Encurtado* implica duas relatividades: em relação a uma norma física e em relação ao passado.

métrico (as pernas diferem da cabeça)[39]; portanto, o comprimento não é uma medida inerte, mas parece participar da diversidade longitudinal do corpo; por outro lado, como a roupa, para sustentar-se, precisa apoiar-se em alguns pontos do corpo (calcanhares, quadris, ombros, cabeça), suas linhas são vetorizadas, são forças (é certo que os trajes lateralizados, como por exemplo os da Renascença espanhola, são muito mais inertes, "mortos", do que o vestuário moderno); entre essas forças, algumas parecem partir dos quadris e dos ombros para baixo: o traje *cai*, as peças são longas; outras, ao contrário, parecem subir a partir dos tornozelos ou da cabeça: as peças são *altas*; evidentemente, trata-se da mesma medida longitudinal, mas a diferença de terminologia demonstra bem a existência de verdadeiras forças indumentárias; e, de acordo com o modo de repetição dessas forças, o vestuário pode mudar de tipo fundamental; assim, em nosso traje feminino, há dois vetores ascendentes (peças *altas* que têm apoio na cabeça e nos pés: toucado alto, meias que sobem) e dois vetores descendentes (peças *longas* que têm apoio nos ombros e nos quadris: mantô, saia); esses quatro vetores estão interligados como as rimas interpoladas de uma estrofe; mas é possível imaginar outras "rimas" e outras "estrofes": rimas emparelhadas no vestuário feminino oriental (véu e vestido *caindo* no mesmo sentido), rimas cruzadas no antigo vestuário masculino oriental (chapéu *alto* e traje *que cai*):

---

39. "*Simetria [...] baseada na figura do homem, donde decorre que só se quer simetria na largura, e não na altura ou na profundidade*" (Pascal, *Pensées*, I, 28 [Trad. bras. *Pensamentos*, São Paulo, Martins Fontes, 2ª ed., 2005]).

| *Variantes de ser* |

Cabeça	a ↗	a ↘	a ↗	a ↘
Ombros	b ↘	a ↘	b ↘	a ↘
Quadris	b ↘			a ↘
Tornozelos	a ↗			
	Vest. fem. moderna	Vest. fem. oriental	Vest. masc. oriental	Vest. fem. Inglaterra século XIII etc.

Cada sistema obedece a um ritmo específico de impulso para o alto e pressão para baixo; nosso sistema, evidentemente, tende à neutralidade e não parece estar próximo de uma mudança, pois, para que haja revolução notável do tipo, seria preciso ou que o touçado tendesse a cair (véu) ou que os tornozelos voltassem a cobrir-se. Tudo isso demonstra bem que a medida longitudinal, chamada de comprimento ou altura, segundo o ponto de apoio e a zona de desenvolvimento, tem grande importância estrutural; aliás, é nas variações de comprimento que a Moda procura suas transformações mais espetaculares, e é o comprimento "animado" (estilo "esguio") que define o corpo canônico do manequim de Moda. A variante de comprimento comporta quatro modos de expressão. O primeiro (mais frequente) consiste em essencializar a dimensão na forma de um adjetivo puro (longo/curto); é aquilo que se poderia chamar de comprimento absoluto (na verdade esse comprimento é relativo, implica um ponto de referência, que é o ponto de apoio da peça). No segundo modo de expressão, a relatividade é explícita, passa para a língua: é o comprimento proporcional (3/4, 7/8); em princípio, trata-se de uma variante de conexão, pois a medida une dois elementos (uma saia e um casaco, por exemplo), anotando em que proporção um ultrapassa o outro; mas também nesse caso a proporção logo é essencializada; verbalmente, ela só define a peça cuja variação seja significante; do ponto de vista da matriz OSV, a variante é simples, a língua não conserva vestígio de seu caráter conectivo: *um mantô 7/8* constitui uma matriz completa, na qual a relatividade do comprimento é absorvida no absoluto do termo e tende até a espécie (*um três-quartos*[40]). Nos dois últimos modos de expressão, mais raros, a notação do comprimento é feita em relação a um ponto de referência explícito; esse ponto de referência pode ser um limite; o elemento terminológico é então: *até...* ou seus sinônimos: *até abaixo de, (inclinado) para, subindo a...* etc.; o próprio ponto de referência é anatômico (joelho, testa, nuca, tornozelos, quadris etc.), motivo pelo qual não pode ser considerado um suporte: ele continua formalmente incluído na variante, da qual constitui simplesmente um elemento terminológico. Esse ponto de referência também pode ser uma base (*a partir de...*): então, é constante que se trate do chão, e o comprimento é anotado em centímetros (*saia 50 cm acima do chão*); essa notação centimétrica provém de um sonho de precisão científica; semanticamente, é ilusória porque, numa mesma estação, a norma pode variar de um costureiro para outro[41], o que implica sair da instituição para en-

---

40. Na variante proporcional encontra-se o vestígio de um grau zero da proporção: seria a coincidência das duas peças.
41. Por exemplo, para o verão de 1959, comprimento da saia até o chão: Cardin, 38 cm, Patou, 40 cm, Grès, 41 cm, Dior, 53 cm.

trar numa ordem intermediária entre os fatos de vestuário e os fatos do traje, que poderia ser chamada de "estilo" da Costura, pois aí cada medida remete a cada costureiro como um significado; mas, de um ponto de vista sistemático, a função das variações centimétricas é simplesmente opor, de um ano para outro, o *mais comprido* ao *mais curto*. Essa variante de expressão complexa pode ser resumida da seguinte maneira:

	longo / [normal] / curto		
Comprimento absoluto	alto profundo		baixo pequeno
Comprimento proporcional	1/3 1/2 2/3 3/4 7/8 etc.		
Limite (até...)	quadris / cintura / peito / joelho / panturrilha / tornozelo / ombros / nuca		
Base (a partir de...)	36 cm / 38 cm / 40 cm, etc. do chão		

9.17. *Variante de largura (XIII)*

No vestuário, a largura é uma dimensão muito mais inerte do que o comprimento; não é vivenciada como uma força: como o corpo humano é simétrico em largura (dois braços, duas pernas etc.), o desenvolvimento lateral do vestuário é equilibrado por sua própria situação: uma peça de vestuário não pode "alargar-se" de um só lado; o gênero que mais se presta ao desequilíbrio lateral é o toucado, talvez porque, visto que a simetria é um fator de imobilidade, seja preciso vivificar com seu contrário a parte espiritual do corpo, que é o rosto (chapéu, inclinado, caído etc.). Além do mais, a largura só pode variar em limites mínimos: o vestuário não pode exceder de muito a largura do corpo, pelo menos de acordo com o tipo atual do vestuário (houve trajes históricos com forte expansão lateral, como os do barroco espanhol). Essa variante, portanto, não convém muito às peças principais, que recebem senso estético e limites do corpo humano, peças que, como vimos, só podem ser declaradas *largas* ou *estreitas* por projeção de um volume e desde que a peça tenha suficiente "consistência" para ser projetada (*capa*, *mantô*). Portanto, é nas peças planas e longas que a variante é mais estável. Por fim, *largo* está nas raias do tabu estético, pelo menos no traje moderno, que costuma considerar elegantes a delgadeza e a finura; portanto, sua notação só pode ser feita para significar valores de conforto ou boa proteção. O quadro da variante de largura, portanto, é terminologicamente reduzido:

largo	/	[normal]	/	estreito
				fino delgado

9.18. Variante de volume (XIV)

O *volume* representa em princípio a dimensão transversal do elemento, se este dispuser de uma espessura própria (*botões*), ou da peça, desde que ela envolva o corpo (*mantô*). Mas, como vimos, essa variante costuma servir para representar uma dimensão global e, por isso mesmo, muito mais imprecisa do que o comprimento e a largura. Seu termo principal é especialmente notável, pelo menos nas peças principais do vestuário ou quando elas têm uma função protetora afirmada (*amplo*, *folgado*); quanto ao termo reduzido, logo encontra o próprio corpo e tende ao ajuste; em suma, nas peças principais, o vestuário só pode aumentar o corpo, tornando-o pouco definido; se quiser reduzi-lo, só poderá segui-lo e marcá-lo (é o ajuste). Aliás, essas duas variantes correspondem, segundo certas análises, a duas éticas indumentárias: a importância do volume pressupõe uma ética da personalidade e da autoridade[42]; a do ajuste, ao contrário, uma ética do erotismo. O quadro da variante de volume é estabelecido da seguinte forma:

volumoso /	[normal] /	delgado
amplo grosso considerável largo folgado		(estreito) (pequeno)

9.19. Variante de tamanho (XV)

A variante de *tamanho*, como vimos, serve para expressar de pleno direito o indefinido da dimensão: *grande* e *pequeno* são termos que servem para tudo; podem ser aplicados a qualquer

---

42. Flügel, *Psychology of Clothes*.

dimensão (*um colar grande* na verdade é *um colar longo*) e a todas as dimensões juntas (*uma bolsa grande*), toda vez que a revista queira situar-se de algum modo na extremidade mais subjetiva da leitura, sempre que se trate de passar uma impressão, sem a preocupação da análise. Não é de surpreender que a Moda tenha disposto uma medida indefinida (talvez fosse melhor dizer: indiferente) perante o sistema das três medidas clássicas (algumas das quais já tendem à globalidade): do mesmo modo, muitas línguas utilizam um dêitico indiferente para completar o sistema de seus dêiticos especializados: o alemão opõe *der* a *dieser/jener*, e o francês opõe *ce* a *ce... ci/ce... là* [este/aquele][43]. Estruturalmente, o tamanho sem dúvida tem uma posição neutra; semanticamente, quase sempre tem valor retórico: *gigantesco, imenso, monumental, audacioso* são variações insignificantes do termo *grande*, intencionalmente enfáticas (o que não ocorre com outras variantes), e o termo reduzido (*pequeno*) quase sempre tem conotação ética (simples, simpático)[44].

Vejamos o quadro dessa variante:

grande	/ [normal] /	pequeno
audacioso gigantesco imenso monumental		

....
43. Cf. H. Frei, artigo citado.
44. Cf. *supra*, 4, 3, e *infra*, 17, 3.

VI. Variantes de continuidade

9.20. Rupturas de continuidade

O sentido plástico de um vestuário depende muito da continuidade (ou da descontinuidade) de seus elementos, mais ainda do que de sua forma. Por um lado, parece que o vestuário reflete à sua maneira profana o velho sonho místico do "sem costura": visto que ele envolve o corpo, porventura o milagre não estaria precisamente no fato de o corpo poder entrar nele sem que o vestuário deixe depois vestígio dessa passagem? Por outro lado, uma vez que é erótico, o vestuário deve deixar-se desintegrar-se, ausentar-se parcialmente aqui ou acolá, jogar com a nudez do corpo. Continuidade e descontinuidade são, assim, assumidas por um conjunto de traços institucionais: a descontinuidade do vestuário não se limita a ser: ela se exibe ou se esquiva. Daí a existência de um grupo de variantes destinadas a fazer que as rupturas ou as ligações do vestuário signifiquem: são as variantes de continuidade. Dividir (ou não dividir), unir (ou deixar desunido): é a essas duas funções contraditórias e complementares que competem as variantes de divisão e de fechamento[45]. A variante de mobilidade, por sua vez, dá conta da independência de um elemento, do princípio que o faz aderir ou não a outro elemento (ficando este segundo ele-

---

[45]. A língua – injusta – obriga a chamar de continuidade a alternativa entre contínuo e descontínuo, de divisão a alternativa entre dividido e não-dividido, e de fechamento a alternativa entre fechamento e abertura etc.

mento não expresso). Ademais, o que foi dividido ou mobilizado pode ligar-se de diversas maneiras: é papel da variante de fixação fazer que esses diferentes modos de ligação signifiquem. Por fim, um elemento pode ser materialmente contínuo, mas receber inflexões que rompem sua linha: por exemplo, uma peça pode ser deitada ou levantada: essa alternativa é recolhida pela variante de flexão. A ordem que acaba de ser dada a essas variantes é intencional; pois, deixando-se de lado a última variante (flexão), variante aliás bastante pobre, percebe-se que, do ponto de vista estrutural, elas se comandam reciprocamente: amarrar ou abotoar uma peça (variante de fixação) é uma alternativa que só pode ter sentido se a peça for móvel ou fechada (variante de mobilidade ou de fechamento); e a alternativa implicada por esta última variante (*aberto–fechado*) só é possível se o elemento for originalmente dividido. Assim, as quatro primeiras variantes de continuidade formam entre si uma espécie de programa, no sentido cibernético do termo: cada variante recolhe de algum modo a herança da variante anterior e extrai sua validade apenas da alternativa que a precede. Aliás, o "dispatching" que regra o curso do sentido é sutil: uma peça *obrigatoriamente* fechada (que, por conseguinte, escapa à variante de fechamento) pode, porém, suportar uma alternativa de fixação (uma peça fendida, mas sempre fechada, pode ser fechada por abotoamento ou zíper); um elemento que está *sempre* fendido pode ser aberto ou fechado (um mantô, por exemplo). Isso quer dizer que, apesar da rede que formam, essas variantes mantêm sua individualidade: o que não tem sentido aqui (estando privado de liberdade) produz sentido adiante. Tem-se uma ideia da vitalidade dessas variantes observando-se o quadro do "dispatching" que regra suas possibilidades de aparecimento, lembrando-se que, para que uma variante possa atuar, e o sentido, nascer, é preciso que a oposição que a constitui goze de uma espécie de *liberdade vigiada*: a natureza de certos gêneros, portanto, exclui ou, ao contrário, permite que lhes sejam aplicadas algumas variantes, o que aqui será marcado com *Excluído* e *Possível*[46].

divisão	mobilidade	fechamento	fixação
E { Fendido por natureza (*colete*) Não-fendido por natureza (*meias*) Bipolar[48] (*alças*) P {		P[47] E P Fechado por natureza (*chemisier*) Aberto por natureza (*lateral do jaquetão*)	P E P E E
	E (*ombros*) P (*capuz removível*)		E P

....
46. Cf. *infra*, 12, 2.
47. P: possível – E: excluído.
48. Uma peça com duas extremidades ou pontas simétricas (*echarpe, cinto*) é equiparada a uma peça fendida por natureza, pois pode ser fechada, aberta, abotoada (*bandô*), amarrada etc. (cf. próximo parágrafo).

9.21. Variante de divisão (XVI)

O caráter maciço do vestuário pode ser alterado principalmente de duas maneiras: a superfície de um elemento pode receber uma fenda, ser separada parcial ou totalmente em dois lados (um vestido, a gáspea de um sapato); além disso, o elemento, mesmo não sendo fendido em absoluto, pode ser dividido em duas regiões suficientemente autônomas: é o que ocorre com as peças que comportam dois panos ou duas extremidades, dispostos com certa simetria; funcionalmente, as duas extremidades de um xale, de um bandó ou de um cinto são a réplica das duas bordas de uma fenda: podem ser "fechados" (cruzados ou amarrados) ou "abertos" (deixados livres, suspensos); por isso, os fatos de bipolaridade devem ser incluídos na variante de divisão; não que seja de esperar um sentido de peças "fendidas" por natureza (é o que ocorre com as peças bipolares), mas porque essa separação insignificante comanda variações significantes de fechamento e fixação (*echarpe enrolada*, *bandó amarrado*[49]). A estrutura dessa variante é uma alternativa de ser: o elemento é ou não é fendido; não pode sofrer variação de intensidade nem de complexidade: o termo misto (fendido e não-fendido) e o termo neutro (nem fendido, nem não-fendido) não são possíveis[50]: o termo normal só pode abranger um dos dois pólos, em geral o pólo negativo:

---

[49]. Percebe-se por aí que a ordem estrutural, embora possa coincidir com a ordem tecnológica, não é sua escrava: a divisão aí é definida muito mais por sua função estrutural (é ela que comanda as outras variantes de continuidade) do que por sua substância.
[50]. *Parcialmente fendido* pertence à variante de integridade.

o que é fendido sobressai como notável sobre um fundo usual de indivisão. Vejamos o quadro:

fendido	/ [não-fendido]
Com piques Com decote Interrompido Separado	

9.22. Variante de mobilidade (XVII)

A mobilidade de um elemento só pode ser significante se puder ser ou não ser; ora, as peças habitualmente são móveis por definição: peça é aquilo que é independente[51]: portanto, elas não podem receber a variante; para que surja o sentido, é preciso que o elemento possa estar ora unido a um corpo principal, ora liberado desse corpo; em outras palavras, é preciso que haja elementos que por natureza não sejam independentes demais nem parasitas demais: é o que ocorre em geral com as partes de peças, especialmente o martingale, o forro e a gola; também pode ocorrer (mais raramente) com peças em geral móveis, mas que possam ser costuradas ou incorporadas a um elemento principal (cabeção, pelerine, cinto): estamos aí muito próximos do postiço e, por conseguinte, da variante de artifício. Natural-

---

51. Temos aí outro exemplo de definição estrutural, e não mais lexicográfica; funcional, e não mais substancial; sintagmática, e não mais sistemática: a peça seria aquilo que, com algumas ressalvas, se recusa à variante de mobilidade (por ser sempre móvel).

mente, a liberdade de mobilidade é uma liberdade material, não é uma liberdade de uso ou de porte (asserção de existência). O quadro da variante de mobilidade é simples, pois a oposição é alternativa:

fixo /	removível
preso firme	intercambiável móvel

9.23. Variante de fechamento (XVIII)

A peça dividida pode ser aberta ou fechada: é a variante de fechamento. Não se trata da maneira como uma peça é fechada (o tipo de fecho pertence à variante de fixação), mas dos graus através dos quais esse fechamento se realiza: um casaco transpassado é um casaco "mais bem fechado" que um casaco reto. Portanto, estamos diante de uma variante intensiva, cujos patamares a língua fundamenta em qualidades diferentes. É óbvio que aqui só consideramos os graus de fechamento institucionalizados: para que o *aberto* seja significante, é preciso que seja uma norma (objeto de notação) da revista, e não um hábito pessoal do usuário. O fechamento é um riquíssimo fato relacionado ao traje; mas então é índice de um temperamento, não é um signo. Para dissociar como se deve o fechamento da fixação e para entender bem a natureza progressiva da variante de fechamento, é preciso voltar à variante geradora, que é a divisão; real ou implícita, a divisão dá existência a dois elementos, lados ou panos, comumente longilíneos; são os graus de aproximação dessas duas bandas que vão fornecer os termos da variante: se as duas bandas (ou as duas extremidades) não se unem, o elemento é aberto (caso se trate de fendas) ou livre (caso se trate de panos); se elas se tocam sem se sobrepor, trata-se do orla-com-orla (cujo modo de fixação é representado por aselhas e cadarços); o *fechado*, apesar da generalidade do termo, no vestuário sempre implica que um lado da peça se sobrepõe um pouco ao outro: o fechado é mais fechado que o orla-com-orla; se o primeiro lado se sobrepuser muito ao segundo, a peça de vestuário se tornará transpassada; por fim, se um dos panos ou das extremidades estiver, digamos, jogado em toda a sua extensão por cima do outro, a peça (mantô ou echarpe) estará *enrolada*. Ao longo dos cinco modos principais, o fechamento vai-se tornando cada vez maior, porque sempre se trata de uma matéria flexível, que não pode ser unida pela simples contiguidade, pois, no vestuário, o contíguo está sempre a ponto de ser desunido pelos movimentos do corpo. A isso cabe somar dois termos mais especializados: *reto* corresponde a *fechado*, mas só ganha sentido dentro de uma oposição parcial, reservada às peças de ombros, a oposição *reto/transpassado*; por fim, aplicando-se às alças [*simplesmente fechado*], torna-se: em torno do pescoço, por oposição às alças cruzadas, que, digamos, são mais "fechadas" do que quando simplesmente amarradas na nuca. Esses diferentes graus de fechamento formam (atualmente) uma oposição de cinco termos:

aberto	/ orla-com-orla /	fechado	/ transpassado /	enrolado
livre		reto preso no pescoço		

9.24. Variante de fixação (XIX)

Visto que o fecho é, de algum modo, preparado pelas variantes de divisão e de mobilidade, e que sua intensidade é estabelecida pela variante de fechamento, resta fazer a notação de seu modo: é da competência da variante de fixação (poderíamos dizer de *fecho*, caso essa palavra não estivesse reservada para um gênero de suporte). A fixação pode ser postulada, mas deixada na imprecisão; é o *posto*, *situado* ou *localizado*, termo neutro que se opõe a toda uma série de fixações plenas e definidas:

termo pleno	neutro
... acolchetado / abotoado / preso com cadarço / costurado / com zíper /	/posto
	localizado situado

O número dos termos plenos que entram em oposição significante é necessariamente livre, pois sempre se pode inventar ou retomar um método de fixação que ainda não tenha sido objeto de notação. Essa variante, portanto, é uma das menos estruturadas que existem (não pode reduzir-se a uma alternativa, mesmo complexa), e é fácil perceber por quê: é por beirar a variação de espécie: o *amarrado* está muito próximo do *laço*. A própria língua francesa participa dessa ambiguidade, pois emprega uma única palavra para designar o ato de fechar e o objeto que serve de agente a esse ato (a palavra: *attache**); no entanto, trata-se de uma verdadeira variante, justamente porque não se pode confundir um ato com um objeto: a asserção de espécie, como vimos, opõe fragmentos de matéria (laço, botão, cadarço); a variante de fixação opõe modos imateriais, estados desprendidos de seu suporte: é a diferença que há entre um *zíper* e um *com-zíper*; ademais, como gênero-suporte, o fecho pode perfeitamente não ter nenhuma função de fixação: laços e botões podem ser postiços: *um vestido com botões* não é obrigatoriamente *um vestido abotoado*. No entanto, do ponto de vista do esforço geral de estruturação, demonstrado pela Moda para com toda a sociedade que a elabora, é, evidentemente, por meio da espécie ou, mais exatamente, da coleção *aberta* das espécies (ou *nomenclatura*)[52] que a estrutura se desfaz; há conflito entre a variante e as espécies: uma variante pouco estruturada, como a variante de fixação, é de algum modo invadida pelas espécies.

9.25. Variante de flexão (XX)

A coesão de um elemento pode subsistir molecularmente, mas, apesar disso, alterar-se em sua orientação; é essa modifi-

---
* Traduzida por *fecho*, como gênero. [N. da T.]
52. *No nível das relações entre a língua e a realidade*, a nomenclatura representa uma estruturação forte; mas, no nível de um campo muito mais específico, que é o do vestuário escrito, a nomenclatura das espécies é um fator de estruturação menor.

cação que a variante de flexão deve recolher: trata-se de fazer significar todos os acidentes que contrariem o sentido original ou "natural" de um elemento, invertendo-o ou flexionando-o. É fácil entender que o levantamento terminológico dessa variante depende unicamente do movimento relativo que as peças realizam de acordo com sua origem ou sua função, e não de uma orientação absoluta; decorrem contradições aparentes entre os termos de flexão pura (*dobrado*) e os termos de flexão orientada (*levantado*, *deitado*); as abas *levantadas* de um chapéu estão dobradas, mas uma gola levantada não; essas mesmas abas *deitadas* deixam de estar dobradas; uma gola deitada, por sua vez, está dobrada. Naturalmente esse *chassé-croisé* terminológico em nada altera a organização real da variante, pois não há nenhuma relação sistemática entre os gêneros. Portanto, organizaremos a variante da seguinte maneira: dois termos polares, dos quais um corresponde a uma flexão para baixo (*deitado*), e o outro, a uma flexão para cima (*levantado*); um termo misto que vale ao mesmo tempo para a flexão superior e a flexão inferior: *dobrado*; um termo neutro (nem levantado nem deitado, ou seja, *ereto*), atualmente defectivo, mas registrado historicamente, por exemplo na gorjeira:

mito	1		2		neutro
dobrado	/	levantado	/	deitado	/	reto
		erguido arregaçado		abaixado	

| **capítulo 10** | VARIAÇÕES DE RELAÇÃO

Blusa de malha aberta com um lencinho de tricô[1].

I. Variantes de posição

10.1. Variantes de posição horizontal (XXI), vertical (XXII), transversal (XXIII) e de orientação (XXIV)

As variantes de posição se incumbem da situação de um elemento indumentário em dado campo; por exemplo, uma flor pode ser colocada à direita ou à esquerda de um corpete; uma prega, na parte de cima ou na parte de baixo de uma saia; um laço, na frente ou atrás de um vestido; uma fileira de botões pode ser vertical ou oblíqua. Percebe-se em todos esses exemplos que, como conjunto de variantes, a posição implica

....

1. \\ *Blusa de malha aberta com um lencinho de tricô* /
   \\ O   SV /
   OS1   V   S2

a relação de um elemento preciso e de um espaço; o espaço só pode ser o espaço do corpo, na sua orientação tradicional[2], pois a peça de referência (corpete, saia, vestido) apenas reproduz o espaço do corpo; portanto, teremos um campo horizontal se o objeto puder deslocar-se virtualmente para a direita ou para a esquerda; um campo vertical, se ele puder deslocar-se para cima ou para baixo; e um plano transversal, se ele puder deslocar-se para a frente ou para trás; esses três planos, com suas respectivas variações internas, correspondem às três primeiras variantes de posição. Quanto à última variante, que será chamada de variante de orientação, sua organização é um tanto diferente: por um lado, ela não põe em relação com o espaço da peça e do corpo um elemento localizado (*broche, flor, laço*), como nas outras variantes de posição, mas uma linha de elementos (*abotoamento*) ou um elemento linear (*decote*); por outro lado, como no vestuário de Moda não existe linha denominada transversal, a variante de orientação só mobiliza o espaço frontal do corpo; sua variação, portanto, só incide sobre a oposição entre vertical e horizontal (*abotoamento vertical* ou *horizontal*). Essas variantes têm a mesma estrutura: é uma estrutura ao mesmo tempo simples e bem saturada (exceto para a variante de orientação, que tem um termo defectivo); para cada um deles há dois termos polares: *à direita/à esquerda; em cima/embaixo; na frente/atrás; horizontal/vertical*; um termo neutro: o que não está nem à direita nem à esquerda é mediano (*no meio*); o que não está nem em cima nem embaixo também é mediano (*a meia*

....

2. Esse espaço, evidentemente, é o mesmo que deu origem às três primeiras variantes de medida (9, V).

altura); o que não está na frente nem atrás do corpo está no lado (*nos lados, no lado*); o que não é vertical nem horizontal é *oblíquo*; por fim, um termo complexo: o que está ao mesmo tempo à direita e à esquerda está dos dois lados (*na largura*)[3]; o que está ao mesmo tempo em cima e embaixo está em *todo o comprimento* da peça; o que está ao mesmo tempo na frente e atrás está em *toda a volta*; somente a variante de orientação não tem termo complexo. Na língua, todos esses são termos de pura denotação, sem variação terminológica notável (exceto *pousado* e *inclinado* para o chapéu e *em guirlanda* para as flores); sempre convém manter seu valor adverbial: *de lado* e mesmo *nos lados, na frente* (e, eventualmente, *nas costas*) são localizações imateriais que não devem ser confundidas com os gêneros correspondentes, que, por sua vez, são fragmentos de matéria indumentária (*lado, frente, costas*). É possível agrupar as quatro variantes de posição no seguinte quadro:

	1	2	neutro	complexo
XXI. *Posição horizontal*	à direita / direito	à esquerda / esquerdo	(mediano) no meio	/ na largura dos dois lados
XXII. *Posição vertical*	em cima / alto (adv.) pousado	embaixo / baixo (adv.) afundado	mediano a meia altura justo	/ de comprido no comprimento na altura
XXIII. *Posição transversal*	na frente / de frente pela frente	atrás / de trás por trás	de lado nos lados no lado	/ circular em volta em guirlanda
XXIV. *Orientação*	horizontal /	vertical /	oblíquo /	–

3. Não se deve confundir *dos dois lados* (direita e esquerda) com *pelos lados* (de lado).

As três primeiras variantes de posição são muito móveis, ocupam facilmente aquilo que se poderia chamar de ponta do sentido; costumam modificar outras variantes (especialmente a divisão, o fechamento e a fixação: *abotoado em todo o comprimento, transpassado atrás, fechado à esquerda* etc.).

10.2. *Direita e esquerda, em cima e embaixo*

Sabe-se que, aplicada ao vestuário, a alternativa direita e esquerda corresponde a uma diferença considerável de significados sexuais, étnicos[4], rituais[5] ou políticos[6]. Por que essa oposição produz sentidos tão fortes? Provavelmente porque, sendo o corpo perfeitamente simétrico em seu plano horizontal[7], a situação de um elemento à direita ou à esquerda é um ato necessariamente arbitrário, e sabe-se como a falta de motivação fortalece o signo; talvez a distinção antiga, de natureza religiosa, entre direita e esquerda (*sinistra*) tenha sido apenas um modo de exorcizar o vazio natural desses dois signos, a liberdade (vertiginosa) de sentido que eles liberam. *Direita* e *esquerda*, por exemplo, não podem prestar-se a nenhuma metáfora; percebe-se isso na política, quando uma mesma condição (a disposição dos lugares num hemiciclo legislativo) produz uma oposição simplesmente denotante (*direita/esquerda*), ao passo

---

4. Encontra-se a divisão étnica das maneiras de transpassar o vestuário em: Leroi-Gourhan, *Milieu et techniques*, p. 228.
5. Sobre a oposição *direita/esquerda* em etnologia, ver Cl. Lévi-Strauss, *La Pensée sauvage*, p. 190.
6. Em 1411, os borguinhões portavam a corneta à direita, e os Armagnacs, à esquerda.
7. Cf. a citação de Pascal, *supra*, 9, 15.

que, em se tratando de *alto* e *baixo*, a oposição se torna facilmente metafórica (*montagne/marais*). A variante de posição vertical (*em cima/embaixo*) na verdade tem menos importância porque, decerto, nesse plano as divisões do corpo são suficientes para distinguir zonas de orientação diferentes por natureza, e não por decisão; há pouquíssima simetria entre a parte de cima e a parte de baixo do corpo[8]; portanto, marcar uma região com um elemento não é criar de novo uma assimetria (que, no caso de *direita/esquerda*, era preciosa por ser artificial); em razão da própria conformação do corpo humano, *alto* e *baixo* são regiões que dificilmente podem intercambiar-se e, como se sabe, onde quase não há liberdade há pouco sentido[9]; *alto* e *baixo*, portanto, são posições que tendemos sempre a dinamizar, ou seja, a transformar em *subindo* e *descendo*, termos pertencentes à variante de movimento.

II. Variantes de distribuição

10.3. Variante de soma (XXV)

Captados num processo semântico, os próprios números, a despeito da natureza progressiva, idêntica e infinita da esca-

---
8. *Cabeça/pés, tronco/quadril, braços/pernas* são oposições úteis, mas situacionais (em relação ao meio do corpo), e não formais.
9. Pelo menos o corpo é assim sentido em nossa cultura; mas em outros lugares, Cl. Lévi-Strauss notou a força da oposição em cima/embaixo, que faz os indígenas do Havaí amarrarem a tanga em torno do pescoço, e não em torno da cintura, para marcar a morte de um chefe *(La Pensée sauvage*, p. 189); aquilo que se chama *natureza* aí evidentemente é a *nossa* natureza.

la numérica, se tornam seres funcionais cuja oposição significa[10]; assim, o valor semântico do número não depende de seu valor aritmético, mas do paradigma do qual ele faz parte: "1" não é o mesmo ser quando se opõe a "2" ou quando se opõe a "vários"[11]; no primeiro caso, a oposição é definida (variante de soma); no segundo caso, é repetitiva e indefinida (variante de multiplicação). Os termos da variante de soma, portanto, só podem ser os primeiríssimos números; em geral, além de 4, o número já não é especificado, e passa-se à variante de multiplicação. A bem da verdade, a oposição-mãe é, visivelmente, entre 1 e 2, entre a unidade e o dual; os outros termos aparecem como combinações ou neutralizações; "4", aplicado essencialmente a bolsos e botões, é sentido como 2 vezes 2, em razão da simetria à qual induz espontaneamente esse número (é, em suma, o intensivo de 2); quanto a "3", é possível que, semanticamente, não represente tanto um termo complexo (2 + 1) quanto o grau neutro da oposição 1/2 (ou seja, nem 1 nem 2), em razão da força arquetípica do par (ou da simetria); "3" é uma espécie de pólo excêntrico do dual, sua negação; é, em suma, um dual fracassado, é o próprio *ímpar*; "1", aliás, é do mesmo modo uma espécie de privativo de 2, como dá a entender a expressão *um só*. Aliás, sabe-se que o dual forneceu numerosos

---

10. Ainda está por estabelecer-se uma semântica dos números, pois aí a conotação é de incrível riqueza: para convencer-se disso, basta abrir uma revista e reconhecer o lugar importante das notações numéricas (cf. Jacques Durand, "L'attraction des nombres ronds..." [A atração dos números redondos...] in *Revue française de sociologie*, julho-setembro de 1961, pp. 131-151).

11. Por isso, seria preciso escrever no primeiro caso "1" e no segundo, *um*.

símbolos ao vestuário histórico: os bufões da Idade Média e os *clowns* do teatro elisabetano usavam trajes bipartidos e bicolores, cuja dualidade simbolizava a divisão do espírito. O quadro dessa variante pode ser estabelecido da seguinte maneira:

termos polares			neutro		intensivo
1	/	2	/ 3	/	4
		bicolor monocromático	[tricolor][12]		

10.4. Variante de multiplicação (XXVI)

A variante de multiplicação é a variante da repetição indefinida; a expressão terminológica de sua oposição, caso a Moda falasse latim, seria exatamente o paradigma multiplicativo: *semel/multiplex:*

um	/	múltiplo
uma vez		variegado muitos/muitas uns[13] multicolorido vários/várias várias vezes

....
12. *Tricolor* não pode ser um bom termo de Moda, em razão da conotação patriótica fortíssima vinculada a essa palavra.
13. Uns ["des" no original] é apenas significante se se opõe vestimentariamente a um.

A multiplicação é uma variante de emprego restrito, pois se choca facilmente com um tabu de ordem estética: o bom gosto. Pode-se dizer que a definição estrutural do mau gosto está ligada a essa variante: a depreciação indumentária passa na maioria das vezes pela profusão dos elementos, dos acessórios e das joias (*uma mulher coberta de joias*). Sendo eufêmica, a Moda só pode dedicar uma notação à multiplicação se esta concorrer para certos "efeitos": por exemplo, criar uma impressão de "vaporoso" (*anáguas, rendas*), termo que serve em geral de intermediação entre o significante indumentário e o significado de feminilidade, ou uma impressão de "riqueza" (*colares, pulseiras*), desde que essa riqueza não seja heteróclita, incidindo sobre uma grande variedade de espécies diferentes, mas respeite uma unidade do material que a variante de multiplicação, justamente, possibilita fazer significar.

10.5. Variante de equilíbrio (XXVII)

Para que haja variante de equilíbrio, é preciso que o gênero ao qual ela se refere disponha de um eixo qualquer em relação ao qual se declara a simetria ou a assimetria: esse eixo pode ser a linha mediana do corpo, seja ela vertical ou horizontal; a peça inteira é declarada assimétrica (em geral, a notação se refere à dissimetria) quando, por exemplo, a linha de transpasse dos lados atravessa de maneira irregular o eixo vertical do corpo (*blusas, vestidos* e *mantôs assimétricos*), quando dois ou vários elementos são dispostos de maneira dissimétrica em relação a esse eixo (*botões, ornamentos*, por exemplo) ou quando elementos que aparecem aos pares em razão da conformação do corpo (*mangas, calçados*) são dissociados, tornando-se dissimétricos em virtude de uma diferença de material ou de cor: este último caso não existe no vestuário atual, mas é preciso registrá-lo, pois ele explica um fato indumentário como a bipartição. De maneira mais limitada, o eixo de referência também pode ser interior ao elemento: a dissimetria é então uma desordem parcial que afeta a forma desse elemento, que o torna "desigual", "irregular" (por exemplo, a estampa de um tecido). Quanto à própria oposição, baseia-se na contrariedade (*simetria/dissimetria*); *contrastante* pode ser considerado uma espécie de termo intensivo da simetria: o contraste é uma simetria ao mesmo tempo reforçada e complicada, pois pressupõe duas linhas de referência, e não mais uma única (aliás, já vimos oposições parcialmente construídas com base numa relação de intensidade, como *fechado/transpassado/enrolado*). O quadro da variante de equilíbrio, portanto, é o seguinte:

1	2	intensivo de 1
simétrico /	assimétrico /	contrastante
igual geométrico regular	desigual irregular	contrastado

Até agora a Moda só subverteu a simetria constitutiva do corpo com muitas precauções; talvez porque, conforme adiantamos, a mulher está mais ligada à simetria do que o homem; talvez também porque a inclusão de um elemento irregular num conjunto simétrico é símbolo de espírito crítico, e a Moda abomina qualquer subversão[14]. Seja como for, quando altera a simetria do vestuário, a Moda o faz perifericamente, como um leve toque, dispondo irregularmente certos pontos discretos da indumentária (*fechos*, *ornamentos*); mesmo assim, nunca se trata de fazer exibição de uma desordem, mas sim de conferir certo movimento ao vestuário: o desequilíbrio (leve) é simplesmente o esboço de uma tendência (*pendente para*, *inclinado*); sabe-se que o movimento é uma metáfora da vida; o simétrico é imóvel e estéril[15]; portanto, é normal que o traje tenha sido de uma simetria rigorosa nas épocas conservadoras, e que emancipar o vestuário seja até certo ponto desequilibrá-lo.

III. Variantes de conexão

10.6. Conexão

Todas as variantes recenseadas até agora, mesmo relativas, podem perfeitamente aplicar-se a apenas um suporte (*saia longa*,

---

14. Buytendijk, citado por F. Kiener, *Kleidung, Mode and Mensch*, Munique, 1956, p. 80. O traje militar é o mais simétrico que existe.
15. Mesmo não querendo passar indevidamente da ordem biológica para a ordem estética, cabe lembrar que a dissimetria é uma condição da vida: "*Alguns elementos de simetria podem coexistir com certos fenômenos, mas não são necessários. Necessário é que alguns elementos de simetria não existam. É a dissimetria que cria o fenômeno*" (Pierre Curie, citado por J. Nicole, *La Symétrie*, PUF, Que sais-je?, p. 83).

| *Variações de relação* |

gola aberta etc.); usando-se os termos da linguagem da lógica, pode-se dizer que cada uma delas constitui um operador singular. Ora, a Moda dispõe também de operadores binários, encarregados de fazer o sentido surgir da própria coordenação de dois (ou vários) elementos indumentários: *blusa solta sobre a saia*; *toque que combina com mantô*; *twin-set com o toque alegre de um foulard*: é o modo de associação das peças, e só ele, que constitui essa ponta do sentido que deve animar a unidade significante. Nesses exemplos, não se pode encontrar outra variante terminal que não a própria combinação dos elementos materiais da matriz. É verdade que essa combinação pode ser variada – *ser solta*, *combinar*, *alegrar*: cada uma dessas relações pressupõe paradigmas, portanto variantes diferentes –, mas nos três casos se trata da mesma estrutura[16], que pode ser condensada na fórmula: OS1 • V • S2. A língua relaciona aí dois suportes indumentários (*blusas e saia*, *toque e mantô*, *twin-set e foulard*) e situa o sentido final do vestuário na própria coexistência desses dois suportes: é nada mais do que esse modo de coexistência que constitui a variante da matriz. Por essa razão, chamaremos essa variante de *conectivo*. A bem da verdade, as variantes de distribuição são conectivos, pois também correlacionam dois (ou vários) elementos materiais do vestuário (dois bolsos, as duas partes de uma blusa); mas essa relação é de algum modo

....
16. \ *Blusa solta sobre a saia* /
    OS1   V   S2
\ *Gorro que combina com mantô* /
    OS1   V   S2
\ *Twin-set* com o toque alegre de um foulard /
    OS1   V   S2

inerte, quer seja puramente quantitativa (soma e multiplicação), quer esteja profundamente incorporada na estrutura do suporte (*blusa assimétrica*): a conexão não é explícita no nível da matriz; acima de tudo, a conexão propriamente dita tem um valor estrutural específico: vimos que a relação que une os elementos da matriz (O)(S)(V) é de dupla implicação ou, como também se diz, de interdependência: é uma relação evidentemente sintagmática; ao contrário, a relação introduzida entre dois suportes por um conectivo é uma relação sistemática, pois varia de acordo com um jogo virtual de oposições ou paradigma. No entanto, interdependência e conexão são noções muito próximas, e é indubitável que, no nível das variantes de conexão, ocorre confusão entre sistema e sintagma; poderíamos até ser tentados a definir os conectivos como simples variações retóricas da interdependência matricial. O que o impede é, por um lado, o fato de haver diversidade real dos modos de associação (*solta sobre*, *que combina com*, *com o toque alegre de*) e, por outro, o fato de que toda matriz com dois elementos (*um tailleur e seu toque*[17]) estaria incompleta e, por conseguinte, seria insignificante se não fosse possível situar o sentido indumentário na própria associação entre esses dois elementos (*e*). Aqui é preciso lembrar a lei do último sentido[18]: se a matriz dispõe de uma variante singular (*cardigã • gola • aberta*), é essa variante (*aberta*) que contém o sentido e, nesse caso, a associa-

....

17. \Um tailleur e seu toque/
   \ S1   V   S2 /
         O
18. Cf. *supra*, 6, 10.

ção entre cardigã e gola pode ser apenas sintagmática, sem que o enunciado deixe de ser significante; mas, se essa variante faltar (*um cardigã e sua gola*[19]), é preciso que o sentido de algum modo recaia nos elementos subsistentes: a relação sintagmática que os une é acompanhada então por uma relação sistemática, ou seja, propriamente significante, pois faz parte de um paradigma (*combinado com/destoante*): transferido para a abertura da gola, o sentido é transladado para a associação entre a gola e o cardigã: é a própria abstração da conexão que produz o sentido, e não a materialidade dos elementos associados. Os conectivos, portanto, são fatos sistemáticos por definição. Bem mais: como neles a fusão entre sintagma e sistema é muito forte, a significação é sutilíssima; isso não é bem percebido na língua, na qual fatos sistemáticos estendidos a toda a frase (ritmo, entonação) recolhem um sentido precioso: há uma espécie de maturidade semântica própria aos conjuntos com significantes suprassegmentais, como se diz em linguística. Como acabamos de ver, a fórmula canônica da conexão manifesta na matriz pelo menos dois suportes explícitos O • S1 • V • S2 (*blusa solta sobre a saia*). Evidentemente, é possível encontrar matrizes de três suportes (*conjunto, canotier e enfeite de cabeça combinados*[20]). Em todos esses casos, o objeto visado pela significação é consti-

....

19. \ Um cardigã e sua gola /
    \ S1   V   S2 /
         O

20. \ Conjunto, *canotier* e enfeite de cabeça combinados /
    \ S1   S2   S3   V /
                     O

tuído ora pelo primeiro suporte – aquele para o qual a língua chama a atenção (*luvas que combinam com o mantô*[21]) –, ora pelo conjunto dos dois suportes, subsumidos implicitamente sob a noção de *traje* (*conjunto, canotier e enfeite de cabeça*); mas pode ocorrer que o objeto visado seja explícito, e os suportes, implícitos: em *cores combinadas*, o objeto é sem dúvida todas as cores em causa, e os suportes são constituídos por cada uma dessas cores combinadas às outras[22]; essa elipse vigorosa está muito próxima dos traços com variante de distribuição (*dois bolsos*), cujo caráter implicitamente conectivo já vimos.

10.7. Variante de emergência (XXVIII)

A variante de emergência dá conta do modo como dois elementos contíguos se situam um em relação ao outro. A contiguidade pode ser vertical (*uma blusa e uma saia*) ou transversal (*um mantô e seu forro, uma saia e uma anágua*). O primeiro termo da variante (*por cima, por baixo*) corresponde ao movimento em virtude do qual um dos elementos que participam como suportes no traço se sobreponha ao outro; como os dois suportes têm uma relação exatamente complementar, inevitavelmente há indiferença semântica entre os termos do movimento, que no entanto são terminologicamente opostos; se a blusa está *por cima* da saia é porque a saia está *por baixo* da blusa: esse truís-

---

21. \ Luvas que combinam com o mantô /
       OS1   V   S2
22. \ Cores combinadas /
       OS1, OS2...V

mo não é inútil aqui, pois dá conta do fato de que apenas o fenômeno de emergência é significante; a ordem na qual ele se exerce não o é, pois é possível transformar a terminologia sem modificar o sentido indumentário (vimos a mesma ambiguidade com referência a *marcado-marcante* e *velado-que vela*); o que importa ao código é que entre os dois suportes *há* emergência; portanto, organizaremos sob um único e mesmo termo todas as expressões de ultrapasse, seja qual for o modo como os suportes implicados estejam efetivamente situados (*por cima, por baixo, sobre, dentro, sob, solto sobre, por dentro de* etc.); uma peça pode mesmo cobrir completamente outra: uma está aparente, e a outra, oculta, e a relação complementar não muda. A esse primeiro termo, de terminologia abundante e variada, só se pode opor um grau negativo: é o *rente-a*, expressão de todos os casos de emergência nula, em que os dois suportes são exatamente contíguos, e nenhum deles ultrapassa nem recobre o outro. Obtemos assim o seguinte quadro de oposição:

por cima, por baixo	rente a
aparente, oculto, sobreposto, dentro, solto sobre, introduzido em, interno, aberto para, entrando em, por dentro de, sobre, aparecendo de	

É a variante de emergência que dá conta de um fato indumentário importante, relativo à história e à psicologia do vestuário: a visibilidade das "roupas de baixo". Talvez constitua uma lei histórica o fato de as peças do vestuário serem animadas por uma espécie de força centrífuga ao longo do tempo: o interno está sempre sendo puxado para o externo e tendendo a mostrar-se, seja parcialmente, na gola, nos punhos, na parte da frente do busto, por baixo da saia; seja completamente, quando uma peça, inicialmente interna, assume o lugar de uma peça externa (o suéter, por exemplo); este segundo caso decerto é menos interessante que o primeiro, pois o que vale estética ou eroticamente é a mescla suspensa de visível e oculto, que a variante de emergência tem precisamente a incumbência de fazer significar. Em suma, a emergência teria a função de mostrar o oculto, mas sem destruir seu caráter secreto: assim é preservada a ambivalência fundamental do vestuário, encarregado de exibir a nudez no exato momento em que a esconde; pelo menos essa é a interpretação psicanalítica que alguns autores lhe dão[23]; o vestuário teria, no fundo, a própria ambiguidade de uma neurose: foi possível compará-lo ao rubor pudico que se manifesta no rosto, como signo paradoxal do segredo.

10.8. Variante de associação (XXIX)

Dois elementos indumentários podem ser declarados *afins*, *destoantes* ou, de um modo neutro, simplesmente *associados*; esses são os três termos da variante de associação.

---

23. Cf. J. C. Flügel, *op. cit.*

| *Variações de relação* |

1	2	neutro
combinado com /	destoante /	associado a
unido a idêntico a formando par casado	separado de conflito de	acompanhado e sobre

O primeiro termo (*combinado com*) é muito mais frequente; implica uma harmonia verdadeira (*aliança*) entre os suportes que une; essa harmonia pode chegar à identidade, caso, por exemplo, os dois suportes sejam do mesmo tecido. Quando a combinação é dada de maneira absoluta, é porque o segundo suporte (implícito) é o traje em geral ou então o primeiro suporte, desdobrado por uma estrutura reflexiva (*cores combinadas*). A combinação provoca numerosas metáforas, todas as da afinidade e, especialmente, do par (*Bolinhas e tecidos leves são feitos um para o outro*[24]). O segundo termo (*dissonância, conflito*) evidentemente é raro: como se sabe, a Moda é eufêmica; só admite contrariedade sob o manto da espirituosidade. O termo neutro é muito mais frequente; corresponde a uma correlação pura, significante em si, qualquer que possa ser seu valor; sem dúvida a Moda é tão constantemente eufêmica, que a simples expressão de uma relação tende a transformar essa relação em

....
24. \Bolinhas e tecidos leves são feitos um para o outro /
$\quad\quad\quad\quad$ \ OS $\quad$ V /
$\quad$ \ S1 $\quad\quad$ S2 / $\quad\quad\quad\quad\quad\quad$ V
$\quad\quad\quad$ O

afinidade: *broche sobre bolso* não pode ser desarmônico; mas essa afinidade não é expressa: o sentido nasce do simples encontro entre o broche e o bolso; essa espécie de nudez da relação passa para a discrição da terminologia: é frequentemente uma simples preposição (*sobre*) ou uma simples conjunção (*e*); e, se o enunciado dos traços de associação muitas vezes é complexo, isso não se deve à variante, e sim à cadeia das matrizes, frequentemente longuíssima, quando cada um dos dois *relata* é sozinho no mínimo uma matriz.

10.9. Variante de regulação (XXX)

Vimos que a variante de equilíbrio regula a distribuição de elementos idênticos e repetidos (bolsos, botões). A variante de regulação, por sua vez, dá sentido ao equilíbrio de elementos díspares (*uma blusa e um foulard*): ele capta conjuntos para dizer como a diversidade e, frequentemente, até a contrariedade de seus elementos produz unidade, e que essa unidade tem sentido; e, como em geral ele incide sobre quase todo o espaço indumentário (ou seja, sobre o traje), sua ação, distante, mas imperiosa, é bastante semelhante à ação de uma máquina sutil: a Moda *vigia* a *toilette*; ora acrescenta, acentua, desenvolve; ora diminui ou compensa. Essa variante, portanto, compreende dois termos opostos: um de aumento daquilo que já é dado, e o outro de restrição; esses dois movimentos contrários correspondem a dois tipos de equilíbrio (acumulação, oposição); e, visto que o equilíbrio de um conjunto, quando deixa de ser mecânico, só pode existir no nível de uma linguagem (que é a descrição da revista), essa variante, tal como a marca, tem existência sobretudo retórica: quanto mais se *fala* do vestuário, mais fácil é regulá-lo. O primeiro termo (majoração, acréscimo) é bastante raro, porque a ênfase, na maioria das vezes, é dada pela variante de marca; os termos *marcado* e *pronunciado* são muito próximos; a diferença é que *marcado* tem como variação uma negação (*não-marcado*), ao passo que *pronunciado* remete a um contrário assertivo (*atenuado*); outra diferença é que a marca recai em suportes simples, e a ênfase, em suportes duplos; no primeiro caso, o suporte é marcado de forma absoluta; no segundo, há sintaxe desenvolvida, um suporte torna o outro pronunciado: *uma estola aumentará seus ombros*[25]. O termo de compensação, muito mais frequente, comporta numerosas metáforas: *atenuar, iluminar, animar, alegrar, dar graça, suavizar*[26]; trata-se sempre de contrabalançar uma tendência com uma dose alopática de seu contrário; por isso, muitas vezes a Moda só precisa juntar dois significados opostos num único enunciado para produzir uma regulação dos significantes: *são blusas-fantasia, cosmopolitas* [...] *use com calças clássicas*[27]. Em suma, nesses casos, a regulação ocorre sozinha, por meio do

....
25. \ Uma estola aumentará seus ombros /
      OS1   V   S2
26. Por exemplo:
    \ Tailleur de tweed branco e preto iluminado por uma pequena gravata azul /
        \ O   SV1   SV2 /   \ O   SV /
  \ O   SV /   \ V   OS /
        OS1   V   S2
27. \ Blusas-fantasia com calças clássicas /
       Sd   Sd
  OS1   V   S2

jogo até certo ponto endógeno dos contrários, como bem diz este exemplo: *as joias são marcantes por causa da sobriedade dos vestidos*. Todos esses fatos de regulação, por mais voluntários que sejam – visto que a Moda é um sistema intencional –, não deixam de lembrar os mecanismos de reconstrução de um objeto natural por uma correção cultural; é como se, num primeiro momento, o modelo se construísse sozinho e, num segundo momento, a Moda interviesse conscientemente para corrigir os excessos do esboço espontâneo; o suporte 2, do qual em geral emana a retificação, é, aliás, quase sempre de volume inferior ao suporte 1 (confundido com o objeto visado), que a recebe: o que é sutil e miúdo age com força: é um "nada" (*uma rosa, uma echarpe, um acessório, uma gravatinha*) que regula os grandes conjuntos (*um twin-set, um tecido, um tailleur, um vestido*), assim como o cérebro comanda todo o corpo: desproporção capital no sistema da Moda, como veremos a propósito do "detalhe". O quadro da variante de regulação pode ser feito da seguinte maneira:

aumentado por /	compensado por
que pronuncia pronunciado por ampliado	atenuado que acrescenta uma nota que ganha graça de iluminado por alegrado por que veste bem animado por suavizado por

IV. Variante das variantes

10.10. Variante de grau

Para concluir o inventário das variantes, cabe lembrar que o sistema da Moda dispõe de uma variante específica, chamada de *intensivo* ou, de modo mais geral, *variante de grau*, pois corresponde terminologicamente a advérbios de integridade (*meio*, *completamente*) ou de intensidade (*pouco*, *muito*), cuja característica é só poder ser aplicada a outra variante, e não ora a um gênero, ora a uma variante, como as variantes normais: digamos que se trata da variante das variantes[28]. Da variante ela tem as características fundamentais (oposições simples, memorizáveis, de substância imaterial), mas seu inventário sintagmático não poderia seguir a lista dos gêneros, e sim apenas a das outras variantes. Sua constituição peculiar faz que o intensivo sempre ocupe a ponta extrema do sentido: nada podemos acrescentar-lhe; ela coroa o enunciado mas não deixa de ser, substancialmente, seu elemento mais vazio, ainda que o mais significante; em *basques ligeiramente arredondadas*[29], há uma comutação indiscutível do sentido indumentário entre *basques (totalmente) arredondadas* e *basques ligeiramente arredondadas*; umas podem estar na Moda, e outras, fora-de-moda: portanto, é a variação do grau que carreia o sentido final, porém essa va-

....
28. É um auxiliar puro.
29. \ Basques ligeiramente arredondadas /
    OS   V2   V1

riação é estruturalmente dependente da variante de forma (*arredondado*). A variação de grau pode incidir na intensidade da variante-escora (*muito flexível, ligeiramente transparente*) ou na integridade do suporte (ou seja, da espécie) ao qual se aplica (*gola meio aberta*); é raro que uma variante possa suportar ao mesmo tempo uma variação de intensidade e uma variação de integridade; isso ocorre essencialmente com a forma (*meio arredondado* e *ligeiramente arredondado*); portanto, pode-se prever duas séries de oposições, digamos duas variantes que, por economia, agruparemos num único quadro:

Integridade	nada	/ pela metade /	³/₄	/ quase	/ totalmente
		semi-meio		completamente	
Intensidade	um pouco	/ não muito /	muito	/ o máximo possível	
	discreto ligeiramente moderado vagamente				
	menos	/ mais			

A integridade fixa o sentido na proporção de espaço destinada à variante por ela modificada; logo, só pode aplicar-se a variantes ligadas por natureza à qualidade extensa do suporte: espaços em forma, linhas de divisão, de fechamento, de fixação, de flexão, zonas de posição e de emergência; a variante de grau indica aí a quantidade de espaço retirada do suporte pela

| *Variações de relação* |

variante-escora para fazê-lo significar; portanto, no caso da integridade, as variações ocorrem em graus fechados, medidos: seus limiares são mais marcados do que os da intensidade. A variação de intensidade é mais indefinida; ainda que, pela própria natureza da língua que lhes dá intermediação, seus termos sejam descontínuos, ela implica que sua escora pode variar continuamente; o caráter progressivo de suas oposições é manifesto no emprego do comparativo: *um vestido mais longo ou menos longo, conforme a estação e a hora*. É que aí o sentido se organiza aproximativamente em torno de dois pólos, um reduzido (*um pouco*), o outro enfático (*muito*). O pólo reduzido dispõe de numerosas metáforas, cujo emprego depende da variante-escora (*echarpe amarrada com displicência, cinto fechado com folga, largura discreta e moderada* etc.), porque a Moda sempre se esforça por valorizar a discrição. A variante de grau só comporta três casos de impossibilidade sintagmática: asserção de existência, soma e multiplicação: para essas três variantes-escora, a progressão está excluída: sua comutação é radicalmente alternativa: *usar um casaco ou não o usar, um bolso ou dois*.

| **capítulo 11** | O SISTEMA

Eis o pano, leve ou pesado[1].

I. Sentido, liberdade vigiada

11.1. *Injunções sistemáticas e injunções sintagmáticas*

A produção do sentido está submetida a algumas injunções; isso quer dizer que as injunções não limitam o sentido, mas, ao contrário, o constituem; o sentido não pode nascer onde a liberdade seja total ou nula: o regime do sentido é o de uma liberdade vigiada. A bem da verdade, quanto mais nos aprofundamos numa estrutura semântica, mais claro fica que o que melhor define essa estrutura é a linha das injunções, e não a das liberdades. No vestuário escrito, essas injunções podem ser de

---

1. $\dfrac{\text{Pano (leve ou pesado)}}{\text{OSV (espécie)}}$

dois tipos; podem incidir sobre os termos da variante, independentemente do suporte que esta afete (a asserção de existência, por exemplo, só pode comportar a alternativa pura ser e não-ser): são então injunções sistemáticas; por outro lado, podem incidir sobre a associação dos gêneros e das variantes: são então injunções sintagmáticas. Essa distinção é útil quando se quer captar a estrutura do significante em seu conjunto; portanto, é preciso retomar o problema das injunções, primeiro no nível do sistema, depois no nível do sintagma.

II. Rendimento sistemático

11.2. Princípio figurado das oposições: pontos de uma escala graduada (spots)

O princípio de toda oposição sistemática[2] está associado à natureza do signo: o signo é uma diferença[3]; portanto, seria possível comparar um jogo de oposições a uma escala graduada percorrida por um ponteiro; a escala é o próprio paradigma ou variante; cada ponto dessa escala corresponde a um termo da variante; e o ponteiro é o enunciado e, por conseguinte, a Moda ou o mundo, pois, ao fazer a notação do traço, o mundo ou a Moda atualiza um termo da variante em detrimento dos ou-

---

2. É difícil evitar certa ambivalência na palavra *sistema* (e *sistemático*); em sentido estrito, sistema é o plano dos paradigmas, em oposição ao plano dos sintagmas; e, em sentido lato, é um conjunto de unidades, funções e injunções (sistema da língua, sistema da Moda).
3. Saussure, *Cours de linguistique...*, p. 168: "*O que distingue um signo é tudo o que o constitui.*" A natureza diferencial do signo não deixa de apresentar dificuldades (cf. R. Godel, *Sources*, p. 196) que, no entanto, não alteram a riqueza da definição.

tros. Os pontos que não são tocados pelo ponteiro do enunciado, ou seja, os termos da variante que não são atualizados formam, evidentemente, a reserva do sentido; se a teoria da informação dá a essa reserva o nome de *memória* (é verdade que aplicando essa palavra ao conjunto dos signos, e não a um simples paradigma), é porque, efetivamente, para ser ativa, uma oposição tem todo o interesse em ser memorizável: quanto melhor for a organização dessa reserva, mais fácil será a chamada do signo. Portanto, o número dos termos de uma variante e sua organização interna (talvez ainda mais esta, como veremos) exercem influência direta sobre o processo do sentido, independentemente das associações às quais essa variante possa ou não oferecer-se: é o que se poderia chamar de rendimento sistemático de uma variante. Retomando as trinta variantes analisadas, é possível distinguir três grupos de oposições, correspondentes a três tipos de rendimento sistemático[4].

11.3. Oposições alternativas

No primeiro grupo, é preciso incluir todas as oposições propriamente alternativas, do tipo *sim/não* (*com/sem, natural/artificial, marcado/não-marcado* etc.)[5]. Essas oposições sempre com-

....

4. A noção de *rendimento* sistemático, por mais aproximativa que ainda seja, determinou a classificação que segue, embora ela seja muito mais grosseira que a classificação das oposições imaginada por J. Cantineau ("Les oppositions significatives" [As oposições significativas], *Cahiers F. de Saussure*, n.º 10, pp. 11-40).
5. A oposição alternativa se encontra nas seguintes variantes:
   I. *Asserção de espécie* (a/(A - a)). (A asserção de espécie deve ser tratada formalmente como uma oposição binária e, substancialmente, como o depósito de variantes implícitas, cf. *infra*, 19, 10).

portam dois termos, não só de fato (vimos em outro ponto que, em certas oposições, pode haver um termo defectivo), mas também de direito: pela própria natureza da diferença que constitui aí o signo, a oposição não pode receber nenhuma mediação que seja consagrada pela língua; um vestido é usado *com ou sem cinto*, e entre a presença e a ausência de cinto não é possível nenhum estado intermediário. Certamente tais variações podem oferecer-se à variante de grau – um lado pode ter *fenda até a metade*, uma cintura pode ser *ligeiramente marcada* –, mas nesse sentido a variação de integridade ou de intensidade sempre afeta um único termo da oposição e não introduz nenhum termo qualitativamente novo: o que é *ligeiramente marcado*, mesmo que nos limites da percepção, está todo do lado da marca. Isso porque, em toda oposição alternativa, em conformidade com o princípio das oposições fonológicas, a diferença dos dois termos decorre da presença ou da ausência de um caráter (que, justamente, é chamado de *traço pertinente*): esse caráter (existência, marca, fenda) é ou não é: a relação dos dois termos é de negação, não de contraste, e a negação não pode ser negociada[6].

    II. *Asserção de existência* (com/sem)
   III. *Artifício* (natural/artificial)
   IV. *Marca* (marcado/não-marcado)
  XVI. *Divisão* (com fenda/sem fenda)
 XVII. *Mobilidade* (fixo/removível)
 XXVI. *Multiplicação* (um/múltiplo)
XXVIII. *Emergência* (ultrapassando/rente a)
  XXX. *Regulação* (aumentado por/compensado por)

6. Chama-se aqui de *oposição alternativa* aquilo que em linguística seria uma *oposição privativa*, definida pela presença ou pela ausência de marca.

11.4. Oposições polares

O segundo grupo compreende as oposições polares compostas[7]. Em primeiro lugar, cada variante compreende dois termos situados em oposição equipolente (*isto/aquilo*); em segundo lugar, compreende um termo neutro que exclui ambos os termos (*nem isto/nem aquilo*) (vimos que, como sistema ético, na Moda quase sempre há coincidência de neutro e normal, e que, como sistema estético, ela se abstém de fazer sua notação: o termo neutro, portanto, é frequentemente defectivo); finalmente, compreende um termo complexo (*ao mesmo tempo isto e aquilo*); esse termo é também fatalmente defectivo quando os termos polares implicam uma qualidade (peso, flexibilidade, comprimento) estendida a um espaço do vestuário tal que a qualidade não só possa ser aplicada aqui, e não ali (um suporte não pode ser parcialmente flexível); e, quando registrado, esse termo complexo pode representar ou uma justaposição de

....
7. Vejamos as variantes desse grupo:
    VII. *Movimento* (subindo/descendo/projetado/pendente)
    VIII. *Peso* (pesado/leve/[normal]/...)
    IX. *Flexibilidade* (flexível/rígido/[normal]/...)
    X. *Relevo* (saliente/reentrante/liso/amolgado)
    XII. *Comprimento* (absoluto) (longo/curto/[normal]/...)
    XIII. *Largura* (largo/estreito/[normal]/....)
    XIV. *Volume* (volumoso/delgado/[normal]/....)
    XV. *Tamanho* (grande/pequeno/[normal]/....)
    XX. *Flexão* (levantado/deitado/[em pé]/dobrado)
    XXI. *Posição horizontal* (direita/esquerda/no meio/na largura)
    XXII. *Posição vertical* (em cima/embaixo/a meia altura/em todo o comprimento)
    XXIII. *Posição transversal* (na frente/atrás/lateralmente/ao redor)
    XXIV. *Orientação* (horizontal/vertical/oblíquo/....)
    XXIX. *Associação* (combinado/destoante/associado a/....).

caracteres contrários, sendo a composição feita no nível do suporte inteiro (um chapéu amolgado é formado por saliências e reentrâncias), ou uma indiferença em que se faz a notação de um termo, e não de outro (*dobrado* corresponde a *indiferentemente levantado ou deitado*). A oposição dos termos polares ordinariamente parece de natureza contrastiva, pelo menos no nível da terminologia; de fato (mas quem sabe o que é exatamente um contrário?[8]), a oposição polar não é absolutamente definida pela presença ou pela carência de uma marca, como na oposição alternativa, mas por uma escala implícita de acumulação, cujos termos de chegada e de partida a língua anota de alguma maneira: do *leve* ao *pesado*, há diferença quantitativa de peso, mas o peso está sempre presente: portanto, não é ele que constitui o caráter pertinente, mas sim a sua quantidade ou, digamos, sua dosagem. O fortíssimo rendimento da marca nas oposições identificadas pela linguística (pelo menos as da segunda articulação) certamente corresponde a um poder da dissimetria (ou irreversibilidade), e é exatamente por serem simétricas e reversíveis que as oposições equipolentes correspondem a uma economia mais complexa da significação; para ser também eficaz, a estrutura aí precisa da língua, mais do que nunca: a língua consegue organizar uma variação cumulativa como variação polar, e esta variação como variação significante porque se trata de qualidades (o *pesado*) que a humanidade essencializou em pares de contrários absolutos (*pesado/leve*) há muitíssimo tempo.

....
8. É fácil identificar o eixo de afinidade de dois contrários ou também seus semas comuns, mas isso é só postergar o problema: como definir semas "contrastivos"?

11.5. Oposições seriais

O terceiro grupo de oposições está muito próximo do segundo; compreende todas as oposições francamente seriais, cumulativas como as anteriores, mas que a língua, dessa vez, não organiza em funções imediatamente contrastivas[9]. Certamente é possível distinguir numa oposição serial dois pólos de atração, por exemplo, *apertado/frouxo* na série da variante de ajuste, mas a língua não isola de modo absoluto esses termos contrastivos e, por outro lado, não normatiza os graus da série; segue-se que a série fica aberta, e é sempre possível nela inserir um grau novo (isso se percebe no comprimento proporcional); neste último grupo de oposições, a série sempre escapa de certo modo à saturação.

11.6. Oposições combinadas e anômicas

Tais são os três principais grupos de oposições. A eles cabe somar algumas variantes de estrutura complexa ou, mais exatamente, combinada[10]. Na variante de forma, pelo menos do modo como acreditamos ser possível organizá-la, uma oposição-

---

9. As variantes com oposições seriais são as seguintes:
   VI. *Ajuste* (colante/apertado/frouxo/bufante)
   XI. *Transparência* (opaco/rendado/transparente/invisível)
   XXII. *Comprimento* (proporcional) (1/3, 1/2, 2/3, etc.)
   XVIII. *Fechamento* (aberto/lado com lado/fechado/transpassado/etc.).
10. As variantes deste grupo são as seguintes:
   V. *Forma* (reto/arredondado...)
   XXVII. *Equilíbrio* (simétrico/dissimétrico/contrastante)
   XXV. *Soma* (1/2 / 3/4)
   XIX. *Fixação* (fixo/posto...)

mãe de tipo polar (*reto/arredondado*) dá origem a oposições subsidiárias, conforme haja inclusão de critérios espaciais (plano, volume) ou lineares (convergência, divergência, complexidade). Na variante de equilíbrio, um termo da oposição alternativa (*simétrico/dissimétrico*) comporta um intensivo de expressão original (*contrastante* = *duplamente simétrico*). Na variante de soma, foram atribuídas aos números 1 e 2 funções polares; ao número 3, uma função neutra; e ao número 4, uma função intensiva em relação a 2. Por fim, na variante de fixação, uma oposição binária simples (termo pleno/termo neutro) é, de alguma maneira, profundamente desestruturada pelo desenvolvimento de uma ampla oposição subsidiária interior ao termo pleno (*fixado/subido/amarrado/abotoado* etc.); aí não se trata de uma oposição serial (acumulativa), mas de uma oposição anômica, pois os termos servem à notação dos modos, e não dos graus: ela não pode ser formada nem ordenada.

11.7. Rendimento sistemático: o problema do binarismo

O que se depreende imediatamente desse inventário é que não se pode reduzir o sistema da Moda a um processo de oposições binárias. Não caberia neste espaço, onde fazemos uma descrição puramente imanente de um sistema específico, discutir a teoria geral do binarismo. Limitar-nos-emos a examinar o rendimento sistemático dos diferentes tipos de oposições indumentárias e o sentido possível de sua diversidade. Quando nos referimos ao sistema da Moda, parece-nos que o que importa, para que uma oposição tenha rendimento seguro, não é tanto que ela seja binária, porém, mais amplamente, que seja *fechada*, isto é, constituída por termos cardinais que delimitem todo o espaço possível da variação, de tal modo que esse espaço possa ser razoavelmente saturado por um pequeno número de termos: é o caso das oposições polares de quatro termos (grupo II); apesar de fechadas como as oposições alternativas, são mais ricas que estas, edificadas que são ao mesmo tempo a partir de uma célula (termos polares) e de um esboço de arranjo combinatório (termo neutro e termo complexo); nesse sentido, as três variantes de posição talvez deem as melhores oposições imagináveis; a variante (por exemplo: *direito /esquerdo/no meio/na largura*) é aí inteiramente saturada, ou seja, sua estrutura (em dado estado mental) exclui a invenção de um novo termo (o que não seria o caso para as oposições seriais); nesse caso, o código indumentário é absolutamente seguro, a não ser que haja mudança do próprio sistema da língua, ou seja, do recorte da realidade (por exemplo, subversão das noções de *direita* e *esquerda*). Portanto, pode-se aventar que a excelência de uma oposição decorre menos do número de seus termos constitutivos (desde que esse número seja reduzido, ou seja, memorizável) do que da perfeição de sua estrutura. É por isso que as oposições seriais têm um rendimento sistemático menos satisfatório que as outras; a série é um objeto inestruturado, talvez seja mesmo uma antiestrutura; e se, apesar disso, as oposições seriais do código indumentário têm eficácia semântica, é porque de fato a série sempre coincide com certa polarização dos termos (*apertado/frouxo*); se essa polarização for impossível, a série se tornará totalmente anômica (*fixado/costurado/amarrado/abotoado* etc.): é evidente que o que ameaça – e às vezes abala – a solidez estrutural dos sistemas de oposições é a proliferação das espécies – ou seja, a língua; uma série anômica como a da variante de fixação está muito próxima de uma simples lista de espécies; portanto, não poderia haver aí outra estruturação rigorosa que não fosse a do léxico: a análise estrutural do código indumentário está então carente, uma vez que a semântica estrutural ainda está em exame[11]. Chegamos aqui à extrema ambiguidade dos sistemas translinguísticos, ou seja, dos sistemas cuja significação passa pela intermediação da língua; essa ambiguidade reproduz a duplicidade do sistema linguístico: a língua é realmente um sistema digital (com forte dominante binária) no nível das unidades distintivas (fonemas), mas esse binarismo já não é constitutivo no nível das unidades significativas (monemas), o que dificultou, até agora, a estruturação do léxico; da mesma maneira, o código indumentário parece dividido entre oposições binárias (mesmo que estas sejam compostas) e paradigmas seriais; mas, enquanto na língua esse conflito é resolvido pelo desdobramento da articulação, que possibilita, digamos, desmembrar o distintivo do combinatório, no código indumentário, cujas oposições binárias sofrem eventualmente concorrência das nomenclaturas (seriais) provenientes da língua, ele permanece aberto. No estado atual

....

11. L. Hjelmslev, *Essais linguistiques*, p. 96 ss.

dos inventários semiológicos, é difícil dizer se essa defecção (parcial) do binarismo põe em xeque fundamentalmente a universalidade (pressuposta por alguns) do digitalismo[12] ou se apenas remete a certo momento da história das formas (o nosso): o binarismo talvez seja uma propriedade histórica das sociedades arcaicas; nas sociedades modernas – onde, aliás, o sentido sempre tende a desaparecer por trás da "razão", e a forma, por trás do conteúdo –, ele, ao contrário, tenderia a mascarar-se e a deixar-se superar pela linguagem.

III. Neutralização do significante

11.8. Condições da neutralização

As oposições sistemáticas serão inalteráveis? A oposição entre *pesado* e *leve*, por exemplo, será sempre significante? De modo algum. Sabe-se que, mesmo em fonologia, algumas oposições podem perder o caráter pertinente, de acordo com o lugar ocupado pelos fonemas na cadeia falada[13]; em alemão, por exemplo, a oposição distintiva d/t (*Daube/Taube*) deixa de ser pertinente no fim das palavras (*Rad = Rat*); diz-se que ela é *neutralizada*. O mesmo ocorre em Moda; num enunciado como

---

12. Sobre os fundamentos fisiológicos do binarismo, ver V. Bélévitch, *op. cit.*, p. 74.
13. A. Martinet descreve assim a neutralização *(Trav. de l'inst. de linguistique,* Paris, Klincksieck, 1957, II, pp. 7-8): *"Fala-se de fonologia de neutralização quando, num contexto definido em termos de fonemas, de traços prosódicos (suprassegmentais) e de limites entre elementos significantes (junturas), se mostra inútil a distinção entre dois ou vários fonemas que sejam os únicos a possuir certas características fônicas."*

eis o linho, leve ou pesado, percebe-se que uma oposição costumeiramente significante (*pesado/leve*) se torna explicitamente insignificante. Como? Com a submissão dos dois termos da oposição a um único significado; pois está claro que em: *cardigã esporte ou formal, gola aberta ou fechada*, a oposição entre *aberto* e *fechado* escapa à neutralização porque há dois significados (*esporte/formal*); no primeiro caso, a disjunção (*ou*) é inclusiva; no segundo, é excludente.

11.9. *Papel do arquivestema*

Voltando mais uma vez ao modelo fonológico, sabe-se que os dois termos de uma oposição pertinente, mas neutralizável, se confundem durante a neutralização naquilo que se chama de arquifonema; assim, na oposição o/ɔ (*botté/beauté**), que costuma ser neutralizada em fins de palavras em benefício do ɔ (*pot/peau*)[14], o ɔ se torna o arquifonema da oposição. De maneira semelhante, uma oposição indumentária só pode ser neutralizada em benefício, digamos, de um arquivestema; em *leve/pesado*, o arquivestema é o peso (*eis o pano, qualquer que seja seu peso*); mas aqui o fenômeno indumentário se afasta do modelo fonológico; a oposição fonológica é definida por uma diferença de marca: um termo é marcado por certo caráter (traço pertinente), e o outro, não; a neutralização não ocorre em benefício do termo livre, mas sim de um termo genérico; ora, nem

---

* Ambos são pronunciados "botê". [N. da T.]
14. Para 67% dos franceses. Cf. A. Martinet, *La Prononciation du français contemporain*, Paris, Droz, 1945. [Ambos são pronunciados "pô".]

todas as oposições indumentárias se submetem a essa estrutura; as oposições polares, em particular, são de estrutura acumulativa; de *pesado* a *leve* sempre há "peso"; em outras palavras, neutralizada a oposição, o peso continua mantendo certa existência conceitual. Isso explica por que, de onde quer que ele provenha (de oposições alternativas, polares ou seriais), o arquivestema exerce certa função: a neutralização não é indiferente: constitui uma redundância (pois o linho de qualquer maneira tem certo peso), mas essa redundância não deixa de ter consequências para a inteligibilidade da mensagem: a insignificância final do traço (*leve ou pesado*) desvia de alguma maneira o efeito do sentido para o elemento que o precede; em *eis o linho, leve ou pesado*, é o linho que significa, e a variante efetiva é a asserção de espécie[15]; mas essa asserção, digamos, é acentuada pelo fato de ser seguida de um enunciado de indiferenciação: seja qual for o peso, é o linho que significa; e, em suma, o arquivestema tem a função de atar com mais força o enunciado devido ao contraste entre uma variante plena (asserção de espécie) e uma variante postiça, ao mesmo tempo enunciada e evitada; esse é, sem dúvida, um fenômeno de ordem retórica, mas percebe-se que no próprio código indumentário há um valor estrutural; a expressão da neutralização dá ênfase especial ao restante do enunciado; em *este mantô de viagem é usado com ou sem cinto*[16], a neutralização da variante de existência (*com ou*

....
15. \ O linho (leve ou pesado) /
    OSV   neutr.
16. \ Este mantô com ou sem cinto ≡ viagem /
    OSV   neutr.

sem) reforça perceptivelmente o apoditismo do significante (*este* mantô), para além da própria matriz (*mantô*), o *shifter* (*este*) credita um acréscimo de sentido na imagem à qual remete.

IV. Redução sistemática da espécie: rumo ao vestuário real

11.10. Para além da regra terminológica: variantes investidas

Vimos várias vezes como a língua, ao intermediar o código indumentário por meio das nomenclaturas abertas de espécies, embaraça a estruturação do vestuário escrito; esse embaraço certamente não é insignificante, pois designa uma tensão constitutiva das sociedades humanas, divididas entre realidade e linguagem; foi mesmo para respeitar essa tensão que acreditamos ser preciso até agora fazer o inventário do vestuário de Moda sem fugir jamais da regra terminológica, ou seja, sem ir buscar por trás do vocábulo os traços reais pelos quais o objeto nomeado pode ser composto. No entanto, o inventário das variantes possibilita abordar uma análise nova das espécies, pois doravante se pode esperar reduzir sistematicamente cada espécie a um suporte provido de uma ou de diversas variantes implícitas[17]: uma minissaia, por exemplo, nada mais é do que uma saia provida constitutivamente da variante de comprimento (*saia • curta*[18]). Essa análise decerto só pode ser margi-

---

17. Variantes implícitas ou investidas.
18. Já vimos que frequentemente a espécie (*um casaco três-quartos, uma camisa esporte*) é constituída pela solidificação de uma antiga variante (comprimento) ou de um antigo significado (esporte), de algum modo fossilizados no nome da espécie.

nal ao sistema da Moda escrita por exigir a transgressão da regra terminológica ao decompor o objeto nomeado em traços inominados; o interesse despertado por essa análise, porém, é evidente, e aqui é preciso esboçá-la em termos indicativos porque, se tentarmos realizar uma redução sistemática das espécies (revelando as variantes que estão investidas em cada espécie), abriremos passagem do vestuário escrito ao vestuário real: portanto, o que está em causa é a análise estrutural do vestuário real. Para esse esboço escolheremos dois gêneros especialmente ricos em espécies (logo, aparentemente refratários à estruturação), o material e a cor, e tentaremos ordenar a massa de suas espécies em termos significantes.

11.11. Classificação semântica das espécies de materiais

Como classificar, *do ponto de vista do sentido indumentário*, as espécies de materiais? Proporemos aqui o seguinte itinerário operacional. O primeiro passo consiste em reconstituir grupos sinonímicos de espécies, no nível do *corpus* em seu todo, pondo num mesmo grupo todos os significantes que remetam a um único e mesmo significado; teremos, por exemplo:

Grupo I: *Habillé* ≡ *musselina, seda, xantungne.*
Grupo II: *Inverno* ≡ *pele, lã.*
Grupo III: *Primavera* ≡ *crepe da China, lãzinha, jérsei.*
Grupo IV: *Verão* ≡ *popeline, tussor, seda, linho, algodão* etc.

O segundo passo baseia-se na seguinte constatação: a semântica de Moda é tão fluida, que costumeiramente o significante de um grupo pertence também a outro grupo: *seda*, por exemplo, faz parte do grupo I e do grupo IV; prosseguindo na comparação linguística, diremos que o significante comum a vários grupos certamente não tem o mesmo *valor* aqui e ali, assim como dois sinônimos da língua; formalmente, porém, há razões para reunir numa espécie de área única todos os grupos que se intercomunicam por pelo menos um significante comum; eles formam uma rede de espécies vizinhas, pela qual circulam sentidos, se não idênticos, pelo menos afins: há demonstração recíproca de afinidade dos significantes entre si e dos significados entre si. Ora, não só essas áreas são vastas, como também (no caso dos materiais) todas as espécies recenseadas podem dividir-se em duas grandes áreas afins, ligadas por uma relação de oposição binária, pois a divisão das áreas ocorre quando elas já não se comunicam, ou seja, quando o sentido já não passa de uma à outra; todas as espécies de material, portanto, se organizam numa oposição única; do lado dos significados, a pertinência (ou seja, o sentido) opõe um campo no qual dominam os conceitos de *habillé* e de *verão* a um outro campo no qual dominam os conceitos de *viagem* e de *inverno*; do lado dos significantes, a oposição passa entre *linhos*, *algodões*, *sedas*, *organzas*, *musselinas* etc. e *popelines*, *tecidos de lã*, *tweeds*, *veludos*, *peles* etc. Só isso? Não será possível reduzir a oposição que acabamos de descobrir ou pelo menos restringi-la a uma oposição conhecida (pois, por ora, aí não discernimos nenhuma variante recenseada)? Mais uma vez, a prova de comutação deverá guiar-nos; ela obriga a reconhecer *o menor ele-*

mento cuja variação provoque a passagem de uma área para a outra, ou seja, de um sentido para o outro. Ora, as duas áreas tendem claramente uma para a outra, no nível de certa espécie, a *lã*, que é comum às duas áreas, com *uma única diferença*; e é essa diferença, a menor que se possa identificar, que constituirá toda a oposição de sentido: na área I, a lã é *fina*; na área II, é *grossa*. Segue-se que, de um ponto de vista significante, todas as espécies de material acabam por organizar-se numa oposição do tipo *fino/grosso* ou, para sermos mais exatos – como se trata de tecidos, e não de formas –, *leve/pesado*: essa oposição é bem conhecida, é a oposição da variante de peso. Portanto, somos levados a reconhecer que nas espécies de material, por mais numerosas que elas sejam, o sistema investe essencialmente uma única variante: o peso; portanto, se ultrapassarmos a regra terminológica, o que significa é o peso, e não a espécie. Desde que aceitemos recensear o implícito, deveremos admitir que a espécie não é a última unidade significante; uma mesma espécie, por exemplo, pode ser dividida pela variante: o sentido passa para *dentro* da espécie *lã*[19]. Ademais, como se trata de uma alternância, não está excluída a possibilidade de às vezes se encontrar registrado o termo neutro (nem fino, nem grosso, nem leve, nem pesado): esse é o *jérsei,* significante amor-

---

19. Temos também: *algodão (I) / algodão encerado (II)*. *Encerado*, raro, parece implicar uma variante de relevo (liso, sem relevo) e induziria a pensar, em última análise, que o próprio peso remete a uma ideia de *fechamento* ou *abertura* do material, noções ambivalentes, pois convêm igualmente à satisfação de necessidades cenestésicas (calor) e de valores eróticos (transparência).

fo, móvel, que pode circular de uma área à outra; remete naturalmente a um significado "pansêmico" (*serve para tudo*).

11.12. Classificação semântica das espécies de cores

O mesmo se pode dizer sobre a cor. As espécies (aparentemente numerosíssimas) organizam-se também em duas áreas opostas, que podem ser reconstituídas de acordo com o mesmo itinerário metódico usado no material, reunindo uma a uma as espécies sinonímicas. Também neste caso, o sentido não separa duas cores-tipo, como se poderia imaginar (por exemplo, branco e preto), mas duas qualidades; sem levar em conta a natureza física das cores, ele põe de um lado da oposição as cores *vivas*, *claras*, *francas*, *brilhantes*, e do outro, as cores *escuras*, *sombrias*, *apagadas*, *neutras*, *pálidas*; em outras palavras, a cor não significa por sua espécie, mas apenas pelo fato de ser marcada ou não; portanto, temos mais uma vez uma variante conhecida que se investe nas espécies de cores para separá-las semanticamente: a marca[20]. Já sabemos que *de cor* ou *colorido* não denota a presença da cor, mas, de maneira enfática, a sua marca; por isso, assim como o peso pode dividir uma mesma espécie de tecido (lã), também a marca pode dividir uma mesma espécie de cor: o *cinzento* pode ser claro ou escuro, e essa oposição é significante, e não o cinzento em si. A oposição semântica, portanto, pode perfeitamente contradizer ou esquecer os contrários de cores formulados pelo senso comum: em Moda, *preto*

....
20. Essas observações parecem coincidir com as da etnologia (cf. Cl. Lévi-Strauss, *La pensée sauvage*, p. 79).

é uma cor plena, marcada, em suma, é uma cor *colorida* (associada naturalmente ao *habillé*); portanto, não pode opor-se semanticamente ao *branco*, que está na mesma área do marcado[21].

11.13. Suportes implícitos: espécies redutíveis e espécies simples

Nada indica que se possa reduzir todos os gêneros ao jogo de uma variante singular com tanta facilidade quanto o material e a cor. Pelo menos existe a certeza de que uma espécie sempre pode ser definida pela combinação de um suporte simples e de algumas variantes implícitas. Em outras palavras, a espécie nada mais é que o atalho nominal que economiza o enunciado de uma matriz completa. O que é um suporte simples? É uma espécie que se pode decompor com a ajuda das variantes conhecidas; seria possível dar a essas espécies irredutíveis o nome de espécies epônimas, pois são elas que, em geral, servem para designar o gênero do qual fazem parte: *blusas, casacos, coletes, mantôs* etc.; essas espécies genéricas prestam-se facilmente a variantes explícitas *(uma blusa leve, um casaco acinturado)*, e basta dar um nome novo a esses sintagmas para criar novas espécies: uma saia curta será uma *minissaia*; um chapéu sem copa e sem abas, se flexível, será um *bandó* etc.; assim, quanto mais particular a espécie, mais redutível ela será; quanto mais geral, menos poderá ser decomposta, mas também será mais fácil encontrá-la como suporte implícito nas espécies redutíveis.

....
21. Sabe-se que na Idade Média as cores vivas (e não esta ou aquela cor) custavam caro, funcionavam como bem de troca ou de presente (G. Duby e R. Mandrou, *Histoire de la civilisation française*, Armand Colin, 1959, 2 vol., 360-383 p.).

| **capítulo 12** | SINTAGMA

*Blusas estilo Califórnia, gola ampla, gola aberta,
gola pequena, gola militar.*

I. O traço de moda

12.1. Relação sintática e associação sintagmática

Em Moda, a sintaxe que une as unidades significantes é uma forma livre: o que encadeia certo número de matrizes num único enunciado é a relação de simples combinação; em *vestido de algodão, com axadrezados vermelhos e brancos*[1], seis matrizes são interligadas por uma relação que não tem equivalente na sintaxe verbal, de cujo caráter homográfico já falamos[2]. No

---

1. \ Vestido de algodão com axadrezados vermelhos e (axadrezados) brancos /
\ O   SV /   \ O   SV /   \ O   SV /
                        \ OS1   V   S2 /
   O   V   S

2. Cf. *supra*, 6, 11.

interior da matriz, ao contrário, a relação sintagmática é constrita; é uma relação de interdependência ou de dupla implicação que une objeto, suporte e variante. Sendo livre e infinitamente combinatória, a sintaxe de Moda escapa a qualquer inventário; a matriz, por sua vez, é um sintagma finito, estável e recenseável; e, visto que a distribuição da substância indumentária entre seus elementos é regular, pois os suportes e os objetos são preenchidos pelos gêneros, e visto que a variante é imaterial, segue-se que o traço de Moda (união entre gênero e variante) tem importância ao mesmo tempo metódica e prática, motivo pelo qual não entendemos aqui por associação sintagmática a sintaxe das matrizes, mas sim a união entre gênero e variante; o traço se presta a inventário, constitui uma unidade de análise cujo manejo possibilita dominar a massa dos enunciados da revista e postular uma recensão regular dos fenômenos de Moda; por outro lado, estando preenchido por substância, o traço obedece a injunções que já não são lógicas, mas provêm da própria realidade, seja ela física, histórica, ética ou estética: em suma, no nível do traço, a relação sintagmática se comunica com dados sociais e técnicos; ela é a sede do sistema geral da Moda pelo qual o mundo se investe no sentido, porque é a realidade que, através do traço, dita as probabilidades de aparecimento do sentido. A relação sistemática, ao que parece (ainda que a discussão sobre o binarismo continue aberta), remete a uma memória, em todo caso a uma antropologia; a relação sintagmática, por sua vez, remete sem dúvida a uma "práxis": isso indica sua importância.

12.2. Impossibilidades de associação

Alguns traços são possíveis, outros não, em virtude de certas determinações de fato, pois é apenas a substância (dos gêneros e das variantes), e não a lei de Moda, que regra as possibilidades de aparecimento do traço. Portanto, quais são, em geral, as impossibilidades de associação entre gênero e variante, pelo menos as que podem ser afirmadas numa cultura como a nossa[3]? Há, primeiramente, as impossibilidades de ordem material: um elemento excessivamente tênue ou filiforme por natureza (uma alça, uma costura) não pode receber a variante de forma; um elemento circular não pode ser longo; e, de maneira mais geral, em todos os elementos que são inteiramente parasitas de outro elemento (*forros, lados, cintura, anáguas*) ou do próprio corpo (*meias*), a associação entre o gênero e algumas variantes é até certo ponto inútil e se furta à variação do *notado: as costas* (como parte do vestuário) não pode ter peso independentemente da peça da qual faz parte; *meias* não podem ter forma própria. Em segundo lugar, há impossibilidades morais ou estéticas: certo número de peças ou partes de peças (*blusas, calças, frentes*) não pode ser submetido à variante de existência, pois ainda não é permitido despir o peito ou o tronco; as costas não podem ser salientes, uma roupa não pode ser "sem linha", em razão dos interditos estéticos provenientes da própria cultura (e não só da Moda), ou mesmo de certos interditos "psicológicos": as meias não podem ser "caídas", pois seriam vistas

---

3. Sobre a relatividade histórica das impossibilidades, cf. *infra,* 12, 4.

como indício de relaxo e negligência[4]. Há enfim impossibilidades institucionais; nesse caso, o estatuto do gênero lhe impossibilita certas associações (um casaco, protetor por função, não pode ser transparente; um acessório se nega à variação de mobilidade, pois sempre é móvel; uma peça principal não pode ser orientada, pois ela é o campo de orientação), ou melhor, sua definição: um cardigã não tem a liberdade de ser fendido ou não, pois é precisamente sua fenda mediana que o define (por oposição ao suéter); como vimos[5], os elementos que não são divididos nem móveis não precisam ser fixados; em todos esses casos, que são numerosos, a associação é impossível porque seria de algum modo pleonástica; portanto, a própria economia da informação exclui certas associações. E, como a definição da peça está, em suma, implicada no seu nome, é afinal a língua que frequentemente rege as impossibilidades de aparecimento do traço; a injunção sintagmática, então, só poderia ceder se a língua modificasse suas nomenclaturas[6].

12.3. Liberdade de alternativa

Como se viu muitas vezes, o sentido só pode nascer de uma variação. Todas as impossibilidades de associação levam a sub-

....

4. Está claro, no entanto, que uma mania – ou seja, literalmente, uma "moda" – pode conferir a um fato relativo ao traje, como a negligência, o valor institucional de um signo (por exemplo, na roupa dos adolescentes).
5. Cf. *supra*, 9, 20.
6. A linguística conhece naturalmente o problema das associações impossíveis; encontra-se uma análise de incompatibilidade sintagmática em: H. Mitterand, "Observations sur les prédéterminants du nom" [Observações sobre os predeterminantes do nome], in *Études de linguistique appliquée*, n.º 2 (Didier), pp. 128 ss.

trair à variante sua possibilidade de variação e, assim, a destruir o sentido. Portanto, é sem dúvida o sintagma que regula o poder do sistema, e o rendimento sistemático de uma variante[7] depende da margem de liberdade que lhe é concedida pela associação sintagmática, ou seja, pelo traço: por essa razão foi possível dizer (aqui mesmo) que o sentido é sempre produto de uma liberdade vigiada. Portanto, para cada traço há uma margem ideal de liberdade; por exemplo, para que uma peça se preste à variante de artifício (ou seja, possa ser "imitada"), é preciso que sua definição não seja vaga demais, e que sua função não seja restritiva demais: o acessório é demasiado impreciso, e os sapatos, demasiado necessários para que ambos tenham a liberdade de ser "falsos". O ideal, portanto, se situa tão longe da liberdade total quanto da liberdade nula: uma peça informe (liberdade total) e uma peça absolutamente conformada (liberdade nula) não podem prestar-se à variante de forma. De fato, a maior probabilidade que um gênero pode ter de associar-se a uma variante está em conter essa variante implicitamente, mas apenas de modo um tanto embrionário: uma saia se presta facilmente às variações de forma porque já tem em si certa forma, mas essa forma ainda não é institucional. O sentido, para nascer, explora assim certas virtualidades da substância; portanto, ele pode ser definido como a captura de uma situação frágil, pois, se se realizar prematuramente, a virtualidade da substância formará de imediato uma espécie nomeada,

....

7. Cf. *supra*, 11, 7.

e a variante se furtará; se a mobilidade se investir cedo demais na reunião de duas peças, teremos uma espécie chamada *duas-peças*, que já não tem a liberdade de prestar-se à variante de mobilidade porque é móvel por definição.

12.4. Reserva de Moda e reserva de história

A substância, portanto, determina duas grandes classes de associações de gênero e variante: possíveis e impossíveis; essas duas classes correspondem a duas reservas de traços. A reserva dos traços possíveis constitui a reserva de Moda propriamente dita, pois é nessa reserva que a Moda haure as associações com as quais ela faz o próprio signo de Moda; contudo, trata-se apenas de uma reserva: como a variante comporta vários termos, a Moda atualiza um único deles por ano; os outros, mesmo participando do *possível*, estão *interditos*, pois designam o *fora-de-moda*. Percebe-se por aí que o interdito é, por definição, possível: o que é impossível (diremos excluído) não pode ser interdito. Para mudar, portanto, a Moda alterna os termos de uma mesma variante, nos próprios limites das associações possíveis; por exemplo, às *saias longas* sucedem-se *saias curtas*; à *linha evasê*, a *linha reta*; e a associação desses gêneros e dessas variantes é possível em todos os casos; portanto, um inventário permanente da Moda deveria tratar apenas dos traços possíveis, visto que a rotatividade das formas de Moda sempre diz respeito apenas aos termos da variante, e não às próprias variantes. No entanto, nem por isso os traços excluídos do inventário de Moda, que correspondem aos sintagmas impossíveis, são irrecuperáveis, pois as impossibilidades de associação, embora imperativas em escala de dada cultura, não os são em escala mais vasta: nenhuma delas é universal nem eterna; uma cultura diferente da nossa poderia admitir que as blusas fossem transparentes, e as costas, salientes; outra língua poderia decidir que os cardigãs não seriam peças fendidas por definição; em outras palavras, o tempo pode tornar possíveis associações hoje excluídas; o tempo pode reabrir sentidos fechados de longa data, ou mesmo desde sempre; a classe dos traços impossíveis forma, pois, uma reserva, mas essa reserva já não é a reserva de Moda; é, digamos, reserva de história. É concebível que, para haurir nessa reserva, ou seja, para tornar possível uma associação impossível, seja preciso outra força, que não a da Moda, pois já não se trata de realizar a passagem de um termo a outro dentro de uma mesma variante, mas a subversão de tabus e definições que a cultura transformou numa verdadeira natureza. A observação dos traços indumentários possibilita, assim, distinguir e definir estruturalmente três momentos: Moda atual, Moda virtual e história. Esses três momentos desenham certa lógica do vestuário; o traço atualizado pela Moda do ano é sempre objeto de notação, e sabe-se que em Moda o *notado* é *obrigatório*, sob pena de se incorrer na condenação associada ao fora-de-moda; os traços virtuais que participam da reserva de Moda não são objeto de notação (visto que a Moda nunca fala do *fora-de-moda*), constituem a categoria do *interdito*; por fim, os traços impossíveis (que, como vimos, são na realidade históricos) são *excluídos*, expulsos do sistema da Moda; encontramos aí uma estrutura conhecida da linguística: a marca (o objeto de notação), a ausência de marca (o interdito) e aquilo que está situado fora da pertinência (o excluído), mas a estrutura do vestuário – e essa é sua originalidade – tem consistência diacrônica; opõe a atualidade (a Moda) a uma diacronia relativamente curta (a reserva de Moda) e deixa fora do sistema a longa duração:

Estrutura do traço	*Exemplo*	*Diacronia*	*Duração*	*Categoria lógica*
1. Gênero + um termo de uma variante possível	Neste ano, triunfa a linha evasê	Moda atual	Um ano	Obrigatório
2. Gênero + todos os termos de uma variante possível	Linha: reta/ redonda/ cúbica etc.	Reserva de moda	Curta duração	Interdito
3. Gênero + uma variante impossível	Mangas fendidas	Reserva de história[8]	Longa duração	Excluído

---

8. Sabe-se que a Idade Média conheceu mangas fendidas.

| *Sintagma* |

II. Rendimento sintagmático

12.5. *Definição sintagmática de um elemento: "valências"*

Gêneros e variantes podem – ou não podem – associar-se de acordo com regras oriundas do mundo (ou seja, da história); a partir daí, pode-se considerar cada gênero e cada variante como dotados de certo poder associativo, que será medido pelo número de elementos contrários aos quais eles podem associar-se para produzir um traço significante; chamaremos de *valências* (no sentido químico do termo) as relações de associação de um elemento; se a associação for possível, a Valência será positiva; se a associação for excluída, a Valência será negativa. Cada elemento (gênero ou variante) é estruturalmente definido por certo número de valências: assim, o gênero *cor* comporta 10 valências positivas e 20 valências negativas, e a variante flexibilidade, 34 valências positivas e 26 valências negativas[9]. Portanto, todo gênero, assim como toda variante, é de certa forma definido pelo número de suas valências, pois esse número mede de algum modo seu grau de exposição ao sentido; ao se reconstituir, para cada gênero e cada variante, o mapa de suas ligações sintagmáticas, estabelece-se uma verdadeira ficha semântica, com um poder definicional tão seguro quanto uma rubrica lexicográfica, embora essa ficha não comporte nenhuma alusão ao "sentido" do elemento. Paralelamente a um léxico ordinário da Moda (*tussor* ≡ *verão*), pode-se então ima-

---

9. Cabe lembrar que o *corpus* estudado revelou 60 gêneros e 30 variantes.

ginar um verdadeiro léxico sintagmático, que em cada elemento daria os pormenores de suas associações possíveis e excluídas. Assim seriam obtidos "*mapas*" de afinidades combinatórias que teriam valor definicional:

ACESSÓRIO: *Possível:* Existência, Falta, Peso etc.
Excluído: Forma, Ajuste, Movimento etc.
ARTIFÍCIO: *Possível:* Acessório, Fecho, Basque etc.
Excluído: Meias, Pulseira etc.

Tal léxico, que poderíamos chamar de léxico estrutural, teria pelo menos tanta importância quanto seu vizinho lexicográfico, pois é nele que a Moda recolhe seu sentido, ou seja, seu ser, bem mais do que numa tabela de significados arbitrários, contingentes e frequentemente de existência retórica. Repetimos, é no nível desses paradigmas sintagmáticos que o mundo, a realidade, a história se investem no sistema significante: antes de mudar de sentido, os signos mudam de entorno, ou melhor, é modificando suas relações sintagmáticas que eles mudam de sentido. A história, a realidade, a práxis não podem agir diretamente sobre um signo (uma vez que esse signo, apesar de imotivado, não é arbitrário), mas essencialmente sobre suas ligações. Ora, na Moda escrita, esse léxico sintagmático está ao alcance (pois o número de gêneros e variantes é razoavelmente finito): evidentemente, é ele que deve servir de base para esse inventário perpétuo da Moda, sem o qual a difusão dos modelos de Moda na sociedade real (objeto da sociologia da Moda) escapará a qualquer análise.

12.6. Princípio do rendimento sintagmático

Confrontar todos os mapas sintagmáticos fornecidos pelo inventário é comparar o poder semântico dos gêneros e das variantes; pois é evidente que um gênero provido de um número elevado de valências positivas (a *aba*, por exemplo) tem mais probabilidades de significar do que um gênero no qual esse número é pequeno (o *broche*, por exemplo). Aqui daremos o nome de *rendimento sintagmático* ao grau de exposição do elemento ao sentido, medido pelo número de suas valências; diremos, por exemplo, que a oposição *longo/curto* tem rendimento forte, porque pode ser aplicada a grande número de gêneros. Cabe ressaltar que temos aí uma avaliação, digamos, estrutural, e não propriamente estatística, embora ela ponha em jogo números (na verdade, muito simples: no máximo se trata de uma contabilidade); o que se conta não é o número de ocorrências reais de uma relação sintagmática no *corpus* estudado, mas sim encontros principiais, estatutários; pouco importa (pelo menos por ora) encontrar cem vezes nas revistas de Moda um traço como *blusa leve*; se o peso é uma variante rica, essa riqueza não se deve a essa repetição totalmente empírica[10], mas ao número elevado de gêneros que essa variante pode afetar.

---

10. O número de ocorrências reais não é indiferente, mas deve ser interpretado do ponto de vista retórico: como toda obsessão, remete ao usuário da linguagem, e não ao próprio sistema: informa sobre a revista, por exemplo, e não sobre a Moda.

12.7. Riqueza e pobreza dos elementos

A riqueza de um elemento, ou seja, o número elevado de suas valências positivas traduz por definição o próprio estado da reserva de Moda, pois a Moda haure a mudança de seus traços nas variantes e nos gêneros que podem associar-se. Em termos de variantes, o possível de Moda é rico, principalmente no nível da asserção de espécie, da marca, do artifício, da asserção de existência, da associação, do tamanho e do peso; quanto aos gêneros, o possível é rico no nível das abas, das pregas, dos fechos, do toucado, das golas, dos adornos e dos bolsos. Portanto, são as variantes de identidade que apresentam as maiores possibilidades de sentido; como essas variantes, sendo sobretudo qualificativas, são as menos técnicas de todas (comparadas, por exemplo, às variantes de medida ou continuidade), pode-se dizer que o desenvolvimento "literário" da Moda é bem sustentado estruturalmente: a Moda tende a "recitar" o vestuário mais do que a fabricá-lo. Quanto aos gêneros que mais se prestam ao sentido, percebe-se que, essencialmente, não são as peças principais, mas as partes de peças (golas ou bolsos) ou elementos acessórios (pregas, fechos, adornos); assim se explica a importância dada pela Moda ao "detalhe" na produção do sentido[11]. A pobreza de um elemento (ou número elevado de valências negativas), ao contrário, corresponde à reserva de história, pois remete às associações menos prováveis, que não poderiam realizar-se sem uma revolução mental ou linguística. As variantes mais pobres são as

---
11. Cf. *infra*, 17, 8.

variantes de posição e de distribuição: há certa imobilidade topológica do vestuário, e é na orientação dos elementos que a revolução do vestuário seria mais perceptível. Nos gêneros mais pobres, encontram-se elementos secundários, como o lado, as costas ou as meias, mas também elementos importantes para a Moda, como o material ou a cor; esse paradoxo aparente leva a fazer uma distinção entre a força e a extensão do sentido.

12.8. Extensão ou força do sentido?

Força e "extensão" do sentido, na verdade, estão em relação inversa, visto que a extensão da gama combinatória de um elemento, ao banalizá-lo, enfraquece seu poder de informação. Encontra-se a mesma relação inversa ao se passar do rendimento sistemático ao rendimento sintagmático. Quando a associação dos gêneros e das variantes é limitada em extensão em decorrência da pobreza deles, a variação de sentido parece transferir-se intensivamente para o plano sistemático, ou seja, para onde existe grande liberdade de escolha; no caso do *estilo*, por exemplo, a pobreza sintagmática do gênero é de alguma maneira equilibrada pelo rendimento sistemático das poucas variantes às quais esse gênero pode associar-se: a asserção de espécie e a forma, em especial, fornecem ao estilo uma riqueza de variações que explica a importância do gênero na Moda. Isso, portanto, leva a distinguir bem extensão e força do sentido; a força do sentido depende da perfeição da estrutura sistemática[12],

....

12. Cf. *supra*, 11, 7.

ou seja, da estruturação e da memorabilidade dos termos associativos; a extensão do sentido depende de seu rendimento sintagmático; e, como esse rendimento, conforme vimos, é indubitavelmente histórico e cultural, a extensão do sentido traduz o poder da história sobre o sentido; buscando um exemplo na língua, diríamos que o paradigma associativo da palavra "indústria" pode ser responsável pela "precisão" do termo, por seu brilho semântico; mas a associação sintagmática *"Comércio e Indústria"*, participando da extensão do sentido, remete a uma história (o sucesso da expressão data da primeira metade do século XIX). Mudar a Moda implica, pois, vencer resistências muito diferentes, dependendo da ordem visada: sistemática ou sintagmática; se nos ativermos ao plano sistemático, não haverá nenhuma dificuldade em passar de um termo paradigmático a um outro, e é essa a atuação privilegiada da Moda, no sentido restrito da palavra (*saia longa/curta*, segundo o ano); mas modificar o rendimento sintagmático de um elemento, criando uma nova associação (por exemplo, *costas salientes*), é inevitavelmente incidir em instâncias culturais e históricas.

III. Inventário permanente da Moda

12.9. Associação típica

Vimos que a análise do sistema pode conduzir a uma estruturação do vestuário real[13]; do mesmo modo, a análise do

---
13. Cf. *supra*, 11, IV.

sintagma pode fornecer elementos para uma estudo da Moda real (ou "usada"); esses elementos são os traços de Moda que chamaremos de *associações típicas*. Associação típica é um traço (gênero • variante) cuja importância é designada pelo número elevado de ocorrências reais no *corpus*, ou seja, pela banalidade da informação que transmite[14]: *com/sem cinto, cintura marcada ou não, gola redonda ou pontuda, saia longa ou curta, ombros largos ou normais, decote aberto ou fechado* etc. Todas essas expressões, como se sabe, formam estereótipos que retornam incessantemente ao inventário que a própria Moda faz do vestuário por ela escolhido. A associação típica exprime duas economias: por um lado, é resultado de uma seleção representativa: entre traços extremamente numerosos, a Moda escolhe o que se poderia chamar de pontos sensíveis do sentido: a associação típica é a etapa de uma conceituação, permite definir em poucos traços uma essência da Moda: ela é um sentido concentrado; por outro lado, encerrando sempre uma variante cujo jogo paradigmático é perfeitamente livre, o traço típico designa com força o lugar onde se desenvolve a oposição do *na-moda* e *fora-de-moda,* ou seja, a variação diacrônica da Moda: a *saia longa* é escolhida, por um lado, como traço global contra outros traços menos importantes (*saia ampla* ou *suéter longo*) e, por outro, contra o termo contrário de sua variante (*saia curta*): na associação típica, a escolha de Moda é, assim, ao mesmo tem-

---

14. Pode-se dizer que toda repetição insistente de um traço constitui uma associação típica: é determinante a impressão de estereótipo.

po reduzida e plena. Portanto, são as associações típicas que cabe observar quando se quer atingir certo ser da Moda (o que se poderia chamar seus traços obsessivos), bem como a liberdade, portanto os limites, de suas variações (pois na significação toda liberdade é vigiada). A associação típica não tem valor estrutural, pois sua determinação é estatística, mas tem valor prático, e é nisso que ela prepara uma passagem da Moda escrita para a Moda real.

12.10. Moda fundamental

O corpo das associações típicas só é acessível através de certa análise. A própria Moda, porém, pode proceder de modo imediato a um resumo de seus traços e oferecê-lo à leitura de suas consumidoras; essa fórmula é como o *digest* da Moda triunfante (que em geral é a Moda anunciada), a definição abreviada da sincronia, o que se poderia chamar Moda fundamental. Com o nome de *linhas gerais* ou *tendências*, a Moda fundamental compreende um pequeníssimo número de traços, pois é essencial que a fórmula seja memorizável; assim, a Moda 195... é inteiramente definida pelo seguinte *digest*: *soltinhos e macios, casacos compridos, costas oblíquas.* A passagem de uma Moda fundamental para outra (no ano seguinte) pode ser feita de duas maneiras: ou se mantendo a mesma fórmula, mas permutando os termos das variantes envolvidas (*casacos compridos* passarão a ser *casacos curtos*), ou decretando o desaparecimento de certos traços e anotando-se outros novos (*casacos curtos* podem ser substituídos por *cintura alta*); a mudança da fórmula, aliás, pode ser apenas parcial (*o comprimento das saias não muda em relação à última estação*). Os traços envolvidos numa Moda fundamental são com muita frequência chamados *constantes* da Moda; isso quer dizer que a relação entre a fórmula e o restante do inventário é mais ou menos a relação de um tema com suas variações; a Moda fundamental é dada como uma injunção absolutamente geral; é, digamos, a *forma* da Moda; as variações, constituídas pelo conjunto dos enunciados da revista, não correspondem a uma fala individual (esse seria o caso de uma Moda "usada", ou seja, "aplicada"), mas a uma fala inteiramente institucional, como um formulário muito amplo do qual o usuário pode sonhar em extrair uma "conversação" pronta. Encontra-se nessa organização temática o modelo do vestuário real apreendido em sua dimensão histórica mais ampla (por exemplo, o vestuário "ocidental" pode ser também resumido em alguns traços), como se a Moda reproduzisse num espelho redutor, "em abismo", as relações da inspiração fundamental ou padrão permanente (*basic pattern*) postulada por Kroeber a propósito das épocas do vestuário[15].

12.11. *Inventário permanente da Moda*

A própria Moda, portanto, faz uma seleção entre seus traços sincrônicos, seja de um modo mecânico, no nível das as-

---
15. A. L. Kroeber, *apud* J. Stoetzel (*Psychologie sociale*, p. 247), cf. também Cl. Lévi-Strauss, *La pensée sauvage*, p. 119.

sociações típicas, seja de modo reflexivo, no nível de cada moda fundamental. Essa seleção é empírica (embora dependa do sistema em seu todo), portanto introduz naturalmente a um inventário real (e não mais principial) da Moda. Esse inventário deveria ser duplo: relativo ao *corpus* escrito e ao vestuário real (usado). O inventário do vestuário escrito consistiria em registrar e inspecionar a cada ano as associações típicas e as fórmulas da Moda fundamental, para observar as variações que elas apresentam de um ano para o outro; assim, ao cabo de alguns anos, seria possível ter uma ideia precisa da diacronia de Moda, e o sistema diacrônico estaria, enfim, ao alcance[16]. Em outra direção, cada inventário da Moda escrita deveria ser confrontado com um inventário referente ao vestuário real, procurando-se saber se os traços afirmados nas associações típicas e a fórmula fundamental se encontram no vestuário que as mulheres usam realmente, de acordo com que adaptações, omissões e contravenções; a confrontação dos dois inventários deveria possibilitar apreender a velocidade de difusão dos modelos de Moda de uma maneira extremamente fina, desde que o inventário real seja feito em regiões e meios diferentes.

....
16. A fórmula fundamental, evidentemente, lembra os traços essenciais do vestuário feminino considerados por Kroeber em seu estudo diacrônico; o inventário aqui sugerido refere-se a Modas de fraca diacronia.

IV. Conclusão

12.12. Classificação estrutural dos gêneros e das variantes

Para terminar este inventário do significante indumentário, é preciso voltar à importância metódica do sintagma. Vimos que a classificação dos gêneros e das variantes adotada até agora não tinha fundamento estrutural, por se tratar de uma classificação alfabética, no caso dos gêneros, e de uma classificação nocional, no caso das variantes[17]. Os mapas sintagmáticos estabelecidos para cada gênero e cada variante deveriam possibilitar abordar uma classificação estrutural dos elementos, que até o momento seria prematura. Pode-se agora considerar três princípios de classificação, com utilidade diferente. O primeiro consiste em classificar o conjunto dos gêneros do ponto de vista de uma única variante e reciprocamente; agruparemos, por exemplo, numa primeira classe (positiva) todos os gêneros que se associem positivamente à variante de existência e, numa segunda classe (negativa), os que não podem associar-se a ela; trata-se, em suma, de uma classificação interna a cada mapa sintagmático, resultante de uma simples leitura desses mapas; embora parcelar, pois precisa ser refeita a cada mapa, tal classificação poderá ser útil se pretendermos um dia estudar de modo exaustivo (em forma de monografia) o campo diacrônico de um gênero ou de um variante, como por exemplo a transparência do vestuário ou a estrutura histórica

----

17. Cf. *supra*, 8, 7 e 9, 1.

da blusa[18]. O segundo princípio de classificação, baseado no rendimento funcional propriamente dito, consiste em considerar como participante de uma mesma classe todos os elementos que tenham o mesmo número de valências de uma mesma espécie (positivas ou negativas); seriam assim trazidas a lume zonas isométricas de rendimento sintagmático, úteis caso se queira empreender uma história estrutural do vestuário, pois então seria possível seguir ao longo do tempo a estabilidade ou a instabilidade de cada uma dessas zonas. Por fim, em se tratando dos gêneros e supondo-se que se mantenha a ordem das variantes adotada aqui, ao se isolarem de um mapa ao outro os pacotes de gêneros afetados pelas mesmas valências, obter-se-iam grupos de gêneros extremamente coerentes, pois se trataria dos gêneros que se prestam da mesma maneira a certo grupo de variantes; seja o grupo divisão-mobilidade-fechamento-fixação (de cujo caráter especialmente estruturado falamos[19]); em relação a esse grupo, os gêneros *Meias, Copa, Broche, Costura, Gravata* (entre outros) participam de uma mesma classe, visto que nenhum deles pode associar-se a nenhuma das quatro variantes: à afinidade das variantes entre si corresponde, nesse grupo de gêneros, uma comunidade de rejeições. Tal classificação teria a vantagem de apresentar um quadro ordenado das possibilidades e impossibilidades de associação; e,

---

18. Isso supõe uma translação do vestuário escrito para o vestuário real, esboçada em 11, IV, a menos que nos limitemos a fazer que o estudo verse sobre a "poética" do vestuário (cf. *infra*, cap. 17).
19. Cf. *supra*, 9, 20.

ao se especificarem, em sua sutileza, as razões contingentes (oriundas de injunções físicas, morais ou estéticas) dessas impossibilidades e possibilidades, seria possível encontrar afinidades culturais entre gêneros de um mesmo grupo[20].

---

20. Por exemplo: gêneros "parasitas", gêneros-"limite", gêneros "filiformes" etc.

1. CÓDIGO INDUMENTÁRIO
2. ESTRUTURA DO SIGNIFICADO

| **capítulo 13** | UNIDADES SEMÂNTICAS

> *Suéter para as noites frescas de outono
> num fim de semana no campo.*

I. Significado mundano e significado de Moda

13.1. Diferença dos conjuntos A e B: isologia

Antes de estudar o significado do código indumentário, cabe lembrar[1] que os enunciados da significação são de duas espécies: aqueles nos quais o significante remete a um significado explícito e mundano (conjuntos A: *tussor* ≡ *verão*) e aqueles nos quais o significante remete de maneira global a um significado implícito, que é a Moda da sincronia estudada (conjuntos B: *um bolero curto, justo* = *[Moda]*). A diferença dos dois conjuntos está no modo de aparecimento do significado (vimos que a estrutura do significante é a mesma nos dois casos:

....
1. Cf. *supra*, 2, 3 e 4.

sempre o vestuário escrito); nos conjuntos A, ao contrário do que ocorre na língua, o significado dispõe de uma expressão própria (*verão, fim de semana, passeio*); essa expressão é sem dúvida formada pela mesma substância do significante, pois aqui e lá temos vocábulos; mas esses vocábulos não são os mesmos; participam do léxico do vestuário, no caso do significante, e do léxico do "mundo", no caso do significado; pode-se então tratar aqui livremente o significado em separado do significante e submetê-lo a uma tentativa de estruturação, pois ele é intermediado pela língua; ao contrário, nos conjuntos B, o significado (a Moda) é dado ao mesmo tempo que o significante; ele em geral não dispõe de nenhuma expressão própria; portanto, em seus conjuntos B, a Moda escrita coincide com o modelo linguístico, que também sempre dá seus significados "sob" seus significantes; seria possível dizer que, em tais sistemas, o significante e o significado são isólogos, porque "falados" ao mesmo tempo; a isologia em geral torna muito difícil a estruturação dos significados, pois não é possível "descolá-los" de seus significantes (a não ser que se recorra a uma metalinguagem), como certamente provam as dificuldades da semântica estrutural[2]; mas, mesmo no caso dos conjuntos B, o sistema da Moda não é o da língua; na língua, há pluralidade de significados; na Moda, toda vez que há isologia, trata-se do mesmo significado: a Moda do ano e todos os significantes dos conjuntos B

---

2. Dificuldades ressaltadas por todas as sínteses sobre a questão (Hjelmslev, Guiraud, Mounin, Pottier, Prieto).

(traços indumentários), em suma, não passam de formas metafóricas. Segue-se que o significado dos conjuntos B escapa a qualquer estruturação. O que se deve tentar estruturar é apenas o significado dos conjuntos A (significados mundanos e explícitos).

II. Unidades semânticas

13.2. Unidades semânticas e unidades lexicais

Para estruturar os significados dos conjuntos A (os únicos de que trataremos doravante), evidentemente é preciso dividi-los em unidades irredutíveis. Por um lado, essas unidades serão *semânticas*[3] por provirem de um recorte do conteúdo; mas, por outro lado – como ocorre com o significante –, elas só poderão ser atingidas por meio de um sistema, a língua, que tem expressão e conteúdo próprios: *fim de semana no campo* é realmente o significado de um signo indumentário cujo significante é dado adiante (*suéter de lã grossa*), mas é também o significante (frase) de uma *proposição* linguística. As unidades semânticas, portanto, serão verbais, mas nada obriga que elas sempre tenham a dimensão do vocábulo (ou do monema): de direito, não precisam coincidir com as unidades lexicais. E, como

---
3. De acordo com a distinção de A.-J. Greimas, que adotaremos aqui ("Problèmes de la description..." [Problemas da descrição...], *Cahiers de lexicologie*, 1, p. 48), *semântica* será termo reservado ao plano do conteúdo, e *semiologia*, ao plano da expressão; a distinção aqui é não só válida como necessária, pois nos conjuntos A há ausência de isologia.

o que interessa ao sistema da Moda é seu valor indumentário, e não seu valor lexical, em última análise não precisamos nos preocupar com seu sentido terminológico: *fim de semana* certamente tem um sentido (é a parte final e ociosa da semana), mas podemos fazer abstração desse sentido e ver nele apenas o significado de *suéter*. Essa distinção é importante, pois permite prever que será preciso rejeitar qualquer classificação ideológica das unidades semânticas (por afinidades conceituais[4]), a menos que essa classificação coincida com uma classificação estrutural oriunda da análise do próprio código indumentário.

13.3. *Unidades significantes e unidades semânticas*

Na língua, certas unidades do significado estão perfeitamente ligadas a certas unidades do significante, pois há isologia: dividindo-se um enunciado do significante em unidades mínimas (unidades significativas), definem-se unidades de significados concomitantes[5]. Mas, em Moda, o controle do significante não pode ser tão determinante; é frequente que combinações de matrizes (e não uma única matriz) abranjam um único significado terminologicamente indecomponível (reduzido a um único vocábulo): a unidade do significante (matriz OSV) não pode designar a unidade semântica. De fato, no sistema da Moda é a unidade da relação (ou seja, da significação)

---

4. Por exemplo, a classificação de Von Wartburg e Hallig, já citada.
5. Essas unidades de significados, porém, não são obrigatoriamente mínimas, pois é possível decompor a maioria dos lexemas em semas.

que é injuntiva: a um significante total corresponde um significado total[6]; em: *suéter de lã grossa* ≡ *fim de semana de outono no campo*, não há correspondência codificada entre os componentes do significante e os do significado: o suéter não remete especificamente ao fim de semana, a lã não remete ao outono, e sua grossura, ao campo, pois, embora haja certa afinidade entre o frescor do outono no campo e o calor da lã, essa afinidade é global e, aliás, revogável, pois o léxico da Moda muda a cada ano: em outro lugar, *lã* pode significar *primavera na Riviera*[7]. Portanto, não é possível estabelecer de modo estável a correspondência entre as unidades mínimas de significante e as unidades mínimas de significado; o sentido só pode presidir a determinação das unidades semânticas no nível da significação global: o enunciado do significado precisa ser dividido sob o controle do significante geral (enunciado do significante), e não sob o controle de suas unidades parcelares. Esse controle geral seria inoperante caso sempre encontrássemos em Moda apenas significados integralmente novos ou integralmente repetidos: como dividir aquilo que a cada vez fosse único ou idêntico? Mas não é esse o caso: a maioria dos enunciados do significado mistura elementos já conhecidos por terem sido encontrados, diversamente combinados, em outros enunciados; enunciados como *fim de semana no campo*, *férias campestres*, *fim de semana social*, *férias sociais* são todos redutíveis

---

6. É mais ou menos o que ocorre na língua com a frase (Cf. Martinet, "Réflexions sur la phrase" [Reflexões sobre a frase], *in Langage et Société*, pp. 113-118).
7. Cf. *infra* sobre o signo (15, 6).

por comportarem elementos comuns e, por conseguinte, móveis: visto que *fim de semana*, *social*, *férias*, *campo* se encontram em enunciados (parcialmente) diferentes, temos o direito de constituir essas expressões como unidades semânticas, aptas a formar um verdadeiro arranjo combinatório; pois, trocando-se de enunciado, cada uma dessas unidades troca de significante global, e é exatamente a comutação do signo que possibilita identificá-las; portanto, basta submeter os enunciados do significado a essa nova prova de comutação para estabelecer um inventário das unidades semânticas nos limites do *corpus* estudado.

13.4. Unidades usuais e unidades originais

No entanto, as unidades móveis (ou seja, repetidas) não esgotam a totalidade dos enunciados do significado; alguns enunciados ou alguns fragmentos de enunciados são constituídos por notações únicas, pelo menos na escala do *corpus*; digamos que são *hápax legómena*; esses hápax também são unidades semânticas, porque estão vinculados a um significante global e participam do sentido. Portanto, teremos dois tipos de unidade semântica: um das unidades móveis e repetidas (serão chamadas de unidades usuais) e o outro de unidades constituídas por enunciados ou resíduos de enunciados que não se prestam à repetição (serão chamadas de unidades originais). É possível distinguir quatro modos de encontro entre unidades usuais e unidades originais: 1. uma unidade usual pode constituir, por si só, um enunciado (*para o verão*); 2. um enunciado pode ser formado unicamente por unidades usuais (*noites de verão no campo*); 3. o enunciado pode combinar unidades usuais e uma unidade original (*férias – de inverno – no Taiti*); 4. o enunciado pode ser inteiramente constituído por uma unidade original (ela, por definição, não pode decompor-se), qualquer que seja sua amplitude retórica (*para uma entrada espetacular no barzinho que você costuma frequentar*). Não se pode garantir um conteúdo estável para essa distinção, pois bastaria ampliar o *corpus* para talvez transformar uma unidade original em unidade usual, desde que ela estivesse combinada; ademais, ela não exerce nenhuma influência sobre a estrutura dos enunciados: os modos de combinação são os mesmos para todas as unidades: no entanto, ela é necessária porque as unidades usuais não vêm do mesmo "mundo" que as unidades originais.

13.5. Unidades usuais

As unidades usuais (*tarde, noite, primavera, coquetel, compras* etc.) abrangem noções e usos que pertencem ao mundo social real: estações, horas, festas, trabalho: ainda que sejam frequentemente dadas sob um aspecto excessivamente luxuoso para não ser um tanto irreal, essas realidades fundamentam instituições, protocolos e até leis (na noção de festa legal), que constituem uma verdadeira práxis social. Portanto, pode-se presumir que as unidades semânticas usuais do vestuário escrito designam essencialmente as próprias funções do vestuário real (usado); por meio de suas unidades usuais, a Moda se comunica com a realidade, mesmo que essa realidade seja marcada pela retórica de Moda com um cunho constantemente festivo, eufórico; o conjunto das unidades usuais do vestuário escrito seria, em suma, a versão fotogênica das funções reais do vestuário usado. A origem totalmente prática das unidades usuais explica o fato de a maioria dessas unidades corresponder sem dificuldade a unidades lexicais (*fim de semana*, *compras*, *teatro*), embora estruturalmente isso não seja obrigatório: a palavra, no sentido corrente do termo, é a condensação forte de um uso social[8]: sua natureza estereotípica corresponde ao caráter institucional das circunstâncias que ela resume.

13.6. Unidades originais

As unidades originais (*para levar as crianças à escola*) em geral pertencem ao vestuário escrito e têm poucas probabilidades de receberem aval na realidade social, pelo menos em sua forma institucional; no entanto, esse estatuto não é fixo, e nada impede que uma unidade original se torne uma unidade usual; em *férias no Taiti*, Taiti é um hápax, mas bastaria que a voga, as agências de viagem e, principalmente, a elevação do nível de vida transformassem o Taiti numa área de veraneio tão institucionalizada quanto a Côte d'Azur, para que esse nome se transformasse num significado indumentário usual. Até aí, a unidade

---

8. Sabe-se que palavra é uma noção que foi posta em xeque por muitos linguistas, e essa problemática certamente se justifica no plano estrutural; mas a palavra também tem uma realidade sociológica; ela é um efeito e um poder social; aliás, muitas vezes é nesse momento que ela se torna conotada.

original costuma ser índice de utopia; remete a um mundo de sonho, que tem a precisão onírica das contingências complexas, saborosas, raras, inesquecíveis (*passeio a dois nas docas de Calais*); estreitamente dependentes da fala da revista, as unidades originais costumam participar do sistema retórico do enunciado; raramente correspondem a simples unidades lexicais; ao contrário, exigem um desenvolvimento fraseológico[9]; isto porque, na realidade, essas unidades raramente são conceituais: como todo sonho, tendem a ter a estrutura de uma verdadeira narrativa (*morando a 20 km de uma grande cidade, preciso pegar o trem três vezes por semana* etc.). Como cada uma, por definição, é hápax, as unidades originais contêm uma informação mais forte que as unidades usuais[10]; a despeito de sua originalidade (ou seja, em termos informacionais, de seu caráter absolutamente inesperado), elas são perfeitamente inteligíveis porque transmitidas por intermédio da língua e porque o hápax está no nível do código indumentário, e não no nível do código linguístico. Contudo, não é possível fazer seu levantamento ordenado, em razão de sua natureza ordinariamente fraseológica (seria mais fácil classificá-las pelo significado retórico).

---

9. *Taiti*, por exemplo, é desenvolvido retoricamente em amor e sonho no Taiti.
10. A. Martinet, *Éléments*, 6, 10.

III. Estrutura da unidade semântica

13.7. O problema dos "primitivos"

Nada impede, em princípio, que examinemos a possibilidade de decompor a unidade usual em elementos menores (desde que eles sejam indumentariamente significantes); isso, evidentemente, equivaleria a ir além do vocábulo (pois as unidades usuais têm facilmente a dimensão do vocábulo) e a distinguir várias partes intercambiáveis no significado que esse vocábulo representa; essa tentativa de decomposição do significado-vocábulo é conhecida pela linguística: é o problema dos "primitivos" (a noção já está em Leibniz), que foi formulado especialmente por Hjelmslev, Sörensen, Prieto[11], Pottier e Greimas; o vocábulo *égua,* embora constitua um significante mínimo e indecomponível (a não ser que se passe para a segunda articulação), abrange duas unidades de sentido: "*cavalo*" e "*fêmea*", cuja mobilidade é comprovada pela prova de comutação ("*porco*" • "*fêmea*" ≡ /porca/). Da mesma maneira, seria possível definir /almoço/ como uma combinação semântica de ato ("*comer*") e temporalidade ("*no meio do dia*"); mas essa seria uma análise puramente linguística; a comutação indumentária, por sua vez, não permite que se diga o mesmo; é verdade que ela registra um primitivo temporal (*meio-dia*), porque pode haver um vestuário para esse momento, mas o outro primitivo sugerido

---

11. Cf. G. Mounin, "Les analyses sémantiques" [As análises semânticas], *in Cahiers de l'Inst. de science économique appliquée*, março de 1962.

pela análise linguística (*comer*) não tem nenhuma sanção indumentária: em nenhum lugar existe um vestuário para *comer*, e a decomposição de *almoço* não pode ser inteiramente fundamentada: *almoço*, portanto, é a última unidade que se pode atingir, não é possível passar além: as unidades usuais são realmente as menores unidades semânticas que se prestam à análise do significado mundano; é natural: o sistema da Moda é inevitavelmente mais grosseiro que o da língua, seu arranjo combinatório é menos sutil, e uma das funções da análise semiológica, no modo como foi fundada, "entre as coisas e as palavras", no nível do código terminológico ou pseudorreal, é sugerir que existem sistemas de sentido internos à língua, mas dispondo de unidades mais amplas e de combinações menos flexíveis.

13.8. Relação AUT

Admitidas essas unidades, podemos tentar constituí-las em listas de oposições pertinentes. Recorreremos aqui, mais uma vez, aos paradigmas que a própria revista fornece, sempre que ela enuncie aquilo que já chamamos de dupla variação concomitante[12] quando falamos do significante (pois, evidentemente, se trata dos mesmos exemplos); em *flanela listrada ou twill de bolinhas se de manhã ou de noite*, pela própria variação do significante verifica-se que entre "*noite*" e "*manhã*" há uma oposição pertinente, e que esses dois termos fazem parte do mes-

---
12. Cf. *supra*, 5, 3.

mo paradigma semântico; digamos que eles constituem um fragmento de sistema ampliado no plano sintagmático; nesse plano, a relação que os une é a relação da disjunção excludente: a essa relação especialíssima (pois ela reúne sintagmaticamente os termos de um mesmo sistema) daremos o nome de relação AUT[13]. Por sua natureza alternativa (ou... ou), AUT é, digamos, a relação sintagmática do sistema, ou relação específica da significação[14].

13.9. O problema da marca semântica

Resta saber se essas oposições pertinentes de significados podem reduzir-se ao par *marcado/não-marcado*, como ocorre com as oposições fonológicas (mas não com todas as oposições indumentárias[15], conforme vimos), ou seja, se um dos termos da oposição é afetado por um caráter do qual o outro está privado. Para que essa redução seja possível, é preciso que haja uma correspondência rigorosa entre a estrutura do significante indumentário e a estrutura do significado mundano; por exemplo, para que "*habillé*" seja marcado em relação a "*esporte*", é preciso que o vestuário *habillé* possua uma marca, ausente no vestuário esporte: evidentemente, não é o que ocorre: o vestuário "*habillé*" pode ser ora mais "carregado", ora menos do que

....

13. Em oposição à relação VEL (cf. próximo cap.); somos obrigados a recorrer a vocábulos latinos, pois em francês OU é ao mesmo tempo inclusivo e excludente.
14. Vejamos alguns pares de termos alternativos fornecidos pelo *corpus* estudado: *esporte/habillé*; *dia/noite*; *noite/manhã*; *selvagem/civilizado*; *clássico/fantasia*; *prático/sofisticado*; *sério/leve*; *bem-comportado/alegre*; *discreto/vistoso*; *Ilhas/Oceano*: essa oposição abrange o contraste climático entre o calor mediterrâneo *("Ilhas")* e o frescor atlântico (*"Oceano"*).
15. Cf. *supra*, 11, II.

o vestuário esporte. As oposições de significados, quando a revista possibilita identificá-las, são, pois, oposições equipolentes; é impossível formalizar seu conteúdo, ou seja, transformar a relação contraditória em relação diferencial[16]. Assim, a análise distintiva mostra-se impotente para determinar uma classificação *a minimo* das unidades semânticas, apenas com a sanção do código indumentário: as unidades usuais permanecem inteiras, e é em termos de seu agrupamento que se deve buscar a análise do significado.

---

16. Em linguística, a decomposição do significado em elementos marcados e não-marcados é problemática. Cf., porém, sobre o masculino e o feminino, A. Martinet, "Linguistique structurale et grammaire comparée" [Linguística estrutural e gramática comparada], *in Travaux de l'Institut linguistique*, Paris, Klincksieck, 1956, I, p. 10.

| **capítulo 14** | COMBINAÇÕES E NEUTRALIZAÇÕES

Coquete sem coqueteria.

I. Combinação dos significados

14.1. Sintaxe das unidades semânticas

A unidade semântica usual (é dela que falaremos doravante) é não só móvel (pode ser encontrada inserida em enunciados diferentes), mas também suficiente: pode formar por si só um enunciado do significado (*tussor* ≡ *verão*). Isso quer dizer que a sintaxe das unidades semânticas é sempre apenas uma combinação[1]: um significado nunca obriga a outro significado, sempre se tem uma simples parataxe; a forma linguística dessa parataxe não deve iludir: os vocábulos podem ser unidos por ele-

---

1. As unidades originais também podem ser submetidas à combinação (com unidades usuais); mas sua singularidade impede que se prossiga a análise como se faz com as unidades usuais: podemos reconhecê-las, mas não classificá-las.

mentos sintáticos (e não paratáticos) no plano da linguagem (preposições, conjunções), mas as unidades semânticas que eles intermedeiam são puramente combinatórias (*noites • outono • fim de semana • campo ≡ para as noites de outono num fim de semana no campo*). No entanto, a relação de combinação pode ser realizada de duas maneiras diferentes, quer se acumulem unidades de sentido complementar (*este vestido de tussor para Paris no verão*), quer se enumerem os significados possíveis de um mesmo significante (*suéter para a cidade ou o campo*); todas as combinações de unidades semânticas reunidas num único enunciado se reduzem a um desses dois casos; ao primeiro tipo de combinação daremos o nome de relação ET; ao segundo, relação VEL.

14.2. Relação ET

A relação ET é cumulativa; estabelece uma relação de complementaridade real (e não formal, como no caso de VEL) entre certo número de significados que ela amalgama numa situação única, atual, contingente e vivenciada (*em Paris, no verão*). A fraseologia dessa relação é variada, sendo constituída por todas as formas sintáticas da determinação: adjetivos (*férias primaveris*), substantivos (*noite de verão*), expressões circunstanciais (*Paris, verão; passeio no dique*[2]). Até onde pode es-

....

2. A variação é terminológica quando se pode, linguisticamente, reduzi-la mais (*Paris no verão*); é retórica quando apresenta a unidade numa forma literária e metafórica (ou seja, que comporte certa conotação): pode-se dizer que *primaveril* é mais "primavera" do que *primavera*; o *dique* é uma metáfora para o *mar*, unidade usual citada geralmente na forma de três lugares-climas: *praia* (≡ sol), *dique* (≡ vento), *porto* (≡ chuva).

tender-se o poder da relação ET? Seu campo de extensão é muito vasto; poderíamos acreditar, à primeira vista, que ela só pode unir significados afins ou pelo menos não contraditórios, pois estes devem remeter a situações ou a estados que seja possível atualizar simultaneamente: o fim de semana é normalmente compatível com a primavera, e é verdade que a afinidade é o regime comum da relação ET[3]; no entanto, a relação também pode justapor unidades de sentido aparentemente contraditórias (*audacioso e discreto*); aqui cabe simplesmente lembrar que a validade de tais relações não depende de critérios racionais, mas apenas de condições formais: basta que essas unidades semânticas sejam regidas por um único significante; por essa razão não é de surpreender que o campo de aplicação da relação ET seja praticamente total, e que ele vá da redundância pura (*sóbrio e simples*) ao paradoxo caracterizado (*audacioso e discreto*). ET é a relação da atualidade; ela possibilita extrair de uma reserva geral de funções usuais a notação de uma contingência específica; com o simples jogo combinatório, a Moda pode produzir significados raros, de aparência rica e pessoal, a partir de elementos pobres e comuns; assim, ela se aproxima de uma espécie de *hic et nunc* da pessoa e do mundo e parece propor um vestuário para circunstâncias complexas e temperamentos originais; além disso, quando o arranjo combinatório capta unidades originais, ET possibilita a represen-

....
3. Outros significados afins: *clássico e fácil de usar, jovial e descontraído, alegre e prático, jovial e feminino, simples e prático, displicente e cômodo, distinto e parisiense, maleável e informal* etc.

tação de um mundo utópico onde tudo é possível, o *fim de semana no Taiti*, bem como uma *maleabilidade rigorosa*: graças a ET, os sentidos do vestuário podem surgir de horizontes inimagináveis e designar empregos únicos e irreversíveis; o vestuário torna-se assim um evento puro: subtraído a toda e qualquer generalização e a toda e qualquer repetição (mesmo a partir de elementos repetidos), o significado indumentário sugere então o encontro de um momento tão rico, que só pode ser expresso pela acumulação de unidades, nenhuma das quais destrói a outra, por mais contraditórias que sejam. Por isso seria possível dizer que ET é a relação do vivenciado, mesmo que imaginária.

14.3. Relação VEL

A relação VEL é ao mesmo tempo disjuntiva e inclusiva (em oposição a AUT, que é disjuntiva e excludente): disjuntiva porque as unidades que interliga não podem ser atualizadas simultaneamente; inclusiva, porque elas pertencem a uma mesma classe, que lhes é extensiva e, implicitamente, é o verdadeiro significado global do vestuário: em *suéter para a cidade ou o campo*, há uma alternativa de atualidade entre a cidade e o campo, pois não se pode estar ao mesmo tempo em ambos os lugares; no entanto, o suéter vale, intemporal ou pelo menos sucessivamente, para ambos e, por conseguinte, remete a uma classe única que inclui ao mesmo tempo a cidade e o campo (ainda que essa classe não sejam nomeada pela língua). Obviamente, a relação aí é inclusiva, não por razões inerentes ao sentido de seus termos, mas apenas porque, digamos, ela se estabelece em termos de um único significante indumentário: a cidade e o campo estão numa relação de equivalência, ou melhor, de indiferença, *do ponto de vista do suéter*[4]; isto porque, se as duas unidades semânticas fossem regidas não mais por um, mas por dois significantes, a relação deixaria de ser inclusiva e se tornaria excludente, passaria de VEL a AUT (*suéter ou camisa, se no campo ou na cidade*): teríamos aí *dois* signos. Qual é a função psicológica de VEL? Como vimos, a relação ET atualiza possíveis, por mais distantes que eles possam parecer entre si (*audacioso e discreto*); isso quer dizer, precisamente, que ela põe fim ao possível e o converte em real, e por isso é ela a relação do vivenciado, ainda que utópico. A relação VEL, ao contrário, nada atualiza e conserva nos termos frequentemente contraditórios que une o seu caráter de possíveis; o vestuário ao qual ela remete é bastante geral, não para satisfazer uma função rara e intensa, mas para saturar sucessivamente várias funções, cada uma das quais permanece assim marcada de virtualidade; por isso mesmo, ao contrário da relação ET, que implica um vestuário do momento, VEL supõe uma duração, durante a qual o vestuário poderá percorrer certo número de sentidos, sem nunca faltar à singularidade do signo; assiste-se então a um curioso *chassé-croisé*: o vestuário ao qual remete a relação ET tende à utopia uma vez que seu significado tem toda a aparência da realidade (é verdade que rara): é propriamente o vestuá-

....

4. Por isso VEL pode perfeitamente ser expresso por meio da conjunção e: *suéter para o mar e para a montanha.* Sobre *e/ou,* cf. R. Jakobson, *Essais,* p. 82.

rio de Moda, mais imaginário por parecer detalhado[5]: é tão natural sonhar com um suéter *para as noites de outono, o fim de semana no campo, se você é displicente e rigorosa*, quanto é difícil dispor dele na realidade, ou seja, economicamente; ao contrário, VEL implica um vestuário real, uma vez que seu significado é só possível; sempre que usa a relação VEL, pode-se ter certeza de que a revista está temperando sua utopia e visando a uma leitora real: um vestuário *para o mar ou para a montanha* (VEL) é mais provável que um *vestuário para o fim de semana na praia* (ET). E, como é impossível equiparar funções distantes (*cidade e campo, praia e montanha*) sem se alçar até um conceito geral que elimine suas diferenças, VEL implica certa intelectualização do mundo: não se pode usar, indiferentemente, o mesmo traje no teatro e numa boate, sem referência implícita à ideia mais abstrata de saída noturna: diante de ET, que é a relação da vivência imaginária, VEL é a relação do inteligível real[6].

II. Neutralização do significado

14.4. Neutralização

Como todas as unidades semânticas podem ser unidas por ET ou por VEL, sem consideração pela resistência lógica

---

5. O "detalhe" é um elemento fundamental da imaginação; quantas estéticas são fabulosas porque precisas.
6. É óbvio que ET e VEL podem encontrar-se no mesmo enunciado:
   \ este suéter ≡ fim de semana esportivo ou social /
       1   ET (2 VEL 3)

de certos paradoxos (*coquete sem coqueteria*) ou de certos pleonasmos (*sóbrio e discreto*), desde que colocadas sob a sanção de um único significante, seria inútil procurar estabelecer mapas sintagmáticos para o significado[7], ou seja, enumerar para cada unidade as unidades complementares às quais ela pode unir-se: em princípio, nenhuma associação é excluída. Mas, como o desenvolvimento sintagmático de termos comumente situados em oposição pertinente ("*fim de semana*"/"*semana*") inevitavelmente acarreta o apagamento dessa pertinência (*vestuário tanto para a semana quanto para o fim de semana*), as combinações de unidades semânticas sob a égide de um único significante correspondem ao fenômeno de neutralização que já descrevemos ao tratarmos do significante[8], e é pela neutralização que deve prosseguir a análise das unidades semânticas. Vimos que a relação AUT (*flanela listrada ou twill de bolinhas se de manhã ou de noite*) é a relação da distinção pertinente ou da significação; em tais enunciados, "*manhã*" e "*noite*" são os dois termos alternativos de um mesmo sistema; para que essa oposição seja neutralizada, basta que os dois termos não sejam regidos por dois significantes (*flanela listrada/twill de bolinhas*), mas por um só (por exemplo: *flanela listrada para a manhã ou a noite*); em outras palavras, toda passagem de AUT a ET ou a VEL constitui a neutralização de uma oposição pertinente cujos termos, de alguma maneira fossilizados, estão no enunciado

....
7. Cf. *supra*, 12, II
8. Cf. *supra*, 11, III.

do significado na qualidade de unidades semânticas simplesmente combinadas: percebe-se aí que o que em linguística se chama contexto neutralizador (ou dominância) é formado pela própria singularidade do significante indumentário[9].

14.5. Arqui-semantemas, functivos e funções

Assim, unidades opostas alhures de maneira distintiva (*noite/manhã*, *esportivo/social*) às vezes, sob a dominância de um significante único, são submetidas a uma neutralização que as funde (ET) ou equipara (VEL); mas, confundindo-se ou indiferenciando-se, essas unidades engendram inevitavelmente uma segunda classe semântica que as compreende: aqui, uma circunstância de emprego suficientemente geral para abranger, ao mesmo tempo, o esportivo e o social; ali, uma unidade temporal extensiva à noite e à manhã (o dia inteiro, por exemplo); *mutatis mutandis*, essa classe nova ou esse significado sincrético é o equivalente do arquifonema produzido pela neutralização fonológica, ou do arquivestema produzido pela neutralização indumentária[10]; seria possível chamá-lo de *arqui-semantema*; ficaremos com o termo *função*, que traduz melhor o movimento convergente da neutralização, pois os termos que a função "coroa" são functivos; muitas vezes, dispõe-se de um nome geral para essa função ou reunião de functivos; assim, *manhã e tar-*

---

9. Sobre a extensão da neutralização ao léxico e à morfologia, cf. enquete provocada por A. Martinet (*Trav. Inst. ling.*, II).
10. Cf. *supra*, 11, 9.

de são os functivos da função *dia*: mas às vezes também a função não é sancionada por nenhum vocábulo da língua; não há nenhuma palavra em francês para designar um conceito extensivo ao *esportivo* e ao *social*; a função é, então, defectiva no plano terminológico, o que não a impede de ser plena no nível do código indumentário, pois sua validade não decorre da língua, e sim da singularidade do significante[11]; por isso, seja a função nomeada ou não, sempre se pode depreender de um enunciado neutralizado uma célula funcional composta de uma função e de seus functivos:

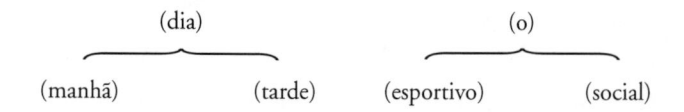

$$\underbrace{(\text{manhã}) \qquad (\text{tarde})}_{(\text{dia})} \qquad \underbrace{(\text{esportivo}) \qquad (\text{social})}_{(\text{o})}$$

14.6. *Percurso de sentido*

Evidentemente, uma vez constituída pela neutralização de seus termos ou functivos, toda função extrai sentido de sua oposição em relação a um novo termo, virtual, que também pertença ao sistema (mesmo que não seja nomeado pela língua), pois todo sentido é gerado a partir de uma oposição; para conter um sentido indumentário, o *dia* precisa ser o simples functivo de uma função virtual, fazer parte de um paradigma novo, como por exemplo o de: *dia/noite*. E, como cada

---

11. As funções terminologicamente defectivas referem-se, sobretudo, aos significados caracteriais, psicológicos e estéticos, enfim, a uma ordem ideológica submetida à noção de contrários.

função pode tornar-se functivo[12], constrói-se assim, por meio do conjunto dos significados de Moda, um sistema de neutralização bastante semelhante a uma pirâmide cuja base seria formada por grande número de oposições pertinentes (*manhã/tarde*; *verão/inverno/primavera/outono*; *cidade/campo/montanha*; *esportivo/social*; *audacioso/discreto*[13]; etc.), enquanto no vértice só se encontrariam algumas oposições (*dia/noite*; *fora de casa/em casa*); entre a base e o vértice, toda uma escala de neutralizações progressivas, ou, se preferirem, de células intermediárias: functivos aqui, funções ali, conforme haja sanção de um significante duplo ou simples. Em suma, todas as passagens de AUT a VEL ou ET nada mais são que momentos de um movimento constante que impele as unidades semânticas da Moda a anular sua distinção num estado superior, a perder sentidos particulares num sentido cada vez mais geral. Naturalmente, no nível dos próprios enunciados, esse movimento é perfeitamente reversível: por um lado, atraídos pela função, os pares (ou grupos) de functivos nada mais são que oposições fósseis, desvitalizadas, dotadas apenas de uma espécie de existência retórica, visto que se trata de demonstrar certa intenção literária por meio de um jogo de antíteses (*o tecido das cidades e dos cam-*

---
12. Certos conjuntos do léxico geral de uma língua podem ser descritos em termos de functivos e funções:

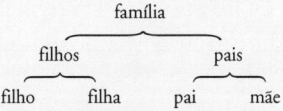

```
                família
         ⌒               ⌒
      filhos            pais
      ⌒   ⌒           ⌒   ⌒
   filho  filha      pai   mãe
```

13. Percebe-se que as oposições de significados estão longe de ser todas binárias.

pos); por outro lado, a Moda sempre pode reconverter VEL ou ET em AUT, voltar do *dia* à oposição entre *tarde* e *manhã*, desdobrando o significante. Toda função, portanto, é uma confusão (ET) ou uma indiferenciação (VEL) instável, reversível, demarcada por termos-testemunho; seria possível chamar de percurso do sentido toda série homogênea de neutralizações, desde as oposições particulares de base até a função geral na qual elas todas se absorvem. Em Moda, o movimento de neutralização é tão poderoso que só permite a subsistência de alguns raros percursos, ou seja, alguns sentidos globais. Em geral, esses percursos correspondem a categorias conhecidas: temporalidade, lugar, clima; para a temporalidade, por exemplo, o percurso compreende functivos intermediários, como *"manhã"*, *"fim de tarde"*, *"tarde"*, *"noite"*, absorvidos numa função final: *"a qualquer hora"* [14]; o mesmo ocorre com o lugar (*"aonde quer que você vá"*) ou o clima (*"calça para todas as estações"*).

14.7. Vestuário universal

Poderíamos supor que há um momento em que esses diferentes percursos param: quando suas funções terminais entram pela última vez em oposição entre si: *"para qualquer hora"* / *"aonde quer que você vá"* / *"todas as estações"* / *"todas as atividades"*. No entanto, mesmo no vértice da pirâmide, são possíveis neutralizações de funções. Pode-se já dar um único e mesmo significante indumentário às unidades semânticas do *dia* e

---
14. *"Capa para qualquer hora."*

às do *ano*: *vestidinho de jérsei que pode ser usado o ano todo, da manhã à noite*. Também é possível combinar os functivos particulares de um percurso com a função terminal de outro percurso (*para o fim de semana, para as férias e para toda a família, o vichi*) ou as funções terminais de vários percursos (*para todas as idades, para todas as ocasiões e para todos os gostos*). Além disso, a revista pode até neutralizar essas funções últimas e produzir um percurso total que compreenda todos os sentidos possíveis do vestuário: um vestuário *para tudo*, um vestuário *mil e uma utilidades*. A unidade do significante (*este vestuário*) remete então a um significado universal: o vestuário significa *tudo, ao mesmo tempo*. Esta última neutralização não deixa de apresentar dois paradoxos. Primeiro, um paradoxo de fundo: pode parecer surpreendente ver a Moda lidar com um vestuário universal, que costuma ser conhecido somente nas sociedades mais carentes, onde o ser humano, por extrema pobreza, só tem uma roupa; mas, entre o vestuário da miséria e o da Moda, há, para falarmos apenas em termos de estrutura, uma diferença fundamental: o primeiro é um índice, o da miséria absoluta; o segundo é um signo, o da dominação soberana de *todos* os usos; para a Moda, reunir num único vestuário a totalidade de suas funções possíveis não é apagar diferenças, mas, ao contrário, afirmar que o vestuário único se adapta miraculosamente a cada um de seus usos para significá-lo sempre que haja mínima solicitação; universal aqui não é supressão, mas soma de particularidades; é o campo de uma liberdade infinita; as funções anteriores à neutralização final estão, assim, implicitamente presentes como "papéis" que podem ser assumidos por um vestuário único: um traje mil e uma utilidades não remete, propriamente, a uma indiferença de empregos, mas à sua equivalência, ou seja, sub-repticiamente à sua distinção. Isso leva ao segundo paradoxo (este, formal) do vestuário universal. Se a possibilidade de sentido só existe com a diferença, para significar é preciso que o universal se oponha a alguma outra função, o que, parece, é uma contradição nos termos, pois o universal absorve todos os usos possíveis do vestuário. Mas o fato é que, do ponto de vista da Moda, o universal é um sentido entre outros (assim como, na realidade, um traje mil e uma utilidades coexiste no mesmo guarda-roupa com outros trajes de usos definidos); chegando à linha superior das últimas oposições, o universal nela se integra, já não a domina; ele é uma das funções terminais, tal como o tempo, o lugar, a ocupação; formalmente, não fecha o sistema geral das oposições semânticas, mas o completa, assim como um grau zero (ou misto) completa um paradigma polar[15]. Em outras palavras, há aí distorção entre o conteúdo e a forma do significado universal:

---

15. É possível distribuir os principais percursos num quadro de oposições regularmente constituídas:

1	2	misto	neutro
em casa no trabalho na cidade esporte dia todo	sair festa natureza clássico ano todo	para tudo	dia sem programa
	etc.		

formalmente, o universal é um functivo, do mesmo modo e na mesma linha das últimas funções dos principais percursos; além dessa linha, já não há oposições, portanto sentidos: a significação para (é, sem dúvida, o caso do vestuário da miséria): a pirâmide do sentido é uma pirâmide truncada[16].

14.8. Por que a neutralização?

A neutralização incessante que trabalha o corpo de significados da Moda torna ilusório qualquer léxico da Moda; aos significados "*manhã*" e "*noite*" não corresponde nenhum signo seguro, pois eles podem ter ora significantes distintos, ora um único significante; é como se o léxico da Moda fosse falseado, composto, afinal, de uma única série de sinônimos (ou, digamos, por uma imensa metáfora). No entanto, esse léxico parece existir, e esse é o paradoxo da Moda. Em cada enunciado, há uma aparência de sentido pleno, a flanela parece estar sempre associada à manhã, o twill, à noite; o que é lido e aceito é um signo aparentemente completo, dotado de persistência e de individualidade; assim, no plano de seu sintagma, que é o da leitura, a Moda escrita parece remeter a um corpo organizado de significados, em suma, a um mundo fortemente institucionalizado, ou mesmo naturalizado. Mas, assim que se tenta inferir do sintagma ao sistema dos significados, esse sistema se

....
16. Vejamos algumas cabeças dos percursos enunciados pela revista: *toda a família; o dia inteiro, mesmo à noite; cidades e praias, montanha e campo; todas as praias, mesmo as do Norte; todas as idades; sol e chuva* etc.

esquiva: o twill não significa mais nada, e é a flanela que começa a significar noite (em *flanela para a noite e para a manhã*), ou seja, em termos substanciais, o contrário do que ela significava pouco tempo antes. Assim, do sintagma ao sistema, os significados de Moda parecem ser objeto de um passe de mágica, sendo então preciso ver o que está em jogo. Em toda estrutura significante, o sistema é uma reserva ordenada de signos e, por isso mesmo, implica a mobilização de certo tempo: o sistema é uma *memória*; passar do sintagma ao sistema é remeter fragmentos de substância a uma permanência, a uma duração; inversamente, passar do sistema ao sintagma é, digamos, atualizar uma lembrança. Ora, como vimos, o sistema dos significados de Moda, sob o efeito das neutralizações que deslocam incessantemente sua estrutura interna, é um sistema instável. Ao passar de um sintagma forte a um sistema fraco, o que a Moda perde, portanto, é a memória de seus signos. É como se, no nível de seus enunciados, a Moda preparasse signos fortes, numerosos, claros e duradouros, mas, ao confiá-los a uma memória versátil, os esquecesse de imediato. Todo o paradoxo da Moda está no seguinte: forte em termos de instante, a significação tende a desfazer-se na duração; mas não se desfaz completamente: recua. Isso quer dizer que a Moda dispõe de fato de um regime duplo de significados: significados variados, particulares, um mundo rico, cheio de tempos, lugares, circunstâncias e caracteres, distintos no nível do sintagma; alguns significados raros, marcados por forte globalidade, no nível do sistema. O sincretismo dos significados de Moda aparece então como um movimento dialético; esse movimento possibilita que a Moda represente (mas não signifique realmente) um mundo aparentemente rico através de um sistema simples. Mas o importante é que, se a Moda admite com tanta facilidade a neutralização de seus significados, com o risco de privar seu léxico de todo e qualquer rigor, provavelmente é porque o sentido final do enunciado não está no nível do código indumentário (mesmo em sua versão terminológica), mas no nível do sistema retórico; ora, mesmo no caso dos conjuntos A (cujos significados acabamos de analisar), o primeiro dos dois sistemas retóricos que esses conjuntos comportam[17] tem como significado global a própria Moda: pouco importa, afinal, se flanela significa, indiferentemente, noite ou manhã, pois o signo assim constituído tem a Moda como significado verdadeiro.

....
17. Cf. *supra*, 3, 7.

I. O CÓDIGO INDUMENTÁRIO
3. ESTRUTURA DO SIGNO

| **capítulo 15** | SIGNO INDUMENTÁRIO

O famoso tailleurzinho que parece tailleur.

I. Definição

15.1. Caráter sintático do signo indumentário

Signo é união de significante e significado. Essa união, como é clássico em linguística, deve ser examinada do ponto de vista de sua arbitrariedade e de sua motivação, ou seja, de seu duplo fundamento, social e natural. Mas, antes, cabe lembrar que a unidade do signo indumentário (ou seja, do signo do código indumentário, desembaraçado de seu aparato retórico) é definida pela singularidade da relação significante, não pela singularidade do significante ou pela do significado[1]; em outras palavras, o signo indumentário, embora reduzido à uni-

....
1. Cf. *supra*, 4, V.

dade, pode compreender vários fragmentos de significantes (combinações de matrizes e elementos da própria matriz) e vários fragmentos de significados (combinações de unidades semânticas). Portanto, não se deve procurar fazer que determinada parcela do significante corresponda a outra parcela do significado; decerto se pode presumir que, em *cardigã de gola aberta* ≡ *esporte*, é a abertura (da gola) que tem alguma afinidade com o esporte[2]; objeto e suporte participam, porém, estritamente do sentido: não é qualquer "abertura" que dá o cunho esportivo; o mesmo ocorre nas cadeias de matrizes (*vestido de algodão com axadrezados vermelhos e brancos*): embora a ponta do sentido esteja na matriz terminal[3] e, por conseguinte, em sua variante (aqui a existência dos axadrezados), ela não deixa de recolher, tal como um filtro absorvente, a força significante das matrizes intermediárias; quanto ao significado, dissemos que sua unidade não é devida a ele mesmo, e sim à unidade do significante, sob cuja égide ele é lido[4]. Portanto, a relação entre significante e significado deve ser observada em toda a sua extensão: o signo indumentário é um sintagma completo, formado por uma sintaxe de elementos.

....

2. Isso é provado formalmente pela dupla variação concomitante: *cardigã de gola aberta ou fechada* ≡ *esporte ou habillé*.
3. \ Vestido de algodão com axadrezados vermelhos e (axadrezados) brancos /
\ O   SV / \ O   SV / \ O   SV/
              \ OS1   V   S2 /
   O   V   S
4. Cf. *supra*, 13, 3.

15.2. Ausência de "valor"

Essa natureza sintática do signo dá à Moda um léxico que não é simples: ela não pode ser reduzida a uma nomenclatura que forneceria equivalências bilaterais (e permanentes) entre um significante e um significado, ambos irredutíveis. Evidentemente, nem a língua é uma simples nomenclatura; esse seu caráter complexo decorre do fato de seu signo não poder ser reduzido a uma relação entre um significante e um significado, mas ser também, e talvez mais, um "valor": o signo linguístico só é completamente definido, além de sua significação, quando comparado a signos similares: /carneiro/ e /sheep/, de acordo com o exemplo de Saussure, têm a mesma significação, mas não o mesmo valor[5]. Ora, o signo de Moda se mostra definido fora de qualquer "valor": pois, embora explícito (mundano), o significado nunca comporta uma variação de valor análoga à que opõe *"carneiro"* e *"sheep"*; o enunciado de Moda nunca extrai nenhum sentido de seu contexto; e, se implícito, o significado é único (é a própria Moda), o que exclui qualquer outro paradigma de significado que não seja o de *na-moda/fora-de-moda*. O "valor" é um fator de complexidade; a Moda não o possui, o que não a impede de ser um sistema complexo; sua complexidade decorre de sua instabilidade: primeiro, esse sistema é renovado a cada ano e só é válido em termos de uma sincronia curta; em segundo lugar, suas oposições

---

5. Ver Saussure, *Cours de linguistique*, pp. 154 s., e R. Godet, *Sources,* pp. 69, 90, 230 ss.

são submetidas a um movimento geral de neutralização incessante. Portanto, é em relação a essa instabilidade que se deve examinar a arbitrariedade e a motivação do signo indumentário.

II. Arbitrariedade do signo

15.3. Instituição do signo de Moda

Sabe-se que, na língua, a equivalência entre significante e significado é (relativamente) imotivada (voltaremos a isso), mas não arbitrária; estabelecida essa equivalência (/gato/ ≡ "gato"), ninguém que queira ter pleno uso do sistema da língua pode subtrair-se a ela, e é nisso que, corrigindo Saussure, foi possível dizer que o signo linguístico não é arbitrário[6]: uma lei geral limita estritamente o poder dos usuários do sistema: sua liberdade é combinatória, não inventiva. No sistema da Moda, o signo, ao contrário, é (relativamente) arbitrário: é elaborado a cada ano, mas não pela massa de seus usuários (que seria o equivalente à "massa falante" que faz a língua), e sim por uma instância restrita, que é *o fashion-group* ou talvez, no caso da Moda escrita, a redação da revista[7]; sem dúvida, o signo de Moda, como todo signo produzido na chamada cultura de massa, está situado, digamos, na confluência de uma concepção singular

---

6. E. Benveniste, "Nature du signe linguistique" [Natureza do signo linguístico], *Prb. de ling. géné.*, 1966.
7. A redação desenvolve os temas fundamentais da Moda por meio dos signos que lhe pertencem.

(ou oligárquica) e uma imagem coletiva, sendo ao mesmo tempo imposto e demandado. Mas, estruturalmente, o signo de Moda não deixa de ser arbitrário: ele não é efeito de uma evolução progressiva (pela qual nenhuma "geração" seria propriamente responsável), nem de um consenso coletivo; nasce bruscamente e por inteiro, a cada ano, por decreto (*neste ano, os estampados venceram o dérbi*); o que denuncia a arbitrariedade do signo de Moda é justamente o fato de estar subtraído ao tempo: a Moda não evolui, muda: seu léxico é novo a cada ano, tal como o de uma língua que sempre mantivesse o mesmo sistema, mas mudasse repentina e regularmente a "moeda" de suas palavras. Aliás, sistema da língua e sistema da Moda não têm a mesma ordem de sanções: transgredir o sistema da língua é arriscar-se a não se comunicar, é expor-se a uma sanção imanente, prática; infringir a legalidade (atual) da Moda não é, propriamente, deixar de comunicar-se, pois o *fora-de-moda* faz parte do sistema, mas incorrer numa condenação moral; seria possível dizer que a instituição do signo linguístico é um ato contratual (no nível da comunidade toda e da história), enquanto a instituição do signo de Moda é um ato tirânico: há *erros* de linguagem e *culpas* de Moda. Aliás, é na medida de sua própria arbitrariedade que a Moda desenvolve toda uma retórica da Lei e do Fato[8], imperativa porque a arbitrariedade que deve racionalizar ou naturalizar não tem freios.

....
8. Cf. *infra*, cap. 19.

III. Motivação do signo

15.4. Motivação

O signo é motivado quando seu significante mantém uma relação natural ou racional com seu significado e, por conseguinte, o "contrato" (a palavra é de Saussure) que une um ao outro já não é necessário. A causa mais comum da motivação é a analogia, mas pode haver muitos graus de analogia, desde a cópia figurativa do objeto significado (em alguns ideogramas) até o esquematismo abstrato de certos sinais (no código viário, por exemplo), desde a onomatopeia pura e simples[9] até as analogias parciais (relativas) conhecidas da língua quando esta constrói uma série de vocábulos com base num mesmo modelo (*maçã – macieira*; *pêra – pereira* etc.). Mas sabe-se que, no essencial, os signos linguísticos são imotivados: não há nenhuma relação analógica entre o significado *"gato"* e o significante /gato/. Em todos os sistemas de significação, a motivação é um fenômeno importante que deve ser observado; em primeiro lugar, porque a perfeição ou, pelo menos, a maturidade de um sistema parece depender em grande parte da imotivação de seus signos, uma vez que os sistemas com funcionamento digital (ou seja, não analógicos) parecem mais eficientes; em segundo lugar, porque nos sistemas motivados a analogia entre significante e significado parece fundamentar o sistema na

---

9. Ver, porém, os limites à motivação da onomatopeia, descritos por A. Martinet, *Économie des changements phonétiques*, Berne, A. Francke, 1955, p. 157.

natureza e subtraí-lo à responsabilidade das criações puramente humanas: a motivação parece realmente ser um fator de "reificação", desenvolve álibis de ordem ideológica. Por essas razões, a motivação do signo deve ser sempre recolocada em seus limites: por um lado, não é a motivação que faz o signo, é sim a sua natureza relacional e diferencial; por outro lado, porém, a motivação introduz a uma ética dos sistemas de significação por constituir o ponto de articulação entre um sistema abstrato de formas e uma natureza. Em Moda, o que está em jogo nesse problema se mostrará plenamente quando o nível retórico for analisado, devendo-se concluir pela economia geral do sistema[10]. Para nos atermos ao código indumentário, diremos que o problema da motivação do signo se coloca diferentemente conforme o significado seja mundano (conjuntos A) ou de Moda (conjuntos B).

15.5. Caso dos conjuntos A

Quando o significado é mundano (*as estampas vencem o dérbi*; *o acessório faz a primavera*; *para o verão, tussor* etc.), é possível distinguir, em termos de motivação, três regimes de signos. De acordo com o primeiro regime, o signo é francamente motivado, sob a máscara da função; em *sapatos ideais para a caminhada*, há conformidade funcional entre a forma ou a matéria dos sapatos e as exigências físicas da marcha; aí, a motivação não é propriamente analógica, é funcional: a natureza

....
10. Cf. *infra*, cap. 20.

signalética do vestuário não absorve completamente sua origem funcional: é a função que funda o signo, e é o testemunho dessa origem que o signo transmite; seria possível dizer, forçando um pouco, que, quanto mais motivado o signo, mais sua função está presente e mais fraca é a natureza semiológica da relação: a motivação é realmente um fator, digamos, de *dessignificação*; com seus signos motivados, a Moda mergulha no mundo funcional e prático, que é mais ou menos o mundo do vestuário real[11]. De acordo com o segundo regime, a motivação do signo é muito mais frouxa; se a revista afirma que *este casaco de pele é usado em viagem, na plataforma de uma estação*, evidentemente é possível perceber um vestígio funcional na conformidade de um material protetor (pele) e de um espaço aberto e ventilado (plataforma de uma estação); mas o signo aí só é motivado num nível muito geral, pelo motivo, bastante impreciso, de que um meio frio exige roupa quente; além desse nível, não há mais motivação: nada, na estação, obriga ao uso do casaco de pele (em vez do tweed), e nada no casaco de pele obriga à estação (em vez da rua); é como se houvesse em cada enunciado certo núcleo substancial (aqui, o calor do vestuário; ali, o frio do mundo) e a motivação se estabelecesse de um núcleo ao outro, sem consideração pelo detalhe das unidades implicadas em cada enunciado. Por fim, de acordo com o

---

11. No entanto, cabe esclarecer que aquilo que se nos mostra como imperiosamente funcional, ou seja, natural às vezes é apenas cultural: quantos vestuários de outros povos, cujo "natural" não compreendemos. Se houvesse uma lei funcional geral, só teria havido desde sempre um único tipo de vestuário (cf. F. Kiener, *Kleidung, Mode und Mensche*, Munique, 1956).

terceiro regime, o signo se mostra à primeira vista francamente imotivado; parece não haver nenhum "motivo" para que a *saia plissada* mantenha uma relação de equivalência com a idade das senhoras maduras (*saia plissada para as senhoras*) ou para que o *decote-canoa* convenha, natural e racionalmente, ao *chá dançante em Juan-les-Pins*; o encontro entre significante e significado parece aí absolutamente gratuito; no entanto, se olharmos com mais atenção, poderemos também reconhecer no terceiro tipo de signos certa correspondência substancial, mas difusa, entre a área do significante e a do significado: uma vez que o *liso* e o *modelado*, ao modelarem as formas, dão destaque à juventude, por antinomia, o plissado pode ser "reservado" à meia-idade; quanto ao *decote-canoa*, sua consonância com o *chá dançante em Juan-les-Pins* é estabelecida em relação aos signos usuais da *soirée* dançante: o decote por analogia e a forma-canoa por contrariedade (trata-se apenas de um chá); como se vê, nesses dois exemplos, afinal existe motivação, mas esta é ainda mais difusa do que no caso do *casado de pele na estação* e, sobretudo, estabelece-se em relação a normas francamente culturais; o que a fundamenta, aí, não é uma analogia física nem uma conveniência funcional, é um recurso a usos culturais, certamente relativos, mas em todo caso bem mais amplos e duradouros do que a Moda que os atualiza (como, por exemplo, a consonância entre o "decotado" e o festivo): o que fundamenta aí a relação significante é esse *além da* Moda, por mais histórico que ele seja. Percebe-se por aí que os três regimes de signos de que acabamos de falar só correspondem a graus de motivação: o signo de Moda (nos conjuntos A) é sempre motivado; mas sua motivação tem duas características próprias: por um lado, ela é fluida, difusa, na maioria das vezes só diz respeito ao "núcleo" substancial dos dois combinados de unidades (significantes e significados); por outro lado, ela não é analógica, mas simplesmente "afim": com isso se deve entender que o motivo da relação de significação ou é uma função utilitária ou é a imitação de um modelo estético ou cultural.

15.6. *Vestuário significado: jogos, efeitos*

É preciso examinar aqui um caso particular de motivação: quando o significado é o próprio vestuário; em *um casaco disfarçado de mantô*, o significante *casaco* remete a um arquétipo formal, o mantô, e este, por conseguinte, exerce a função ordinária do significado no enunciado global da significação; esse significado, realmente, é indumentário, e não mais propriamente mundano; no entanto, não se trata de um objeto material, mas de uma simples imagem de referência; a coerência dos conjuntos A (com significados mundanos) é aí preservada porque o mantô, no caso, nada mais é que certa ideia cultural, proveniente de um mundo de modelos formais; portanto, existe realmente relação integral de significação: o casaco-objeto significa o mantô-ideia. Entre o significante-casaco e o significado-mantô, existe, evidentemente, uma relação fundamental de analogia, pois um imita o outro. Essa analogia costuma conter um vestígio de temporalidade; o vestuário atual pode

| *Signo indumentário* |

significar um vestuário passado: é *a evocação* (*os mantôs lembram capas e togas*); ou então a peça representa sua origem, ou seja, a assinala (obviamente, sem a respeitar inteiramente); em *mantô feito de cobertor de mohair* ou *saia de manta escocesa com franjas aparentes*, o mantô e a saia servem de significante ao mohair e à manta escocesa; a manta escocesa e o mohair são mais que utilizados, são significados, ou seja, o que se manifesta não é tanto sua substância quanto seu conceito: a manta escocesa não está presente por causa de sua função que é aquecer, mas por sua identidade, que pode ser perfeitamente um traço externo à sua matéria: as franjas[12]. A natureza analógica desses significantes-significados tem um alcance psicológico que se mostrará bem se nos referirmos ao significado retórico desses enunciados; esse significado é a ideia de *jogo*[13]: brincando de vestuário, o próprio vestuário assume o lugar da pessoa, exibe uma personalidade suficientemente rica para mudar com frequência de papel[14]; em última análise, ao transformarmos nosso vestuário, transformamos nossa alma; nesse desdobramento (analógico) do vestuário em significante e significado, há ao mesmo tempo respeito por um sistema de significação e

....
12. É preciso analisar assim:
   \ saia • franjas aparentes ≡ manta escocesa /
   OS1   S2   V   Sd
13. O significado *jogo* mostra-se bem através dos significantes retóricos do tipo: *jogar com a blusa, jogando com gravatas e cintos*; *uma saia, e o jogo está feito* etc. (cf. os termos: *um ar, um arzinho, sutilezas, ciladas* etc.).
14. Cf. *infra*, 18, 9. Um tema lúdico por excelência é o de Jano; uma peça é *nas costas um vestido justo com martingale caído e na frente, um duas-peças versátil, cortado na altura da cintura*.

tendência a sair dele, pois o signo aí está permeado de um sonho de ação (de fabricação), como se a motivação que o fundamenta fosse ao mesmo tempo analógica e causal, e o significado produzisse o significante no exato momento em que o significante só faz manifestar o significado; é o que está expresso na noção ambígua de *efeito*: o efeito é ao mesmo tempo termo causal e termo semiológico; em *duplo abotoamento acintura o mantô*, o abotoamento tem como efeito o acinturamento, mas também o significa: o que é transmitido pelo abotoamento é uma ideia de acinturamento, seja qual for a realidade[15]. A natureza lúdica desses enunciados mostra-se bem quando eles assumem uma forma até certo ponto extrema, forma que, com seu excesso, denuncia o próprio limite do sistema, ou seja, da significação; em *famoso tailleurzinho que parece um tailleur* (ou ainda *um tailleur muito tailleur*), a significação atinge seu próprio paradoxo, torna-se reflexiva: o significante significa-se a si mesmo.

15.7. Caso dos conjuntos B

Essas observações valem para os conjuntos A (com significados explícitos e mundanos). Nos conjuntos B, o signo é, evidentemente, imotivado, pois não existe uma substância da Moda à qual o vestuário possa conformar-se por analogia ou afinidade[16]. Certamente existe na Moda uma tendência que

....
15. $\underset{\text{O} \quad\quad \text{V} \quad\quad \text{S} \quad\quad \text{Sd}}{\underline{\text{Mantô com duplo abotoamento} \equiv \text{acinturado}}}$
16. O signo de Moda é "tautológico", pois a Moda é sempre um vestuário *na moda*.

parece impelir todo sistema de signos (desde que ele não seja puramente artificial) a associar-se a certa motivação (relativa) ou, pelo menos, a inserir "motivação" no contrato semântico (é o que ocorre com a língua), como se um "bom" sistema fosse resultado de uma tensão (ou de um equilíbrio) entre uma imotivação original e uma motivação derivada: o modelo fundamental do ano[17] é decretado *ex nihilo*, seus signos são absolutamente imotivados; mas a maioria dos enunciados de Moda apenas desenvolve essa palavra de ordem anual na forma de "variações", e essas variações, evidentemente, mantêm uma relação de motivação com o tema no qual se inspiram (haverá, por exemplo, consonância entre a forma dos bolsos e a "linha" fundamental). Essa motivação secundária, derivada da imotivação original, permanece inteiramente imanente, não tem nenhum apoio no "mundo". Por isso, pode-se dizer que nos conjuntos B o signo de Moda é pelo menos tão imotivado quanto o da língua. A diferença entre os signos A (motivados) e os signos B (imotivados) será de grande importância quando se analisar aquilo que se poderia chamar de ética do sistema geral da Moda[18].

....
17. Cf. *supra*, 12, 10.
18. Cf. *infra*, cap. 20.

II. SISTEMA RETÓRICO

| **capítulo 16** | ANÁLISE DO SISTEMA RETÓRICO

> *Ela gosta de estudar, de festas-surpresa, de Pascal, Mozart
> e cool jazz. Usa saltos baixos, tem uma coleção de lencinhos
> de pescoço, adora os pulôveres lisos do irmãozão e ama
> saiotes bufantes, frufrulhantes.*

I. Pontos de análise do sistema retórico

16.1. Pontos de análise

Com o sistema retórico, abordamos o plano geral da conotação. Vimos que esse sistema abrange o código indumentário por inteiro[1], pois faz do enunciado da significação o simples simplificante de um novo significado. Mas, visto que esse enunciado – pelo menos no caso dos conjuntos A com significados explícitos – é composto de um significante (o vestuário), de um significado (o "mundo") e de um signo (união dos dois), o sistema retórico tem aí uma relação autônoma com cada elemento do código indumentário, e não mais apenas

....
1. Cf. *supra*, cap. 3.

com seu conjunto (como ocorreria na língua). Na Retórica de Moda há, digamos, três pequenos sistemas retóricos, distintos em termos de seus objetos: uma retórica do significante indumentário, que chamaremos de "poética do vestuário" (cap. 17), uma retórica do significado mundano, que é a representação que a Moda nos dá do "mundo" (cap. 18) e uma retórica do signo de Moda, que chamaremos de "razão" de Moda (cap. 19). No entanto, esses três pequenos sistemas retóricos têm em comum um mesmo tipo de significante e um mesmo tipo de significado; daremos a um o nome de *escritura de Moda*, a outro, de *ideologia de Moda*, do que trataremos em seguida, neste capítulo, antes de voltarmos a cada um dos três elementos do código indumentário[2]:

código indumentário	sistema retórico	
	St	Sd
St: vestuário	"Poética do vestuário"	
Sd: "mundo"	"O mundo da Moda"	
Signo de Moda	"A razão de Moda"	
	Escritura de Moda	*Ideologia de Moda*

....

2. Não trataremos isoladamente do signo retórico (união do significante com o significado), visto que a escritura e a ideologia de Moda esgotam essa análise.

| *Análise do sistema retórico* |

16.2. Um exemplo

Antes de abordarmos essas diferentes análises, cumpre indicar num exemplo os pontos pelos quais podemos "entrar" no sistema retórico da Moda. Seja o seguinte enunciado: *ela gosta de estudar, de festas-surpresa, de Pascal, Mozart e cool jazz. Usa saltos baixos, tem uma coleção de lencinhos de pescoço, adora os pulôveres lisos do irmãozão e ama saiotes bufantes, frufrulhantes*. Trata-se de um enunciado da significação[3]; portanto, no plano do código indumentário, comporta em primeiro lugar um enunciado do significante, que é o próprio vestuário (*saltos baixos, lencinhos de pescoço, pulôveres lisos do irmãozão, saiotes bufantes e frufrulhantes*); esse significante contém certo número de marcas fraseológicas (*[lenc]inho, do irmãozão, frufrulhantes*), que funcionam como o significante retórico de um significado latente, de ordem ideológica, digamos, "mitológica", que é, globalmente, a visão de vestuário que a revista tem e transmite, visão que ultrapassa seu sentido indumentário. Em segundo lugar, o exemplo contém um enunciado do significado mundano (*ela gosta de estudar, de festas-surpresa, de Pascal,*

---

3. Só existe um enunciado da significação, se compreendermos que a moça porta simultaneamente todos esses traços indumentários; o objeto visado pela significação está então implícito, é o traje, a variante final é a associação, expressa por uma simples vírgula:

\ saltos baixos,	pequeno foulard,	pulôveres lisos,	saiote bufante /
\ OS V /	\ V OS /	\ OS V /	\ OS V /
\ S1 V	S2 V	S3 V	S4 /
		O	

Mas também podemos compreender que um único desses traços serve para determinar o significado; há então tantas significações quantas matrizes de base. Essa ambiguidade, aliás, não influi sobre a análise retórica.

Mozart e cool jazz); esse enunciado do significado, sendo aí explícito, compreende também um significante retórico (sucessão rápida, aparentemente desordenada, de unidades heterogêneas) e um significado retórico, que é a visão, que a revista adota e quer transmitir, do tipo psicológico de quem usa o vestuário. Por fim, em terceiro lugar, o conjunto do enunciado (ou enunciado da significação) é provido de uma forma (emprego do presente, parataxe de verbos: *gosta, usa, coleciona, adora*), que funciona como o significante retórico de um último significado global, a saber, a maneira totalmente factual com que a revista representa para si e para os outros a equivalência entre vestuário e mundo, ou seja, a Moda. Tais são os três objetos retóricos da Moda; mas, antes de os tratar em pormenores, cumpre dizer algumas palavras de cunho metodológico sobre o significante e o significado do sistema retórico em geral[4].

II. Significante retórico: escritura de Moda

16.3. Por uma estilística da escritura

O significante retórico – diga ele respeito ao significante, ao significado ou ao signo indumentário – evidentemente é da alçada de uma análise linguística. No entanto, precisaríamos

....
4. Vemos que é preciso fazer a distinção entre *significante retórico* e *retórica do significante*, pois neste último caso tem-se o significante do código indumentário; o mesmo ocorre com *significado* e *signo*.

aqui dispor de uma análise que, por um lado, reconheça a existência do fenômeno de conotação e, por outro, distinga escritura e estilo; pois, se reservarmos o termo *estilo* a uma fala (*parole*) absolutamente singular (a de um escritor, por exemplo), e o de *escritura* a uma fala (*parole*) coletiva, mas não nacional (a de um grupo definido de redatores, por exemplo), como acreditamos poder propor alhures[5], é evidente que os enunciados de Moda, em sua integralidade, não são da alçada do estilo, mas sim da escritura; ao descrever um vestuário ou seu uso, o redator não investe em sua fala nada de si mesmo, de sua psicologia profunda; ele simplesmente se conforma a certo tom convencional e regrado (poderíamos dizer um *ethos*), pelo qual, aliás, reconhecemos imediatamente uma revista de Moda; veremos que o significado retórico das descrições indumentárias compõe uma visão coletiva articulada em torno dos modelos sociais, e não em torno de uma temática individual; aliás, é por estar inteiramente absorvido numa simples escritura que o enunciado de Moda não pode ser da alçada da literatura, por mais bem "fraseado" que esteja: ele pode exibir literatura (copiando seu tom), mas, precisamente por significá-la, não pode realizá-la. Portanto, é de uma estilística da escritura que, digamos, precisamos para dar conta do significante retórico. Essa estilística não é elaborada; podemos simplesmente marcar seu lugar no sistema geral da Moda e indicar, de passagem, os traços mais comuns do *tom* retórico.

....
5. *Le Degré zéro de l'écriture* [*Oeuvres complètes*, t. I; Trad. bras. *O grau zero da escrita*, São Paulo, Martins Fontes, 2000] e "Points Essais", 1972.

16.4. Traços principais da escritura de Moda

Distinguiremos os traços segmentais, formados por unidades lexicais discretas, e os traços suprassegmentais, extensivos a várias unidades ou mesmo ao enunciado inteiro. No primeiro grupo, é preciso situar, de maneira banal, todas as metáforas (*é um balé branco dos acessórios*) e, de maneira mais geral, todos os traços associados ao "valor" do vocábulo; um bom exemplo é o da palavra *pequeno* (*-inho*), como vimos e à qual voltaremos[6]: por seu sentido denotado, *pequeno* pertence ao nível terminológico (variante de grandeza), mas, em virtude de seus diferentes valores, pertence também ao nível retórico; contém então um sentido mais difuso, feito de matizes econômicos (*não caro*), estéticos (*simples*) e hipocorísticos (*de que se gosta*); do mesmo modo, uma palavra como *frufrulhante* (extraída do exemplo analisado acima), além de seu sentido denotado (*que imita o ruído produzido pelo roçar de folhas ou tecidos*), participa de certo estereótipo da erótica feminina; *irmãozão*, cujo sentido denotado é simplesmente aqui *masculino* (unidade semântica usual) participa de uma linguagem familiar e infantil etc. De maneira geral, o que fornece o essencial dessas conotações segmentais é o que se poderia chamar de substância adjetiva (noção mais ampla do que o *adjetivo* das gramáticas). Entre os traços suprassegmentais, é preciso colocar, em escala elementar (por incidirem sobre unidades discretas, embora associadas pelo som): todos os jogos de rima, de

---

6. Cf. *supra,* 4, 3 e *infra,* 17, 3.

que algumas revistas de Moda lançam mão – *à beira-mar e sempre a par*; *seis guarda-roupas úteis e fúteis*; *sua cabeça graciosa, preciosa, caprichosa* –, certos cortes na frase, que aproximam o enunciado de um dístico ou de um provérbio – *Um debrunzinho faz todo o alinho* – e todas as variedades expressivas de parataxes – por exemplo, a sucessão rápida e desordenada dos verbos (*gosta... adora... usa...*) e das unidades semânticas, aqui originais (*Pascal, Mozart, cool jazz*), funciona como o signo de uma profusão de gostos e, por conseguinte, de uma personalidade muito rica. Quando se trata do significado mundano, além desses fatos propriamente estilísticos, a simples seleção das unidades basta para constituir um significante de conotação: falar de um *longo passeio de tardinha, no campo, num fim de semana de outono* (enunciado composto apenas de unidades usuais) é remeter por uma simples união de circunstâncias (nível terminológico) a um "humor" específico, a uma situação social e sentimental complexa (nível retórico). A composição, portanto, é por si só uma das principais formas do significante retórico, mais ativo porque no enunciado de Moda as unidades implicadas provêm de um código idealmente (se não na prática) exterior à língua, o que, digamos, aumenta a força de conotação da mais simples das falas (*paroles*). Todos esses elementos, por seu caráter suprassegmental, desempenham no sistema retórico mais ou menos o papel desempenhado pela entonação na língua: a entonação, aliás, é um excelente significante de conotação[7]. Como se trata de

....
7. A ponto de, numa mensagem verbal dirigida a um animal, o entendido é a conotação (tom de cólera, de carinho), e não a denotação (sentido literal da palavra).

um significante (ainda que retórico), os traços da escritura de Moda deveriam ser distribuídos em classes de oposição ou paradigmas; isso certamente é possível para os traços segmentais, porém é mais difícil para os traços suprassegmentais (assim como, aliás, para a entonação linguística); aqui é preciso aguardar os progressos da estilística estrutural.

III. Significado retórico: ideologia de Moda

16.5. Implícito e latente

No plano retórico, à escritura de Moda corresponde um significado geral, que é a ideologia de Moda. O significado retórico está submetido a condições específicas de análise, que agora é preciso examinar; essas condições dependem do caráter original do significado retórico: esse significado não é explícito nem implícito, é *latente*. O significado explícito é, por exemplo, o do código indumentário nos conjuntos A: ele é atualizado, na própria qualidade de significado, por meio de uma matéria: o vocábulo (*fim de semana, coquetel, noite*). O significado implícito é, por exemplo, o da língua: nesse sistema, significante e significado têm o cunho, como se diz, de isologia[8]; é impossível objetivar o significado fora de seu significante (a menos que se recorra à metalinguagem de uma definição), mas, ao mesmo tempo, isolar um significante é atingir imediata-

---
8. Cf. *supra*, 13, 1.

mente seu significado; portanto, o significado implícito é ao mesmo tempo discreto, invisível (na qualidade de significado), porém perfeitamente claro (em razão da descontinuidade de seu significante): para decifrar um vocábulo, não há necessidade de nenhum outro saber além da língua, ou seja, do sistema no qual ele é uma função; no caso do significado implícito, a relação de significação é, digamos, necessária e suficiente: a forma fônica /inverno/ tem necessariamente um sentido, e esse sentido basta para esgotar a função significante da palavra *inverno*; o caráter "fechado" da relação[9] decorre aí da natureza do sistema linguístico, sistema cuja matéria é imediatamente significante. Diante do significado implícito, o significado *latente* (é o que ocorre com todo significado retórico) tem características originais, recebidas do lugar que ele ocupa no conjunto do sistema: situado ao cabo de um processo de conotação, ele participa de sua duplicidade constitutiva; a conotação em geral consiste em mascarar a significação sob uma aparência "natural", nunca se apresenta como um sistema franco de significação; portanto, fenomenologicamente, ela não requer uma operação declarada de *leitura*; consumir um sistema conotado (no caso, o sistema retórico da Moda) não é consumir signos, mas apenas razões, fins, imagens; segue-se que o significado de conotação está, literalmente, *oculto* (e não mais implícito); para desvendá-lo – ou seja, para reconstituí-lo –, já não é possível

....

9. Aqui se trata de condições estruturais mínimas de constituição do signo linguístico, pois só consideramos a significação, sem levarmos em conta o "valor", que, porém, é essencial no sistema da língua.

basear-se numa evidência imediata compartilhada pela massa dos usuários do sistema, como ocorre com a "massa falante" do sistema linguístico[10]. Pode-se dizer que o signo de conotação não é necessário porque, em se perdendo sua leitura, o conjunto do enunciado continua válido, por sua própria denotação; e ele não é suficiente por não haver ajuste exato entre um significante, cuja natureza extensa e suprassegmental vimos, e um significado global, difuso, permeado de um saber desigual (segundo o grau cultural dos consumidores), imerso numa zona mental na qual as ideias, as imagens e os valores permanecem como que suspensos na penumbra de uma linguagem incerta, pois ela não se apresenta como sistema de significação. Assim, quando a revista fala de *pulôveres do irmãozão* (e não pulôveres masculinos), ou da moça que gosta ao mesmo tempo de *festas-surpresa e Pascal, cool jazz e Mozart*, a "familiaridade" um tanto infantil do primeiro enunciado e o ecletismo do segundo são significados de estatuto discutível, porque percebidos aqui como a simples expressão de uma natureza simples e ali com a distância de um olhar crítico que encontra o signo por trás do índice; pode-se presumir que, para a leitora de Moda, não existe aí consciência de uma significação, mas que ela recebe do enunciado uma mensagem suficientemente estruturada para modificá-la (por exemplo, ao ser tranquilizada e confirmada numa situação eufórica de familiaridade ou no direito de gostar

---

10. É óbvio que, mesmo na língua, a conotação é um fator de ambiguidade: complica (no mínimo) a comunicação.

de gêneros muito diferentes, mas com sutis afinidades). Com o significado retórico ou significado latente, chega-se, pois, ao paradoxo essencial da significação conotada: trata-se, digamos, de uma significação *admitida*, mas não *lida*[11].

16.6. *"Nebulosidade" do significado retórico*

Antes de examinarmos as incidências desse paradoxo sobre a condução da análise, é preciso indicar outro caráter original do significado retórico. Seja o seguinte enunciado: *coquete sem coqueteria*; seu significante retórico é a relação paradoxal que une dois contrários; esse significante remete, pois, à ideia de que o mundo visado pela Moda escrita ignora coerções, que alguém pode ter duas características originalmente contraditórias, entre as quais nada obriga a escolher; em outras palavras, o significado é aí constituído por uma visão ao mesmo tempo sincrética e eufórica do mundo. Ora, esse significado retórico é o mesmo para grande número de enunciados (*audácia discreta, fantasia sóbria, rigor displicente, Pascal e cool jazz* etc.); portanto, há poucos significados retóricos para muitos significantes; e, como cada um desses significados pouco numerosos é uma pequena ideologia situada, de algum modo, numa situação de osmose com uma ideologia mais vasta (euforia e sincretismo

---
11. A existência de mensagens latentes parece ser reconhecida pela psicologia social, como mostra a distinção entre *fenótipos* (ou comportamentos manifestos) e *genótipos* (ou comportamentos latentes, hipotéticos, inferidos), estabelecida por C. Coombs e a resposta de J. Stoetzel ("Les progrès méthodologiques récents en sociologie" [Recentes progressos metodológicos em sociologia], *in Actes du IV' congrès mondial de sociologie*, II, Londres, AIS, p. 267).

remetem, necessariamente, a uma ideia geral da natureza, da felicidade, do mal etc.), pode-se dizer que só existe um significado retórico, formado por uma massa indefinida de conceitos, que poderia ser comparado a uma grande nebulosa, com articulações e contornos indecisos. Essa "nebulosidade" não é uma carência sistemática: o significado retórico é confuso porque depende estreitamente da situação dos indivíduos que manejam a mensagem (é o que já indicamos quando tratamos do código viário ensinado[12]): de seu saber, de seus sentimentos, de sua moral, de sua consciência, do estado histórico da cultura em que vivem. A imprecisão maciça do significado retórico, portanto, é na verdade uma abertura para o mundo. Com seu último significado, a Moda atinge o limite de seu sistema: é aí que, tocando o mundo total, esse sistema se desfaz. Compreende-se então que, penetrando no nível retórico, a análise, carreada nesse movimento, seja levada a abandonar suas premissas formais e, tornando-se ideológica, reconheça os limites que lhe são impostos ao mesmo tempo pelo mundo histórico no qual ela se enuncia e pela existência daquele que a enuncia: aí o analista, com um duplo movimento contrário, precisa desvincular-se dos usuários do sistema para objetivar sua atitude e, no entanto, sentir que essa distância é necessária, não como expressão de uma verdade positiva, mas como uma situação histórica particular e relativa: recorrendo a termos diversamente usados, diremos que ele precisa ser ao mesmo tempo objetivo e participante.

---

12. Cf. *supra*, 3, 3.

| *Análise do sistema retórico* |

16.7. O problema da "prova" do significado retórico

A objetividade consiste aí em definir o significado retórico como provável, mas não como indubitável; não se pode "provar" o significado retórico com o recurso direto à massa de seus usuários, pois essa massa não *lê* a mensagem de conotação, mas a *admite*. Não há "prova" desse significado, mas apenas "probabilidade". Essa probabilidade, porém, pode ser submetida a dois controles. Inicialmente, um controle externo: seria possível verificar a leitura dos enunciados de Moda (em sua forma retórica), submetendo as leitoras de Moda a entrevistas não dirigidas (parece ser essa a melhor técnica, pois se trata de reconstituir uma totalidade ideológica); depois, um controle interno ou, mais exatamente, imanente a seu objeto: os significados retóricos identificados concorrem para formar uma visão geral do mundo, que é a visão da sociedade humana constituída pela revista e suas leitoras: por um lado, é preciso que o mundo da Moda esteja inteiramente saturado por todos os significados retóricos e, por outro, que dentro desse conjunto os significados estejam todos interligados funcionalmente; em outras palavras, se o significado retórico, em sua forma unitária, só pode ser uma *construção*, é preciso que essa construção seja coerente[13]: a probabilidade interna do significado retórico é estabelecida à proporção de sua coerência. Diante das exigências de uma demonstração positiva ou de uma expe-

---

13. A coerência interna, evidentemente, deve ser não-contraditória com o conhecimento que se possa ter da sociedade global.

rimentação real, a simples coerência pode parecer uma "prova" decepcionante; no entanto, estamos cada vez mais inclinados a reconhecer-lhe um estatuto, se não científico, pelo menos heurístico; uma parte da crítica moderna tem em vista reconstituir universos criativos pela via temática (que é o método próprio à análise imanente), e em linguística é a coerência de um sistema (e não seu "emprego") que demonstra sua realidade; e, não pretendendo subestimar sua importância prática na vida histórica do mundo moderno, o controle de seus "efeitos" está longe de esgotar a teoria marxista ou a teoria psicanalítica, que devem uma parte decisiva de sua "probabilidade" à sua coerência sistemática. Portanto, ao que parece, na epistemologia moderna há uma espécie de "deslizamento" da prova, inevitável quando se passa de uma problemática dos determinismos para uma problemática dos sentidos ou, dizendo de outro modo, quando a ciência social trata de uma realidade parcialmente transformada em linguagem pela própria sociedade: por isso, aliás, parece que toda sociologia das motivações, dos símbolos ou das comunicações, que só pode atingir seu objeto através da fala humana, é chamada a colaborar com a análise semiológica; bem mais: sendo linguagem, ela mesma não pode, afinal, se subtrair a essa análise; há e haverá fatalmente uma semiologia dos semiólogos. Assim, penetrando no significado retórico, o analista se aproxima do termo de sua tarefa; mas esse termo é o próprio momento no qual ele atinge o mundo histórico e, nesse mundo, o lugar objetivo que nele ocupa[14].

....
14. Cf. *infra*, cap. 20-13.

| **capítulo 17** | RETÓRICA DO SIGNIFICANTE:
A POÉTICA DO VESTUÁRIO

Olha que quentinhas as botinhas!

I. A "Poética"

17.1. Matéria e linguagem

A descrição do vestuário (que é o significante do código indumentário) pode ser espaço de uma conotação retórica. A especialidade dessa retórica está na natureza material do objeto descrito, a saber, o vestuário; retórica que é definida, digamos, pelo encontro de uma matéria com uma linguagem: é essa situação que qualificaremos de *poética*. Está claro que pode haver imposição de uma linguagem a um objeto sem que haja "poesia"; esse é, pelo menos, o caso de todos os enunciados denotativos: pode-se descrever tecnicamente uma máquina com a simples nomenclatura de seus componentes e de suas funções; a denotação é pura desde que a descrição seja funcional, produzida em vista de um uso real (construir a máquina ou usá-la); no entanto, se a descrição técnica, de alguma maneira, não passar de espetáculo de si mesma e se apresentar como cópia signalética de um gênero (por exemplo, numa paródia ou num romance), haverá conotação e esboço de uma "poética" da máquina; a transitividade da linguagem talvez seja, de fato, o verdadeiro critério da denotação; e a intransitividade (ou falsa transitividade, ou mesmo reflexividade) é a marca da conotação; há mutação poética assim que se passa da função real ao espetáculo, mesmo quando esse espetáculo se disfarça por trás da aparência de uma função. Em suma, toda descrição intransitiva (improdutiva) gera a possibilidade de certa poética, mesmo que essa poética não se realize de acordo com valores estéticos; pois, ao descrevermos um objeto material, se isso não for feito para construí-lo ou usá-lo, somos induzidos a associar as qualidades de sua matéria a um sentido segundo, a significar-se através daquilo lhe atribuem de notável: toda descrição intransitiva implica um imaginário. De que tipo é o imaginário descrito pela revista de Moda?

17.2. *Uma retórica rara e pobre*

Pode-se esperar que o vestuário constitua um excelente objeto poético; em primeiro lugar, porque mobiliza com muita variedade todas as qualidades da matéria: substância, forma, cor, tatilidade, movimento, porte, luminosidade; em segundo lugar, referindo-se ao corpo e funcionando ao mesmo tempo como substituto e máscara dele, o vestuário certamente é objeto de grande investimento; essa disposição "poética" é comprovada pela frequência e qualidade das descrições indumentárias na literatura. Ora, se observarmos os enunciados que a revista dedica ao vestuário, constataremos de imediato que a Moda não honra o projeto poético que lhe é permitido por seu objeto, que ela não propicia nenhum material a uma psicanálise das substâncias; que a conotação não remete a um exercício da imaginação. Primeiramente, em numerosos casos, o significante do primeiro sistema (ou seja, o vestuário) é dado sem nenhuma retórica; o vestuário é descrito de acordo com uma nomenclatura pura e simples, desprovida de qualquer conotação, inteiramente absorvida pelo plano de denotação, ou seja, pelo próprio código terminológico; todos os termos descritivos são então extraídos do inventário dos gêneros e das variantes que estabelecemos anteriormente; num enunciado como *pulôveres e balaclavas: roupa para chalé*, o vestuário é reduzido à asserção de duas espécies[1]. Esses casos defectivos refletem um paradoxo interessante: é no nível do próprio vestuário que a Moda faz menos literatura, como se, deparando com sua própria realidade, ela tendesse a tornar-se objetiva e reservasse o luxo da conotação para o mundo, ou seja, para o *alhures* do vestuário; há nisso o primeiro índice de uma injunção da denotação sobre o sistema da Moda: a Moda tende a denotar o vestuário porque, por mais utópica que seja, não renuncia ao projeto de

....

1. Contudo, pode restar alguma "retórica" no enunciado em nível de significado (o mundo) ou da significação; aqui, *chalé* (significado) comporta uma conotação social, de ócio e luxo, e a paratáxe, abrupta, remete a uma espécie de evidência peremptória.

certo *fazer*, ou seja, de certa transitividade de sua linguagem (ela deve incentivar a usar aquela peça de vestuário). Em segundo lugar, quando há retórica do vestuário, essa retórica é sempre pobre; com isso se deve entender que as metáforas e locuções que constituem o significante retórico do vestuário, quando existem, não são determinadas por uma referência às qualidades que se irradiam da matéria, mas sim por estereótipos extraídos de uma tradição literária vulgarizada, seja com rimas (*preciosas, nebulosas, vaporosas, as anáguas*), seja com comparações comuns (*cinto fino como um cordão*); trata-se, em suma, de uma retórica banal, ou seja, de informação fraca. Pode-se dizer que a Moda, sempre que aceita conotar o vestuário, entre a metáfora "poética" (oriunda de uma qualidade "inventada" da matéria) e a metáfora estereotipada (oriunda de automatismos literários), escolhe a segunda: nada mais apropriado a uma conotação poética do que a sensação de calor: a Moda, porém, prefere alinhar a conotação com o pregão do vendedor de castanhas (*Chaud, chaud les bottillons!**), assumindo então nada além da mais banal "poesia" do inverno.

17.3. Denotação e conotação: termos mistos

Raridade e pobreza do sistema retórico no nível do significante são explicadas pela pressão constante da denotação sobre a descrição do vestuário. Essa pressão se exerce com evi-

---

* Tradução literal: "quente, quente, as botinhas". O pregão do vendedor de castanhas é: "*chaud, chaud les marrons*". [N. da T.]

dência sempre que a Moda se coloca, de alguma maneira, entre o nível terminológico e o nível retórico, como se não pudesse optar entre um e outro, como se ela estivesse sempre permeando a notação retórica com uma espécie de remorso, de tentação terminológica; ora, esses casos são muito numerosos. A imbricação dos dois sistemas ocorre em dois pontos: por um lado, no nível de algumas variantes e, por outro, no nível daquilo que já chamamos de adjetivos mistos[2]. Vimos, de passagem, que certas variantes, embora pertencentes ao sistema denotado ou, pelo menos, classificadas no inventário do primeiro código (visto estarem ligadas a variações do sentido indumentário), têm certo valor retórico: a existência da *marca* ou da *regulação*, por exemplo, depende de uma expressão puramente terminológica, ou seja, seria difícil "traduzi-las" especificamente em vestuário real (e não escrito): sua natureza verbal as predispõe à retórica, sem que elas possam, porém, sair do plano da denotação, pois dispõem de um significado pertencente ao código indumentário. Quanto aos adjetivos mistos, são todos aqueles que, no sistema da língua, têm um valor ao mesmo tempo material e imaterial, como *pequeno*, *brilhante*, *simples*, *correto*, *frufrulhante* etc.; pelo valor material, pertencem ao nível terminológico; pelo valor imaterial, ao nível retórico. Em *pequeno* (examinado em outro lugar[3]), a distribuição dos dois sistemas é simples, porque o valor denotado da palavra encontra lugar diretamente num paradigma que pertence ao código indu-

....
2. Cf. *supra*, 4, 3.
3. Cf. *supra*, 3, II; 4, 3.

mentário (variante de tamanho); mas adjetivos como *bonitinho*, *bom* (*o bom mantô de viagem*), *correto* só pertencem ao plano denotado por aproximação: *bonitinho* faz parte da área de *pequeno*; *bom*, da área de grosso; *correto*, da área de *liso* (sem ornamento).

17.4. Significados-significantes

A pressão da denotação é exercida em outro ponto do sistema. Alguns termos podem ser considerados ao mesmo tempo significados ou significantes; em *pulôver masculino*, *masculino* é um significado desde que pulôver marque uma masculinidade real (esfera mundana), mas também é um significante porquanto o desgaste mundano do termo lhe permite definir pura e simplesmente certo estado do vestuário. Encontra-se aí um fato diacrônico que já tivemos várias oportunidades de notar: algumas espécies de vestuário funcionam como antigos significados "fossilizados" em significantes (*camisa-esporte*, *sapatos-Richelieu*); o adjetivo misto representa muitas vezes o estado inicial desse processo, o momento frágil no qual o significado vai "pegar", solidificar-se em significante: masculino é um significado porquanto a masculinidade é um valor suficientemente aberrante do vestuário feminino; mas, se a masculinização desse vestuário se institucionalizar (mas sem se tornar total, pois, para que haja sentido, deve subsistir a possibilidade de escolha entre feminino e masculino[4]),

---

4. *Feminino* continua sendo um termo conotado (frequente no vocabulário de Moda), embora o vestuário de Moda seja literalmente feminino por inteiro, por subsistir uma tensão entre o masculino e o feminino; a existência do par no nível dos estilos possibilita conotação de ambos os termos.

masculino se tornará uma notação tão "surda" quanto *esporte*; na qualidade de significante puro, definirá certa espécie de vestuário: há uma espécie de flutuação diacrônica entre a origem significada do termo e sua transformação significante[5]. Ora, "fossilizar" um significado como significante é fatalmente caminhar no sentido de certa denotação, pois significa fazer um sistema de equivalência inerte (significante ≡ significado) deslizar para uma nomenclatura terminológica já pronta para ser utilizada com fins transitivos (construir o vestuário). Aceitando a pressão da denotação sobre a parte indumentária de seu sistema (ou preparando no mínimo um intercâmbio estreito entre os níveis retórico e terminológico), a Moda se lembra de que deve ajudar a construir um vestuário, mesmo que utopicamente. Donde a parcimônia e os ardis de seu sistema retórico, sempre que ele afeta o vestuário propriamente dito.

II. O significado retórico do vestuário: modelos

17.5. Modelos cognitivos: "cultura"

Mesmo pobre, o sistema retórico do vestuário não deixa de existir aqui ou acolá. Qual é seu significado[6]? Não é uma "imaginação" das substâncias, visto que a Moda recusa uma "poé-

---

5. Onde classificar esses significantes-significados? Se a matriz já estiver saturada por uma variante, o termo misto será transferido para a esfera mundana (*saiotes bufantes, frufrulhantes*); mas, se o adjetivo misto estiver diretamente confrontado com a espécie (*saiotes frufrulhantes*), assumirá um valor de variante (ajuste).
6. Falamos de significado singular, pois o significado retórico é "nebuloso" (*supra*, 16, 6).

tica" do vestuário; é um conjunto de modelos sociais, que podem ser divididos em três grandes campos semânticos[7]. O primeiro desses campos é constituído por uma rede de modelos culturais ou cognitivos. O significante desse conjunto costuma ser constituído por uma nominação metafórica da espécie: *o vestido que Manet gostaria de ter pintado*; *esse rosa-veneno teria encantado Toulouse-Lautrec*; certo número de objetos ou de estilos dignificados pela cultura dão assim nome ao vestuário; podemos dizer que são modelos formadores do signo, tendo-se em mente que a relação analógica que une o tema epônimo à sua encarnação do momento tem valor essencialmente retórico: colocar um vestido sob o "signo" de Manet não é tanto nomear uma forma, porém exibir certa cultura (essa duplicidade é própria da conotação); a referência cultural é tão explícita, que se fala então em *inspiração, evocação*[8]. Há quatro grandes temas epônimos: Natureza (*vestido-flor, vestido-nuvem, chapéus em flor* etc.); Geografia, culturalizada com o tema exótico (*blusa à russa, adorno circassiano, túnica de samurai*; *manga-pagode, bolero de toureiro, camisa-Califórnia, tons de verão grego*); História, que fornece principalmente modelos de conjunto ("linhas"), ao contrário da Geografia, inspiradora de "detalhes" (*moda 1900, sabor 1916, linha Império*); Arte (pintura, escultura, literatura, cinema), que é o mais rico dos temas inspiradores, marcada na retórica de Moda por um ecletismo total,

---

7. Cabe lembrar que na terminologia aqui empregada, *semântica* remete ao plano do conteúdo, e não ao da expressão.
8. "*A Moda 59 não tem nada e tem tudo: lembra Gigi, Manet, Vigny e George Sand.*" A notação às vezes é mais direta: é o *empréstimo*, noção ainda literária.

desde que as referências sejam conhecidas (*nova linha Tânagra, desabillé Watteau, cores Picasso*[9]). Naturalmente – e isso é próprio da conotação –, o significado de todos esses significantes retóricos não é propriamente o modelo, mesmo que concebido de maneira genérica (Natureza, Arte etc.): o que se quer significar é a própria ideia de cultura e, com suas próprias categorias, essa cultura é "mundana", ou seja, escolar: História, Geografia, Arte, História natural, esse é o recorte de saber de um estudante pré-universitário; os modelos que a Moda propõe de roldão são extraídos da bagagem cultural de uma mocinha "exemplar e sempre a par" (como diria a Moda), que frequentasse aulas da École du Louvre, visitasse algumas exposições, museus durante viagens e tivesse lido alguns grandes romances. O modelo sociocultural assim constituído e significado pode ser, aliás, inteiramente projetivo: nada o obriga a coincidir com a situação real das leitoras de Moda; é até provável que represente apenas um grau de promoção razoável.

17.6. Modelos afetivos: o "hipocorístico"

O segundo grupo de modelos implicados no significado retórico compreende os modelos afetivos. Também aí, é preciso partir do significante. Constata-se depressa que, quando não é "cultural", sublimada, a escritura de Moda é o exato oposto: familiar, íntima até, um tanto infantil; trata-se de uma linguagem doméstica, articulada em torno da oposição dos dois ter-

---
9. Até a Alta Costura pode constituir um modelo cultural, visto que os principais costureiros são espécies de significados (*Estilo-Chanel, Chanel-look*).

mos principais: *bom* e *pequeno* (essas duas palavras devem ser entendidas aqui no sentido conotado). *Bom* (*as boas roupas de lã grossa*) carreia uma ideia complexa de proteção, calor, honestidade, simplicidade, saúde etc.; *pequeno* (tantas vezes encontrado) remete a valores também felizes (a Moda é sempre eufêmica), mas o centro da noção é uma ideia de sedução, mais que de proteção (*lindo*, *bonitinho* fazem parte da área do *pequeno*). A oposição *bom*/*pequeno* pode dividir um sentido terminologicamente homogêneo (o que comprova a realidade e a autonomia do plano retórico): *alegre* remete a *pequeno*, mas *agradável* remete a *bom*; provavelmente esses dois pólos coincidem com duas das motivações clássicas do vestuário, proteção e adorno, quente e gracioso; mas a conotação que respaldam está em outro lugar: transmite certo tom filial, a relação complementar *boa-mãe*/*menina-boazinha*; o vestuário ora é amante, ora amado: é o que se poderia chamar o "hipocorístico" do vestuário. Portanto, o que é significado aqui é o papel ao mesmo tempo maternal e infantil atribuído ao vestuário. Esse papel é atribuído com todas as suas ressonâncias infantis: o vestuário costuma ser tratado de uma maneira fabulosa (*vestido-princesa*, *vestido-milagre*, *Rei Mantô I*); o hipocorístico indumentário une-se aí aos contos régios, cuja importância, mascarada de atualidade, é conhecida na atual cultura de massa.

17.7. A "seriedade" de Moda

Embora aparentemente contraditório, o modelo cultural e o modelo hipocorístico têm uma meta comum, pois a situação na qual eles põem a leitora de Moda é a mesma, simultaneamente educativa e infantil; de modo que a simples análise semântica possibilita fixar com bastante exatidão a idade mental dessa leitora-modelo: é a mocinha que frequenta o liceu, mas ainda brinca de boneca em casa, ainda que essas bonecas já não passem de bibelôs na prateleira de sua estante. A retórica indumentária participa, em suma, da própria ambiguidade dos papéis infantis na sociedade moderna: a criança é excessivamente infantil em casa e excessivamente séria na escola; é preciso tomar esse excesso ao pé da letra; a Moda é, ao mesmo tempo, séria *demais* e fútil *demais*, e nesse jogo sabiamente complementar de excessos ela encontra solução para uma contradição fundamental que está sempre expondo ao risco de destruir seu frágil prestígio: a Moda não pode ser literalmente séria porque isso seria opor-se ao senso comum (que ela respeita por princípio), que com facilidade considera ociosa a atividade da Moda; inversamente, ela não pode ser irônica e questionar seu próprio ser; em sua linguagem, o vestuário deve permanecer, ao mesmo tempo, essencial (ela vive graças a ele) e acessório (o senso comum pensa assim); donde uma retórica ora sublime, que dá à Moda a caução de toda uma cultura nominal, ora familiar, que transporta o vestuário para um universo de "pequenas coisas"[10]. Aliás, é provável que a justaposição do excessivamente sério e do excessivamente fútil, que fundamenta a retó-

---

10. Outro desenvolvimento dessa linguagem "minimizante" (mas com outro alcance ético) é dado pelo tema do "estrambótico" (cada vez mais frequente, mas reservado à fotografia de Moda); cf. apêndice, II.

rica da Moda[11], apenas reproduza no nível do vestuário a situação mítica da Mulher na civilização ocidental: ao mesmo tempo sublime e infantil.

17.8. Modelo vitalista: o "detalhe"

Há um terceiro modelo presente na retórica do vestuário, modelo que não participa do sublime nem do fútil da Moda, provavelmente por corresponder a uma condição real (econômica) da produção de Moda. Seu significante é constituído por todas as variações metafóricas do "detalhe" (que é um termo misto, conotado-denotado, pois também pertence ao inventário dos gêneros[12]). O "detalhe" implica dois temas constantes e complementares: tenuidade[13] e criatividade; a metáfora exemplar aí é o *grão*, ser ínfimo do qual brota uma colheita: um "grão" de "nada", e tem-se todo um traje permeado pelo sentido de Moda: *um quase nada que muda tudo*; *esse nada que fará tudo*; *um detalhe vai mudar a aparência*; *detalhes que garantem sua personalidade* etc. Dando grande poder semântico ao *nada*, a Moda apenas segue seu próprio sistema, cujas matrizes e cadeias têm precisamente a tarefa de irradiar o sentido por meio

....

11. Caso se tratasse de uma dialética entre seriedade e futilidade, ou seja, se a futilidade da Moda fosse tomada *imediatamente* por absolutamente séria, teríamos então uma das formas mais elevadas da experiência literária: é o movimento da dialética mallarmeana a respeito da própria Moda (*La Dernière Mode*).
12. Exemplos: *boas ideias, complementos, ideias, requintes, nota, grão, tom, surpresa, fiapo, nada.*
13. Pode-se enfatizar ainda mais o "nada", sutilizá-lo até o inefável (que é a metáfora da vida): *os vestidinhos têm cintos desse jeito ou de outro*; *uma certa gola Claudine*.

dos materiais inertes; estruturalmente, o sentido de Moda é um sentido à distância; e nessa estrutura o "nada" é precisamente o núcleo irradiante: sua importância não é extensa, mas energética, ele tem uma propagação do detalhe para o conjunto, *nada* pode significar *tudo*. Mas essa imaginação vitalista não é irresponsável; a retórica do detalhe parece ganhar amplitude crescente, e os interesses são econômicos: ao se tornar valor de massa (através das revistas ou das lojas), a Moda deve elaborar sentidos, cuja fabricação não se mostre custosa; é o que ocorre com o "detalhe": um "detalhe" basta para transformar o sem-sentido em sentido, o fora-de-moda em Moda, no entanto um "detalhe" não custa caro; com essa técnica semântica específica, a Moda sai do luxuoso e parece entrar numa prática do vestuário acessível aos pequenos orçamentos; mas, ao mesmo tempo, sublimado com o nome de *boa ideia*, esse mesmo detalhe barato participa da dignidade da ideia: gratuito como ela, glorioso como ela, o detalhe consagra uma democracia dos orçamentos ao mesmo tempo que respeita uma aristocracia dos gostos.

III. Retórica e Sociedade

17.9. Retórica e públicos de Moda

O significado retórico da descrição não se situa no âmbito de uma poética das substâncias, mas apenas no âmbito de uma psicossociologia dos papéis (quando este âmbito existe).

Com isso, torna-se possível certa sociologia da Moda, a partir de sua própria semântica: como a Moda é inteiramente sistema de signos, as variações do significado retórico correspondem provavelmente a variações de público[14]. No *corpus* estudado, a presença ou a ausência de retórica indumentária parece remeter a tipos de revistas diferentes. Uma retórica pobre, ou seja, uma denotação forte, parece corresponder a um público socialmente mais elevado[15]; ao contrário, uma retórica forte, que desenvolve amplamente o significado cultural e hipocorístico, corresponde a um público mais popular[16]. Essa oposição é explicável: poderíamos dizer que, quanto mais elevado é o nível de vida, mais o vestuário proposto (por escrito) tem probabilidade de ser realizado, e a denotação (cujo caráter transitivo já indicamos) ocupa seu espaço de direito; inversamente, se o nível de vida é mais baixo, o vestuário é irrealizável, a denotação se torna vã, e então é necessário compensar sua inutilidade com um sistema forte de conotação, cuja peculiaridade é possibilitar o investimento utópico: é mais fácil sonhar com *o vestido que Manet gostaria de ter pintado* do que construí-lo. No entanto, essa lei não parece infinita: o investimento cultural, por exemplo, só é possível se sua imagem estiver ao alcance do grupo ao qual ela é oferecida: a conotação, portanto, é

---

14. Como aqui não pretendemos estabelecer uma sociologia da Moda, essas indicações são puramente aproximativas: no entanto, não haveria dificuldade metodológica alguma em definir sociologicamente o nível de cada revista de Moda.
15. Revistas do tipo: *Jardin des Modes*, *Vogue*.
16. Revistas do tipo: *Elle*.

forte onde há tensão (e equilíbrio) entre dois estatutos contíguos, um real e outro sonhado: é preciso que o sonho, embora utópico, esteja próximo; mas, se descermos mais um nível na escala socioprofissional, a imagem cultural empobrecerá, o sistema tenderá de novo à denotação[17]; em suma, estaríamos diante de uma curva de Gauss: no ápice, o sistema com forte conotação e públicos de situação média; nas duas extremidades, sistemas com forte denotação e públicos de situação inferior ou superior; mas, nestes dois últimos casos, a denotação não é a mesma; a denotação das revistas de luxo implica um vestuário rico, com numerosas variações, ainda que descreva com exatidão, ou seja, sem retórica; a denotação da revista popular é pobre, pois capta um vestuário barato que considera realizável: a utopia ocupa, como convém, posição intermediária entre a práxis do pobre e a do rico[18].

....
17. Revistas do tipo: *Écho de la Mode* (recentemente também: *Petit Écho de la Mode*).
18. O fenômeno se encontra na análise da retórica do significado (próximo cap.).

| **capítulo 18** | RETÓRICA DO SIGNIFICADO:
O MUNDO DA MODA

Sou secretária, gosto de estar impecável.

I. Representação do mundo

18.1. Metáfora e parataxe: o romance de Moda

Quando seu significado é explícito[1], o código indumentário recorta o mundo em unidades semânticas das quais a retórica se apodera para "vesti-las", ordená-las e, a partir delas, construir uma verdadeira visão do mundo: *noite, fim de semana, passeio, primavera* são unidades erráticas que, embora provenientes do mundo, não implicam nenhum "mundo" particular, alguma ideologia definida, motivo pelo qual nos recusa-

....
1. Quando o significado é implícito (conjuntos B), esse significado é a Moda; sua retórica se confunde com a retórica do signo (próximo cap.); neste capítulo só podemos tratar dos conjuntos A.

mos a classificá-las no código indumentário[2]. Essa construção retórica de um mundo, que poderia ser comparada a uma verdadeira cosmogonia, é feita por duas vias principais (já indicadas quando falamos do significante retórico[3]): metáfora e parataxe. A metáfora mundana tem comumente o papel de transformar uma unidade semântica usual (portanto, conceitual) em contingência aparentemente original (ainda que essa contingência remeta retoricamente a um estereótipo); assim, em: *para os passeios no campo, as visitas à fazenda, os vestidos serão coloridos*, a redundância metafórica (*visitas à fazenda*) acrescenta aos elementos do primeiro código (*passeio • campo*), por um lado, a visão de um objeto (a fazenda) que aqui substitui a intelecção de um conceito (o campo) e, por outro, a sugestão de uma situação social fictícia, oriunda de toda uma literatura para moças (a fazenda *visitada* implica que se está vindo de um castelo, de uma fidalguia, de um local de ócio, para ir olhar, como espetáculo um tanto exótico, uma essência mista de campo e trabalho). Quanto à parataxe, estende o poder da metáfora desenvolvendo, a partir de situações e de objetos descontínuos, aquilo que se chama de "atmosfera"; em: *blazer para a mocinha que gosta de inglês, talvez apaixonada por Proust, que passa as férias na praia*, as férias, a praia, a mocinha, o gênero inglês e Proust, com sua simples contiguidade narrativa, recompõem um espaço literário bem conhecido: é a praia normanda, Balbec, o gru-

....
2. Cf. *supra*, 13, 9.
3. Cf. *supra*, 16, 4.

po de mocinhas em flor. Assim nasce um conjunto de objetos e situações interligados, não mais por uma lógica dos usos ou dos signos, mas por injunções de tipo bem diferente, que são as injunções da narrativa: a retórica faz as unidades semânticas passarem da pura descontinuidade combinatória ao quadro vivo ou, se preferirem, da estrutura ao acontecimento; realmente, é papel da retórica elaborar uma ordem aparentemente factual a partir de elementos estruturais (as unidades semânticas do código indumentário), e é nisso que a retórica de Moda é uma *arte* (ressalvando-se quaisquer questões de *valor*); a narrativa permite ao mesmo tempo realizar e evitar a estrutura na qual se inspira: a fazenda confirma o campo, mas também mascara sua natureza abstrata (semântica), a favor de novos valores; uma aparência de *vivência* (ou seja, tendencialmente, de inefável) vem compensar, sem destruir, a pura combinação dos signos. Trata-se, em suma, de um equilíbrio lúdico entre o código e sua retórica; ambiguidade fundamental, que até agora possibilitou que o romance fosse simultaneamente estrutura e acontecimento, coleção de essências (papéis, modelos, empregos, caracteres) e narrativa coerente. No romanesco da Moda, o peso da estrutura é enorme, pois as metáforas e as parataxes, do ponto de vista informacional, são banais, ou seja, são extraídas de unidades e combinações já bem conhecidas; no entanto, é uma estrutura inteiramente situada sob a caução do acontecimento; poderíamos talvez chamar de *estereótipo* essa forma degradada da estrutura, ou forma tímida do acontecimento: é o estereótipo que fundamenta o equilíbrio da retórica de Moda, que lhe permite apresentar informações perfeitamente tranquilizadoras, porém marcadas pela vaga aparência do *nunca-visto* (poderíamos dizer que o estereótipo funciona como uma lembrança mal reconhecida). A situação estrutural do tom romanesco elaborado pela retórica do significado é a seguinte: mascarar a estrutura por trás do acontecimento.

18.2. Princípio de análise: noção de "trabalho"

Qual é o "assunto" desse romance ou, em outros termos, qual é o significado da retórica de Moda, quando ela fala do "mundo"[4]? Conforme dissemos e repetiremos[5], ele só poderia ser nomeado por meio de uma nova metalinguagem, que é a do analista. Parece que a noção que melhor explica a coerência do universo de Moda ou, se preferirem, a noção que não é contraditória com nenhum de seus traços, é a noção de trabalho[6]. Certamente as representações mais frequentes e densas da retórica de Moda não dizem respeito ao trabalho, mas a seu contrário, o ócio; contudo, trata-se de um par complementar: o mundo da Moda é o trabalho pelo avesso; uma primeira rede de significados retóricos, portanto, compreenderá todas as unidades (e suas metáforas ou parataxes parciais) que tenham re-

....

4. Cabe lembrar que é possível falar de um significado retórico singular (ainda que composto de vários temas) porque, no plano retórico, o significado é "nebuloso".
5. Cf. *supra*, 16, 5; 16, 7, e *infra*, 20, 13.
6. A.-J. Greimas já propôs classificar os significados da língua em relação a essa noção: às *técnicas* (significados) corresponderiam no plano simbólico da linguagem os léxicos ("Le problème de la description mécanographique" [O problema da descrição mecanográfica], *in Cah. de lex.*, I, 1959, 63).

lação com o fazer humano, ainda que esse fazer tenha o cunho de certa irrealidade; em geral, serão todas as funções e todas as situações que impliquem uma atividade (mesmo ociosa), ou as circunstâncias nas quais se supõe que ela seja exercida; mas, como o fazer da Moda (e está aí a sua irrealidade) é sempre o atributo decorativo do ser, como o trabalho nunca é dado fora de uma população de essências psicológicas e modelos humanos e como, em Moda, o trabalho não produz o homem, mas o segue, a segunda rede dos significados retóricos compreenderá todas as unidades que tenham relação com certo ser do homem. Assim, o romance de Moda se organiza em torno de duas equivalências; de acordo com a primeira, a Moda oferece à leitura uma atividade definida em si mesma ou em suas circunstâncias de tempo e lugar (*se quiser mostrar que faz isto, vista-se assim*); de acordo com a segunda, ela oferece à leitura uma identidade (*se quiser ser isto, precisa vestir-se assim*). A usuária de Moda vê-se, em suma, submetida a quatro perguntas: *quem? o quê? onde? quando?* Seu vestuário (utópico) sempre responde pelo menos a uma dessas perguntas[7].

7.

Quem?	SER	Essências e modelos
O quê? Quando? Onde?	FAZER	Funções e situações

Começaremos tratando das funções e situações.

II. Funções e Situações

18.3. Situações ativas e festivas

No campo do fazer, a mulher da Moda sempre se situa em relação a uma destas três perguntas: o quê? (transitividade), quando? (temporalidade), onde? (localidade). Percebe-se que o fazer deve ser entendido em sentido lato: o ato pode perfeitamente apresentar-se apenas na forma de circunstâncias que o acompanhem (tempo e lugar). De fato, a Moda não conhece verdadeira transitividade[8]; o objeto de suas notações é de preferência o modo como o sujeito faz a sua situação em relação a um meio no qual ele supostamente age: caça, baile, compras são condutas sociais, não técnicas. O fazer da Moda é, de alguma maneira, abortado: seu sujeito é atormentado por uma representação das essências no momento de agir: de certo modo, vestir-se *para* agir é não agir, é exibir o ser do fazer, sem assumir sua realidade. Por isso, as situações transitivas, em Moda, são sempre *ocupações*, ou seja, muito mais uma maneira de empregar o ser do sujeito do que de transformar efetivamente a realidade. Assim imobilizado, o campo nocional do fazer é estruturado como uma oposição complexa com quatro termos; há dois termos polares: *situações ativas e situações festivas*; um termo complexo, que participa ao mesmo tempo do ativo e do festivo, o *esporte*; um termo neutro (nem ativo, nem festivo),

---
8. Essa é a crítica feita pelos soviéticos à Moda ocidental: ela não trata dos vestuários de trabalho.

o *sem-programa*. As situações propriamente ativas são parcas: o trabalho é indeterminado[9], e a Moda só nomeia atividades muito marginais: negócios, compras, lar, bricolagem, jardinagem; o essencial é indefinido, o definido é acessório. As situações festivas são ricas; são as mais socializadas: nelas, a distração é amplamente absorvida no parecer (dança, teatro, cerimônia, coquetéis, galas, festas ao ar livre, recepções, reuniões dançantes, saraus, visitas). Quanto ao esporte, a extraordinária consideração que a Moda por ele tem talvez se deva à sua natureza de meio-termo; por um lado, quando é imobilizado em significante (*uma camisa-esporte*), convém a todas as situações ativas (assemelha-se então ao *prático*), por outro, quando é significado, realiza um fazer luxuoso, uma transitividade inútil, é ao mesmo tempo ativo e ocioso (caça, caminhada, golfe, acampamento). O amorfo é raro (mas significativo): *para os dias sem programa*: num mundo onde sempre é preciso ser ou fazer algo, a própria falta de ocupação tem categoria de atividade; mais que isso: só a retórica pode assinalar essa atividade negativa.

18.4. *Situações temporais: primavera, férias, fim de semana*

Em Moda, a festa é tirânica, submete o tempo: o tempo de Moda é essencialmente festivo. Sem dúvida, a Moda vive durante o ano um calendário minucioso de estações e pré-estações e, durante o dia, um horário lotado de momentos notáveis (9h,

---

9. Isso não ocorre quando se passa ao ser definido por seu trabalho na forma de papel socioprofissional (cf. *infra*, 18, 7).

meio-dia, 16h, 18h, 20h, meia-noite); três momentos, porém, são privilegiados: no que se refere às estações, a primavera; no que se refere ao ano, as férias; e no que se refere à semana, o fim de semana. Sem dúvida, cada estação tem sua Moda; a da primavera, porém, é a mais festiva. Por quê? Porque a primavera é uma estação ao mesmo tempo pura e mítica: pura, porque a ela não se mistura nenhum outro significado (a Moda de verão é uma Moda de férias; a do outono é uma Moda de volta das férias; e a do inverno, uma Moda de trabalho); mítica, em virtude do despertar da natureza; esse despertar é assumido pela Moda que dá assim às suas leitoras, se não a suas compradoras, oportunidade de participar anualmente de um mito que vem das mais remotas eras; a Moda da primavera para a mulher moderna é mais ou menos o que eram as Grandes Dionisíacas ou as Antestérias para os antigos gregos. As férias são constituídas por um complexo de situações: nelas o tempo domina, em seu aspecto cíclico (retorno anual) e climático (sol), mas a Moda nela investe outras circunstâncias e outros valores: a natureza (mar, campo, montanha) e certas formas de fazer (viajar, tomar banho de mar, acampar, visitar museus etc.). Quanto ao fim de semana, é um valor riquíssimo: geograficamente, constitui uma esfera intermediária entre a cidade e o campo, ou seja, é vivenciado (e saboreado) como uma relação: o fim de semana é uma dose de campo, portanto, uma essência refinada de campo, miraculosamente captada em seus signos mais claros (caminhadas, fogueiras, casas antigas), não em sua opacidade insignificante (tédio, lavoura); temporalmente, é um domingo sublimado por sua extensão (dois ou três dias); o fim de semana, obviamente, comporta uma conotação social: opõe-se ao domingo, dia trivial e popular, como prova o descrédito vinculado à sua versão indumentária: o endomingamento[10].

18.5. Situações de lugar: permanências e viagens

O mesmo desterro está no fundo de todas as notações de lugar. Para a Moda (como para Leibniz), estar num lugar é atravessá-lo; em suma, a viagem é o grande lugar da Moda: as "permanências" nada mais são do que os pólos de uma mesma função itinerante (*cidade/campo/praia/montanha*), e as paragens são sempre locais atraentes. A geografia da Moda marca dois "algures"; um "algures" utópico, representado por tudo aquilo que é exótico, sendo o exotismo uma geografia culturalizada[11]; e um "algures" real, que a Moda vai buscar além de si mesma em toda uma situação econômica e mítica da França contemporânea: *la Côte*[12]. Esses lugares, visados ou atravessados, são vividos pela Moda, porém, sempre como lugares absolutos, cuja essência ela deve captar à primeira vista: ela vive imediatamente imersa num espaço ou num elemento que, no entanto, nunca passa de seu projeto; assim, o clima – significante importante da Moda – é sempre um elemento paroxístico,

....
10. Endomingar-se, porém, é o fato fundamental do vestuário real: grande parte da França ainda se endominga, o enxoval popular (o de um minerador, por exemplo) só contém duas peças: a de trabalho (ou, mais exatamente: para trabalhar) e a do domingo.
11. O exotismo hoje não compreende obrigatoriamente países distantes, mas lugares famosos, frequentados por seres do Olimpo: Capri, Mônaco, Saint-Tropez.
12. Excêntrico é o que não é Sul: *prático em todas as praias, mesmo as do Norte.*

conforme indicam numerosos superlativos do tipo *pleno* ou *total* (*sol total, pleno sol, pleno bosque, pleno vento*): a Moda é uma sucessão rápida de lugares absolutos.

18.6. Visão do fazer

Como se vê, o descontínuo semântico do código indumentário (visto que esse código só comporta unidades discretas) é incorporado pelo plano retórico na forma de essências separadas; por intermédio da conotação de seu segundo sistema, a Moda recorta o fazer humano, não já em unidades estruturais oferecidas a um arranjo combinatório (como as que poderiam ser imaginadas pela análise de uma sequência de atos técnicos), mas em gestos que trazem em si sua própria transcendência; pode-se dizer que a retórica aí tem a função de transformar usos em ritos: em seu aspecto conotado, *fim de semana*, *primavera* e *Côte* são "cenas", no sentido que essa palavra poderia ter numa liturgia, ou melhor, numa teoria da fantasia; pois, em suma, trata-se de projeções absolutas, infinitamente repetidas e infinitamente saborosas; o fazer retórico da Moda escapa ao tempo: não comporta nenhuma espessura, ou seja, nenhum desgaste e nenhum tédio; a atividade suposta pela Moda não se inaugura nem se esgota; constitui sem dúvida um prazer sonhado, mas esse prazer é fantasiosamente "abreviado" em instante absoluto, livre de qualquer transitividade, pois as compras e o fim de semana, tão logo ditos, já não são "que fazer"; atinge-se assim a dupla qualidade do ato de Moda; ele é ao mesmo tempo voluptuoso e inteligível. Aplicada ao fazer, a retórica de Moda mostra-se como uma "preparação" (no sentido químico do termo), destinada a livrar a atividade humana de suas principais escórias (alienação, tédio, incerteza ou, mais fundamentalmente, impossibilidade), mesmo mantendo nela a essência de um prazer e a clareza tranquilizadora de um signo: *fazer compras* já não é impossível, caro, cansativo, complicado nem frustrante: o episódio é reduzido a uma sensação pura e preciosa, ao mesmo tempo tênue e forte, na qual se mesclam o poder ilimitado de comprar, a promessa de estar bonita, a curtição da cidade e a alegria de uma superatividade perfeitamente ociosa.

III. Essências e Modelos

18.7. Modelos socioprofissionais

Reduzido-se o fazer a um quadro de essências, não há ruptura entre a atividade (retórica) da mulher da Moda e sua situação socioprofissional; em Moda, o trabalho não passa de simples referência, confere identidade e logo depois se irrealiza: *secretária, vendedora de livros, assessora de imprensa, estudante* são "nomes", espécies de epítetos de natureza, destinados a fundar paradoxalmente aquilo que se poderia chamar de ser *do fazer*; portanto, é lógico que as profissões (aliás, raras) apresentadas pela retórica de Moda não sejam definidas por suas condutas técnicas, mas sim pela situação que conferem: a secretária (pois sua presença é frequente) não é a mulher que datilografa, arquiva ou telefona, mas sim o ser privilegiado que fica perto do diretor e, por contiguidade, participa de sua essência superior (*Sou secretária e gosto de estar impecável*). Habitualmente, quando a Moda concede uma profissão à mulher, essa profissão não é nem plenamente nobre (não é bem-visto o fato de a mulher concorrer realmente com o homem), nem plenamente inferior: é sempre uma profissão "limpa": secretária, decoradora, livreira; e essa profissão está sempre submetida ao tipo daquilo que se poderia chamar de profissões de devotamento (como antigamente a de enfermeira e leitora para senhoras idosas): a identidade da mulher estabelece-se assim a serviço do Homem (o chefe), da Arte, do Pensamento, mas essa submissão é sublimada por trás da aparência de um trabalho agradável e estetizada por trás de uma relação "mundana" (o parecer é sempre muito forte, pois se trata de mostrar o vestuário). Esse tipo de distância entre a *situação* do trabalho e sua irrealidade técnica possibilita que a mulher da Moda seja ao mesmo tempo moral (pois o trabalho é um valor) e ociosa (pois o trabalho sujaria). Isso explica o fato de a Moda falar da mesma maneira do trabalho e do ócio; em Moda, todo trabalho é vazio, todo prazer é dinâmico, voluntário e, quase se poderia dizer, laborioso; ao exercer seu direito à Moda, mesmo através das fantasias do luxo mais improvável, a mulher sempre parece *estar fazendo alguma coisa*. Aliás, existe uma situação que, em estado puro, apresenta a dialética preciosa de uma ociosidade erigida em missão sublime, provida de um trabalho duríssimo e de férias infinitas: a celebridade (frequentemente utilizado na retórica da Moda): a celebridade é um modelo (não pode ser um papel); portanto, seu lugar no universo da Moda só se dá através de um panteão (Dany Robin, Françoise Sagan, Colette Duval[13]), em que cada divindade aparece ao mesmo tempo plenamente ociosa e plenamente ocupada.

18.8. Essências caracteriais: "personalidade"

Quanto mais pobres os modelos profissionais, mais ricas são as essências psicológicas: *esperta, displicente, travessa, maliciosa, prudente, equilibrada, de bom gênio, irreverente, sofisticada, coquete, séria, ingênua* etc.: a mulher da Moda é uma coleção de pequenas essências separadas, bastante análogas aos "empregos" do teatro clássico; aliás, a analogia não é arbitrária, pois a Moda põe a mulher em representação, de tal modo que o simples atributo da pessoa, expresso na forma de adjetivo, na verdade absorve todo o ser dessa pessoa; na *coquete* ou *ingênua*, há confusão entre sujeito e predicado, entre aquela que é e aquilo que se diz dela. Essa descontinuidade psicológica tem várias vantagens (pois toda conotação costuma ter valor de álibi); em primeiro lugar, é familiar, provém de uma espécie de popularização da cultura clássica, encontrada na psicologia dos horóscopos, da quiromancia e da grafologia elementar; em segundo lugar, é clara, visto que a descontinuidade e a imobilidade sem-

---
[13]. A celebridade tem essência régia, pois basta pertencer a seu sangue para ser promovida a modelo (*Mme Sagan mãe*).

pre são consideradas mais inteligíveis do que a interligação e o movimento; além do mais, possibilita esboçar tipologias com ar científico, portanto autoritárias e tranquilizadoras ("*Tipos A: esportiva; B: vanguarda; C: clássica; D: trabalho-acima-de-tudo*"); por fim (o mais importante), ela possibilita uma verdadeira combinação de unidades caracteriais e prepara, digamos, tecnicamente a ilusão de uma riqueza quase infinita da pessoa, que em Moda se chama, precisamente, *personalidade*; a personalidade da Moda é uma noção quantitativa; não se define, como em outros âmbitos, pela força obsessiva de um traço; é essencialmente uma combinação original de elementos comuns, cujo detalhe é sempre dado; a personalidade aí é *composta*, mas não é complexa; em Moda, a individualização da pessoa decorre do número dos elementos em jogo, ou melhor – se é possível –, de sua contradição aparente (*meigas e orgulhosas, exigentes e carinhosas, rigorosas e displicentes*): esses paradoxos psicológicos têm um valor nostálgico: são reflexo de um sonho de totalidade segundo o qual o ser humano seria tudo ao mesmo tempo e não precisaria escolher, ou seja, rejeitar nenhum traço em especial (a Moda, como se sabe, não gosta de escolher, ou seja, de causar pesar); o paradoxo consiste então em manter a generalidade dos caracteres (a única compatível com a instituição da Moda) num estado estritamente analítico: é uma generalidade de acumulação, e não de síntese: a *pessoa* da Moda é, assim, ao mesmo tempo impossível, mas perfeitamente conhecida.

18.9. Identidade e alteridade: o nome e o jogo

A acumulação de pequenas essências psicológicas, frequentemente até contrárias entre si, é apenas um dos modos com que a Moda dá dupla postulação à pessoa humana: é conferir-lhe individuação ou multiplicidade, à medida que se considere o conjunto das características como síntese ou que, ao contrário, se suponha no ser a liberdade de se mascarar por trás de uma ou outra dessas unidades. Daí decorrem dois sonhos, que a retórica de Moda põe ao alcance da mulher: identidade e jogo. O sonho de identidade (o de sermos nós mesmos, de obtermos o reconhecimento dos outros) parece encontrar-se em todas as obras de massa e em todos os mínimos comportamentos daqueles que delas participam, quer nisso se veja uma conduta das classes alienadas, quer se descubra um ato compensatório destinado a reagir contra a "despersonalização" da sociedade de massas; em todo caso, o sonho de identidade se exprime essencialmente pela afirmação do nome, como se o nome realizasse magicamente a pessoa; em Moda, a exibição do nome não pode ser feita diretamente, pois a leitora é anônima; mas é evidente que ela sonha com seu próprio nome ao delegar sua identidade a algumas personalidades, que vêm completar o panteão das costumeiras celebridades, não porque estas tenham saído de algum olimpo de atrizes, mas precisamente porque elas têm um nome: *condessa Albert de Mun, baronesa Thierry van Zuplen*; é provável que a ostentação aristocrática não esteja ausente da conotação, mas não é determinante: o nome não resume a raça, mas o dinheiro: *Miss Nonnie Phips* é uma pessoa notável porque seu pai possui um *ranch* na Flórida: ser é ter ancestrais, fortuna e, na falta de um ou de outro, o nome, tal como um signo que, apesar de vazio, conservasse sua função de signo, continua a preservar a identidade; assim, é o que ocorre com todas as usuárias de vestidos amavelmente *nomeadas* (*Anny, Betty, Cathy, Daisy, Barbara, Jackie* etc.[14]); em última análise, não poderia haver diferença de natureza entre o nome próprio e o nome comum: ao interpelar a *Senhorita Mais-gosto-que-dinheiro*, a Moda encontra o próprio segredo do processo antroponímico. O nome é um excelente modelo estrutural[15], pois pode ser considerado ora (miticamente) como uma substância, ora (formalmente) como uma diferença; a obsessão pelo nome remete ao mesmo tempo a um sonho de identidade e a um sonho de alteridade; portanto, vemos que a mulher da Moda sonha ao mesmo tempo em ser ela mesma e em ser outra. Este segundo sonho é importante; vemos incessantemente seus testemunhos em todos os jogos de ser que a Moda conta (ser outra pessoa mudando apenas *este* detalhe); o mito do fregolismo, que parece ligado a toda reflexão mítica sobre o vestuário, como confirmam tantos contos e provérbios, está vivo na literatura de Moda[16]; a multiplicação das pessoas num único ser é sempre considerada pela

....

14. Esses nomes não são completamente vazios, demonstram certa anglomania; aliás, são provavelmente nomes de manequins, *cover-girls* internacionais. Mas a *cover-girl* tende cada vez mais a se tornar celebridade: torna-se um modelo, *mas sem mascarar sua profissão.*
15. Cf. Cl. Lévi-Strauss, *La pensée sauvage,* p. 226 ss.
16. Aqui é possível distinguir três concepções: 1. concepção popular e poética: o vestuário produz (magicamente) a pessoa; 2. concepção empírica: a pessoa produz o vestuário, *exprime-se* através dele; 3. concepção dialética: há uma "ciranda" entre a pessoa e o vestuário (J.-P. Sartre, *Critique de la raison dialectique,* Gallimard, 1960, 757 p., p. 103 [Trad. bras. *Crítica da razão dialética*, Rio de Janeiro, DP&A, 2002]).

Moda como índice de poder; *exigente é você; meiga, você também; com os costureiros você descobrirá que pode ser as duas, ter vida dupla*: esse é o tema ancestral do disfarce, atributo essencial de deuses, policiais e bandidos. No entanto, na visão de Moda, o motivo lúdico não comporta, digamos, nenhuma vertigem: ele multiplica a pessoa sem que esta corra risco algum de se perder, uma vez que, para a Moda, o vestuário não é jogo, mas *signo* de um jogo; encontra-se aí a função tranquilizadora de todo sistema semântico; *nomeando* o jogo indumentário (*brincar de jardineira, um falso arzinho escoteiro*), a Moda o exorciza; o jogo do vestuário já não é aí o jogo do ser, a questão angustiante do universo trágico[17]; é simplesmente teclado de signos, entre os quais uma pessoa eterna escolhe a diversão de um dia; é o último luxo de uma personalidade suficientemente rica para multiplicar-se, suficientemente estável para nunca se perder; assim, vemos a Moda "brincar" com o tema mais grave da consciência humana (*Quem sou eu?*); mas, por meio do processo semântico ao qual o submete, a Moda o marca com a mesma futilidade que lhe permite inocentar sempre a obsessão pelo vestuário, da qual ela vive.

18.10. Feminilidade

Aos modelos socioprofissionais e às essências psicológicas cabe acrescentar dois significados fundamentais, de ordem an-

---

17. *Quem sou eu? Quem é você?* – A questão da identidade, o enigma da Esfinge, é ao mesmo tempo a questão trágica e a questão lúdica por excelência, a das tragédias e a dos jogos de salão; nada exclui que os dois planos às vezes se encontrem: nas Máximas (oriundas dos jogos de salão), no jogo da Verdade etc.

tropológica: sexo e corpo. A Moda conhece bem a oposição entre feminino e masculino; é obrigada a isso pela própria realidade (ou seja, no plano da denotação), pois é a realidade que frequentemente põe no traje feminino traços provenientes do vestuário masculino (calças, gravata, paletó); na verdade, entre os dois vestuários, os signos diferenciais são extremamente raros e sempre se situam no detalhe (lado de fechamento): o vestuário feminino pode absorver quase todo o vestuário masculino, que se limita a "rejeitar" alguns traços do vestuário feminino (o homem não pode usar saia, enquanto a mulher pode usar calças); é que o tabu do outro sexo não têm a mesma força no dois casos: sobre a feminilização do homem recai um interdito social[18] que quase não recai sobre a masculinização da mulher: a Moda, em especial, reconhece o *boy-look*. *Feminino* e *masculino* têm, respectivamente, sua versão retórica; *feminino* pode remeter à ideia de uma mulher enfática, essencial (*por trás de uma feminilidade requintada*); o *boy-look*, por sua vez, quando objeto de notação, tem mais um valor temporal que sexual: é signo complementar de uma idade ideal, que está ganhando cada vez mais importância na literatura de Moda: *o jovem*[19]; estruturalmente, o *jovem* se apresenta como o grau complexo de *feminino/masculino*: tende ao andrógeno; mas o que há de notável nesse novo termo é que ele eclipsa o sexo em fa-

---

18. Embora certas formas de dandismo moderno tendam a feminilizar o traje masculino (suéter sobre a pele, colar), os dois sexos tendem a uniformizar-se sob um signo único, como veremos: o signo da juventude.
19. *"Roupa esporte para jovens, em que alguns elementos poderiam ser emprestados por um irmão mais velho."*

vor da idade; parece ser esse um processo profundo da Moda: o importante é a idade, não o sexo; por um lado, a juventude do modelo está sempre sendo afirmada, defendida até, porque naturalmente ameaçada pelo tempo (ao passo que o sexo é um dado), e é sempre preciso lembrar que ela é o padrão de todas as medidas de idade (*ainda jovem, sempre jovem*): seu prestígio está na fragilidade; por outro lado, num universo homogêneo (pois a Moda só trata da Mulher, para as mulheres), é normal que o fenômeno de oposição se transporte para onde haja variação perceptível, consequente: portanto, é a idade que recebe os valores de prestígio e sedução.

18.11. *O corpo como significado*

Quanto ao corpo humano, Hegel já sugerira que ele mantém uma relação de significação com o vestuário: como sensível puro, o corpo não pode significar; o vestuário propicia a passagem do sensível ao sentido[20]; digamos que ele é o significado por excelência. Mas que corpo o vestuário de Moda deve significar? Aqui a Moda se encontra diante de algo que, se não é um conflito, é pelo menos uma descontinuidade estrutural bem conhecida: a descontinuidade entre Língua e Fala[21] (*Parole*), entre a instituição e sua atualidade. A Moda resolve a passagem

---

20. "*É o vestuário que dá relevo à atitude, e por isso deve ser considerado de preferência como uma vantagem, no sentido de nos subtrair à visão direta daquilo que, sendo sensível, é desprovido de significação*" (Hegel, *Esthétique*, Paris, Aubier, 1944, tomo III, I parte, p. 147).
21. Cf. *supra*, 1, 14.

do corpo abstrato ao corpo real de suas leitoras de três modos. A primeira solução consiste em propor um corpo ideal encarnado; é o corpo do manequim, da modelo; estruturalmente, a modelo representa um paradoxo raro: por um lado, seu corpo tem valor de instituição abstrata; por outro, esse corpo é individual, e entre essas duas condições, que correspondem exatamente à oposição entre Língua e Fala, não há nenhuma derivação (ao contrário do sistema da língua); esse paradoxo estrutural define inteiramente a modelo: sua função essencial não é estética, não se trata de apresentar um "belo corpo", submetido a regras canônicas de sucesso plástico, mas um corpo "deformado" com o fim de cumprir certa generalidade formal, ou seja, uma estrutura; segue-se que o corpo da modelo não é o corpo de pessoa, é uma forma pura, que não sustenta nenhum atributo (não se pode dizer que ele é *isto* ou *aquilo*) e, por uma espécie de tautologia, ele remete ao próprio vestuário; o vestuário aí não está incumbido de significar um corpo roliço, esguio ou miúdo, mas sim de se significar em sua generalidade através desse corpo absoluto; essa primeira via de conciliação entre a instituição e sua atualidade fica a cargo da fotografia (ou do desenho de Moda); se citamos essa solução (apesar da regra terminológica), é por parecer que a revista de Moda está fazendo cada vez mais restrições à aceitação como tal da abstração da modelo: cada vez mais, a revista fotografa o corpo "em situação", ou seja, acrescenta à representação pura da estrutura uma retórica de gestos e expressões faciais destinada a transmitir uma versão espetacularmente empírica do corpo (modelo viajando, ao pé da lareira etc.[22]): o acontecimento ameaça cada vez mais a estrutura. É o que se vê nos outros dois tratamentos do corpo de Moda, que são propriamente verbais. O primeiro consiste em decretar a cada ano que certos corpos (e não outros) estão na Moda (*Este ano você tem a cara da Moda? Tem, se tiver rosto pequeno, traços finos e perímetro craniano não superior a 55 cm* etc.); essa solução, evidentemente, representa uma composição entre a estrutura pura e o acontecimento literal: por um lado, trata-se realmente de uma estrutura, pois o modelo é fixado de maneira abstrata, anterior e exteriormente a qualquer dado real; por outro lado, essa estrutura nasce já permeada de acontecimento, uma vez que é sazonal e de imediato se encarna empiricamente em certos corpos e não em outros, de tal modo que já não se sabe se a estrutura se inspira na realidade ou se a seleciona. A terceira solução consiste em organizar o vestuário de tal modo que ele transforme o corpo real e consiga fazer que ele signifique o corpo ideal da Moda: alongar, encher, adelgaçar, avolumar, diminuir, afinar, artifícios por meio dos quais[23] a Moda afirma poder submeter qualquer acontecimento (qualquer corpo real) à estrutura por ela postulada (a Moda do ano); essa solução exprime certo sentimento de poder: a Moda pode converter qualquer sensível no signo que ela escolheu, seu poder de significação é ilimitado[24].

....

22. Cf. *infra*, apêndice II.
23. Cf. *infra*, sobre a transformação, 20, 12.
24. A tal ponto que a Moda pode ultrapassar a lei de eufemismo e falar de corpos malfeitos, pois ela tem a onipotência de corrigi-los: *Eu não tenho cintura de manequim. Não tenho cintura fina. Eu tenho umas cadeiras até que grandes. Meu busto é grande demais* etc., diz à revista toda uma multidão de queixosas, que recorrem à Moda como se recorre a uma deusa curandeira.

Percebe-se que essas três soluções têm valor estrutural diferente; na modelo, a estrutura é dada sem acontecimento (uma "Língua" sem "Fala" [*Parole*]); no "corpo que está na Moda", há coincidência entre estrutura e acontecimento, mas essa coincidência é limitada pelo tempo (um ano); no "corpo transformado", há submissão completa do acontecimento à estrutura por meio de uma arte (a costura). Mas nos três casos existe injunção estrutural, assunção do corpo por um sistema inteligível de signos, dissolução do sensível no significante[25].

IV. A mulher de Moda

18.12. Da leitora ao modelo

É assim a Mulher que a retórica de Moda costuma significar: feminina imperativamente, jovem absolutamente, dotada de identidade forte, mas de personalidade contraditória, chama-se Daisy ou Barbara; frequenta a condessa de Mun e Miss Phips; é secretária de direção, seu trabalho não a impede de estar presente a todas as festas do ano e do dia; sai da cidade todos os fim de semana e viaja o tempo todo para Capri, as ilhas Canárias, o Taiti, mas a cada viagem ela vai para o Sul; suas estadas sempre ocorrem em climas generosos, ela gosta de tudo ao mesmo tempo, de Pascal ao cool-jazz. Evidentemente, re-

---

25. Em Moda, a nudez, por exemplo, nada mais é que o signo do trajado (*o braço nu entre o ombro e a luva é habillé*).

conhece-se nesse monstro a composição permanente que marca a relação entre a cultura de massas e seus usuários: a mulher da Moda é ao mesmo tempo aquilo que a leitora é e aquilo que ela sonha ser; seu perfil psicológico é mais ou menos o perfil de todas as celebridades "narradas" diariamente pela cultura de massas, e tanto é verdade, que a Moda, por seu significado retórico[26], participa profundamente dessa cultura.

18.13. Euforia da Moda

No entanto, há um ponto no qual a Mulher de Moda difere de maneira decisiva dos modelos da cultura de massas: ela não conhece o mal, em nenhum grau. Para não precisar tratar de erros e dramas, a Moda nunca fala de amor, não conhece o adultério, as relações entre os sexos, nem mesmo o flerte: em Moda, só se viaja com o marido. Será que ela conhece o dinheiro? Mal e parcamente; ela decerto sabe distinguir grandes orçamentos e orçamentos médios; a Moda ensina a "adaptar" uma peça de vestuário, mas não para fazê-la durar[27]. De qualquer maneira, a tirania financeira não pesa sobre a Mulher de Moda, porque, justamente, a Moda tem a onipotência de burlar essa tirania: só se fala do preço elevado de um vestuário para justificá-lo como "loucura": as dificuldades financeiras são mencionadas somente na medida em que a Moda as resolve. As-

---

26. Naturalmente, graças à difusão maciça de suas revistas.
27. A resistência ao desgaste não é um valor de Moda (pois a Moda precisa, justamente, apressar o ritmo de compra), a não ser nos casos raros, a título de signo, de um desgaste "chique": *o casaco de couro velho.*

| *Retórica do significado: o mundo da Moda* |

sim, a Moda mergulha a Mulher da qual fala e à qual fala num estado inocente, em que tudo é o melhor no melhor dos mundos: há uma lei de euforia da Moda (ou de eufemismo, pois aí se trata da Moda escrita). O "bom-tom" da Moda, que a proíbe de proferir o que quer que seja de desagradável em termos estéticos ou morais, aí se confunde certamente com a linguagem materna: é a linguagem de uma mãe que "preserva" sua filha de qualquer contato com o mal; mas essa euforia sistemática hoje parece peculiar à Moda (antigamente ela pertencia a toda a literatura para moças): não é encontrada em nenhum dos outros produtos da cultura de massas (cinema, jornais, romances populares), cujas narrativas são sempre dramáticas e até catastróficas. A resistência ao patético, no caso, é mais notável porque a retórica da Moda, como vimos, tende cada vez mais ao romanesco; e, se é que é possível conceber e recensear romances "nos quais nada acontece", a literatura não oferece nenhum exemplo de romance continuamente eufórico[28]; a Moda talvez vença esse desafio porque sua narrativa é fragmentária, está limitada às citações de cenário, situação e caráter, e privada daquilo que se poderia chamar de maturação orgânica do episódio; em suma, a euforia da Moda se deveria ao fato de que ela produz um romance rudimentar, amorfo, sem temporalidade: o tempo não está presente na retórica de Moda: para encontrar o tempo e seu drama, é preciso largar a retórica do significado e abordar a retórica do signo de Moda.

....

28. O *happy-end*, evidentemente, faz parte de uma luta entre o bem e o mal, ou seja, de um drama.

| capítulo 19 | RETÓRICA DO SIGNO:
RAZÃO DE MODA

*Que todas as mulheres encurtem as saias na altura do joelho,
adotem xadrez de tom sobre tom e andem de escarpins
de duas cores.*

I. Transformação retórica do signo de Moda

19.1. Signos e razões

Signo é a união de significante e significado, de vestuário e mundo, de vestuário e Moda. Contudo, a revista nem sempre apresenta esse signo de maneira declarada; ela não diz obrigatoriamente: *o acessório é o significante do significado primavera*; *neste ano os vestidos curtos são o signo da Moda*; diz de maneira bem diferente: *o acessório faz a primavera*; *neste ano os vestidos são curtos*; com sua retórica, a revista pode transformar a relação entre significante e significado e substituir a pura equivalência pela ilusão de outras relações (transitividade, finalidade, atribuição, causalidade etc.). Em outras palavras, no próprio momento em que edifica um sistema estrito de signos, a

Moda se empenha em dar a esses signos a aparência de puras razões[1]; evidentemente, é por ser tirânica a Moda e arbitrário o seu signo que ela precisa convertê-lo em fato natural ou em lei racional: a conotação não é gratuita; na economia geral do sistema, sua tarefa é restaurar certa *ratio*. Essa conversão, porém, não tem o mesmo alcance, conforme diga respeito aos conjuntos A (significado mundano e explícito) ou aos conjuntos B (significado de Moda e implícito); no primeiro caso, o signo se abriga por trás de um uso, de uma função; sua *ratio* é empírica, natural; no segundo caso, o signo assume a forma de uma constatação ou de um decreto; sua *ratio* é legal, institucional; mas, tal como nos conjuntos A, a Moda está também presente na qualidade de significado retórico de um sistema conotativo intermediário[2]; segue-se que a *ratio* legal da Moda se aplica a todos os seus enunciados.

II. Conjuntos A: funções-signos

19.2. *Signos e funções no vestuário real*

Poderíamos ser tentados a opor o vestuário puramente funcional (um macacão de trabalho) ao vestuário de Moda, puramente signalético, mesmo quando seus signos se abrigam por trás das funções (*vestido preto para o coquetel*). Seria uma

....
1. Sobre o alcance geral desse processo, cf. *infra*, 20, II.
2. Cf. *supra*, 3, 7.

oposição inexata: por mais funcional que seja, o vestuário real sempre comporta um elemento signalético, uma vez que toda função é pelo menos signo de si mesma; o macacão de trabalho serve para trabalhar, mas também ostenta o trabalho; a capa de chuva protege da chuva, mas também a significa. Esse movimento de intercâmbio entre a função e o signo (no nível da realidade) provavelmente se encontra em grande número de objetos culturais: a alimentação, por exemplo, refere-se ao mesmo tempo a uma necessidade fisiológica e a um estatuto semântico: os alimentos saciam e significam, são ao mesmo tempo satisfação e comunicação[3]. De fato, assim que é assumida por uma norma de fabricação, uma função passa a manter com essa norma a relação entre acontecimento e estrutura, e toda estrutura implica um sistema diferencial de formas (de unidades): a função torna-se *legível*, e não mais apenas transitiva; portanto, não há objeto normatizado (padronizado) que seja inteiramente esgotado por uma *práxis* pura: todo objeto é também um signo[4]. Para encontrarmos objetos puramente funcionais, precisamos imaginar objetos improvisados: é o que ocorria com a vaga coberta que os soldados romanos lançavam sobre os ombros para proteger-se da chuva; mas, a partir do momento

---

3. A função-signo pertenceria, pois, propriamente àquilo que se pode chamar de sistemas derivados, cujo ser não está inteiramente na significação. – Sobre o alimento como sistema significante, cf. "Pour une psycho-sociologie de l'alimentation contemporaine" [Por uma psicossociologia da alimentação contemporânea], artigo citado.
4. Portanto, é normal que o novo meio, oriundo da sociedade tecnológica, imponha ao homem moderno que nele vive percepções imediatamente permeadas de *leitura*, conforme observava G. Friedmann já em 1942 (artigo citado, *in Mélanges Alexandre Koyré*, p. 178).

em que esse vestuário espontâneo passou a ser fabricado e, digamos, institucionalizado com o nome de *pênula*, a função protetora foi captada por um sistema social de comunicação: a pênula se opôs a outros vestuários e remeteu à própria ideia de seu uso, tal como um signo se opõe a outros signos e transmite certo sentido. Por isso, em todos os objetos reais, a partir do momento que são padronizados (e haverá os que não o sejam hoje?), não caberia falar de funções, mas de *funções-signos*. Entende-se então por que o objeto cultural, em virtude de sua natureza social, possui uma espécie de vocação semântica: nele, o signo está pronto para se separar da função e atuar sozinho, livremente, reduzindo-se a função à categoria de postiço ou álibi: o *ten-galon-hat* (para a chuva e para o sol) já não é mais que um signo, signo da "westernidade"; o paletó "esporte" já não tem função esportiva, mas só existe como signo, em oposição ao formal; o macacão de trabalho (*blue-jean*) tornou-se signo do ócio etc. Esse processo de significação é mais forte quando a sociedade multiplica seus objetos padronizados: ao enriquecer seu sistema diferencial de formas, ela favorece o nascimento de léxicos de objetos, cada vez mais complexos: é o que explica o fato de a sociedade moderna, tecnológica, poder facilmente separar o signo da função e permear com significações variadas os objetos utilitários que fabrica.

19.3. Funções reais e funções irreais

Acontece de o vestuário proposto (falado) corresponder a uma função real: *um vestido para dançar* serve realmente para dançar e ostentar a dança de um modo estável, legível para todos[5]; há adaptação da forma ou da matéria ao ato, bem como constância da relação semântica. Mas, na imensa maioria dos casos, as funções atribuídas ao vestuário pela Moda são muito mais complexas: há tendência da revista a representar funções cada vez mais precisas e cada vez mais contingentes, e nesse movimento a retórica, evidentemente, tem papel preponderante[6]. Quando se estabelece que um vestuário *vale-por* alguma grande circunstância de ordem, digamos, antropológica, estação ou festa, a função de proteção ou de adorno continua plausível (*um mantô de inverno, um vestido de noiva*); mas, quando se afirma que esse vestido vale por uma *moça que mora a 20 km de uma grande cidade, pega trem todos os dias e frequentemente almoça com amigos*, a própria precisão do termo mundano irrealiza a função; encontra-se aí o paradoxo da arte romanesca: toda Moda "minudenciada" é irreal, mas, além disso, quanto mais contingente a função, mais "natural" ela parece; a literatura de Moda adota então o postulado do estilo verista, segundo o qual o acúmulo de detalhes miúdos e particulares dá mais crédito à veracidade da coisa representada do que um simples esboço, visto que o quadro "elaborado" é supostamente mais "veraz" do que o quadro "esboçado"; e, na ordem da literatura popular, a descrição minuciosa das funções indumentárias coin-

---

5. Cabe notar que em tais enunciados o significado está, digamos, esclerosado como significante, na forma de espécie (cf. *camisa-esporte*).
6. A retórica tende a aparecer sempre que haja parataxe de unidades semânticas (cf. *supra*, 16, 4).

cide com a tendência atual da grande imprensa a personalizar informações, a transformar todo enunciado em interpelação direta, não para a massa dos leitores, mas para cada leitor em particular; a função de Moda (*que mora a 20 km* etc.) torna-se então uma verdadeira confidência, como se a equivalência entre esse vestido e um habitat tão preciso fosse formulada apenas para uma leitora entre todas, como se, percorridos os 20 km, fosse preciso, por direito, mudar de leitora e de vestuário. Percebe-se que a realidade implicada pelas funções de Moda é essencialmente definida por uma contingência; não é uma realidade transitiva; mais uma vez, é uma realidade vivenciada de modo fantasioso, é o real irreal do romance, enfático na proporção de sua irrealidade.

19.4. "Racionalização"

Naturalmente, quanto mais mítica for a função (pela exuberância de contingências), mais ela mascara o signo; quanto mais irreal é a Moda, mais imperativas se apresentam suas funções, mais o signo se apaga em proveito de um uso aparentemente empírico; paradoxalmente, é nas formas mais desenvolvidas da retórica de Moda que o vestuário parece subtrair-se ao aparecer, reduzindo-se modestamente à categoria de instrumento, como se aquele bolero de *vison* branco servisse apenas para proteger do frio numa igreja um tanto fresca, em casamento ocorrido na primavera. Assim, a retórica introduz na Moda toda uma série de falsas funções cuja finalidade, evidentemente, é dar ao signo de Moda a caução da realidade: caução preciosa porque, a despeito de seu prestígio, a Moda sempre se sente culpada de futilidade. Esse álibi funcional certamente faz parte de um processo geral (talvez moderno), segundo o qual toda *ratio* empírica, oriunda de um fazer do mundo, basta para inocentar não só qualquer fato prazeroso, como também – de modo mais sutil – qualquer espetáculo de essências: a função, afirmada no plano retórico, é, em suma, o direito de retomada da Moda pelo mundo, a homenagem que um sistema do ser faz a um sistema do fazer. A transformação de uma ordem de signos numa ordem de razões[7] é conhecida com o nome de racionalização. Isso já foi descrito com respeito ao próprio vestuário (vestuário real, e não vestuário escrito): ao estabelecer a psicanálise do vestuário, Flügel deu alguns exemplos dessa conversão social do símbolo em razão[8]: o calçado longo e pontudo não é entendido pela sociedade que o adota como um símbolo fálico, mas seu uso é atribuído a simples razões de higiene[9]; e, se esse exemplo parecer excessivamente ligado à simbólica psicanalítica, aí vai outro, puramente histórico: por volta

---

7. Essa transformação parece exatamente aquela que o neurótico impõe à sua neurose (sistema de signos) no fenômeno de "benefício secundário" (H. Nünberg, *Principes de psychanalyse*, Paris, PUF, 1957, 415 p., p. 322).
8. A palavra "racionalização" se encontra em Flügel (*Psychology of Clothes*, cap. I e XIV). Parece corresponder àquilo que Cl. Lévi-Strauss descreve da seguinte maneira: "*A diferença entre os fenômenos linguísticos e os outros fenômenos culturais é que os primeiros nunca emergem à consciência clara, enquanto os segundos, apesar de terem a mesma origem inconsciente, frequentemente sobem até o nível do pensamento consciente, dando assim origem a raciocínios secundários e a reinterpretações*" (*Anthropologie structurale*, p. 26).
9. Flügel, *op. cit.*, p. 27.

de 1830, a engomadura da gravata era justificada pelas vantagens que oferecia em termos de conforto e higiene[10]. Percebe-se nesses dois exemplos o surgimento de uma tendência, talvez acidental, a transformar a razão do signo no exato contrário de sua disposição física: o incômodo se converte em conforto; essa inversão talvez seja da mesma ordem daquela que afeta a realidade e sua representação, na sociedade burguesa, a considerarmos a imagem de Marx[11]; é fato que o caráter signalético do vestuário era mais declarado e, digamos, mais inocente na antiga sociedade do que na nossa; a sociedade monárquica tinha seu vestuário, francamente, por um conjunto de signos, e não pelo produto de certo número de razões: o comprimento de uma cauda marcava com exatidão uma condição social, e nenhuma fala se interpunha para converter aquele léxico em razão, sugerir que a dignidade ducal produzia o comprimento da cauda, tal como a igreja fria produz o bolero de vison branco; o antigo traje não brincava de função, mas ostentava o artifício de suas correspondências. E, por isso mesmo, a correção dessas correspondências era abertamente normativa: como signo, a relação entre o mundo e o vestuário devia estar apenas em conformidade com a norma social. Ao contrário, em nosso vestuário escrito (e precisamente por ser escrito), a correção do

....
10. *Cravatiana, ou Traité général des cravates*, 1823, in-12°.
11. *"Se os homens e suas condições aparecem em toda a ideologia invertida como numa câmara escura, esse fenômeno decorre de seu processo vital histórico, assim como a inversão dos objetos na retina decorre de seu processo diretamente físico"* (K. Marx, *Idéologie allemande*, in *Oeuvres philosophiques*, Paris, Costes, 1953, VI, 259 p., p. 157 [Trad. bras. *A ideologia alemã*, São Paulo, Martins Fontes, 3ª ed., 2007]).

signo nunca é dada como abertamente normativa, mas simplesmente funcional; ela é a conformidade de um objeto (*decote canoa, saias plissadas*) com uma função que deve ser honrada (*participar de um chá dançante, manifestar maturidade*); a partir daí a regra parece sempre copiar a lei da natureza: o *homo significans* toma a máscara do *homo faber*, ou seja, de seu próprio contrário. Seria possível dizer que, graças à racionalização que a faz converter todos os seus signos em razões, a Moda escrita[12] cumpre o paradoxo de ser um fazer falado.

III. Conjuntos B: a Lei de Moda

19.5. Notado-Notificado

Nos conjuntos B, cujo significado implícito é apenas a Moda, a retórica, evidentemente, não pode transformar signo em função, pois a função deve ser nomeada; o mais difícil é que a racionalização do signo só é então possível, digamos, à custa de uma operação de força. Vimos que, ao fazer a *notação* pura e simples de um traço indumentário – visto que não se trata de fabricá-lo, o que escaparia ao processo semântico –, a própria Moda se dá como significado desse traço: notar que (nesse ano) as *saias são curtas* é dizer que as *saias curtas* signifi-

---

12. A racionalização (ou seja, funcionalização) do signo só é possível através de uma linguagem (é uma conotação), e para isso serve a Moda escrita: só se encontra o fenômeno na linguagem icônica (fotos, desenhos) quando o cenário comunica a função do vestuário (apêndice II).

cam a Moda nesse ano. O significado *Moda* só comporta uma variação pertinente, a do *fora-de-moda*; mas, como a regra de eufemismo proíbe que a Moda nomeie o que nega seu ser[13], a verdadeira oposição é menos entre o *na-moda* e o *fora-de-moda* do que entre o *marcado* (pela fala) e o *não-marcado* (silêncio): há confusão entre o notado e o Bem, o não-notado e o Mal, sem que se possa afirmar que um termo predetermina o outro: não se poderia dizer que a Moda não faz notação do que condenou antes e a faz daquilo que a glorifica; é até mais provável que ela glorifique (como seu próprio ser) aquilo que nota e condene aquilo que não nota; afirmando-se, nomeando-se (à maneira tautológica de uma divindade *que é o que é*), o ser da Moda se dá imediatamente como Lei[14]; segue-se que o *notado* da Moda é sempre *notificado*; em Moda, ser e nome, marca e Bem, notação e legalidade coincidem absolutamente: o que é dito é legal. Além do mais (e essa é a máscara do signo de Moda nos conjuntos B), o que é legal é verdadeiro. Esta última transformação (de que trataremos em breve) é simétrica em relação àquela que converte o signo em função nos conjuntos A: assim como ao signo explícito era necessária a máscara de uma razão, à Lei de Moda é necessária a máscara de uma natureza: portanto, veremos que toda a retórica da Moda se empenha em inocentar seus decretos, seja disfarçando-os como espetáculo, seja convertendo-os em puras constatações, como coisas exteriores à sua própria vontade.

....
13. Só faz alusão ao *fora-de-moda* para liquidá-lo sob os golpes da nova Moda.
14. Por trás dessa Lei existe uma instância exterior à Moda: é o *fashion-group* e suas "razões" econômicas, mas aqui nos restringimos ao nível de uma análise imanente do sistema.

19.6. A Lei como espetáculo

Uma das maneiras de distanciar a Lei e, digamos, *rir dela* é proclamá-la com ênfase, à maneira de um espetáculo excessivo: ditar *os Dez mandamentos do esquiador* é inocentar a arbitrariedade da Moda por trás de uma aparência humorística, à maneira da pessoa que ri demais dos seus defeitos para torná-los admissíveis sem precisar renunciar a eles; sempre que admite a arbitrariedade de suas decisões, a Moda o faz em tom enfático, como se o fato de prevalecer-se de um capricho o atenuasse, como se o fato de rir de uma ordem a irrealizasse de pronto[15]: a Moda inocula um pouco de arbitrariedade na retórica de suas decisões, para desculpar-se melhor da arbitrariedade que as fundamenta. Suas metáforas humorísticas a vinculam ora ao poder político (a Moda é um monarca cujo poder é hereditário, é um Parlamento que torna obrigatória a feminilidade, assim como a escolaridade ou o serviço militar), ora à Lei religiosa: do decreto ela passa então à prescrição (*que toda mulher encurte as saias até a altura do joelho* etc.); misturando obrigação e premonição, pois aí prever é bastante para impor, ela usa com predileção o tempo moral por excelência, o tempo do Decálogo, que é o futuro: *neste verão, os chapéus surpreenderão, serão ao mesmo tempo insolentes e solenes*; é difícil evaporar mais a decisão de Moda, pois, sem que se sugira que possa ter uma cau-

---

15. Naturalmente, se a seriedade dessas metáforas parece denunciar-se humoristicamente por meio de formas irônicas e enfáticas, isso ocorre com a ambiguidade das falsas pilhérias: só se brinca com aquilo que não se ousa ser: condenada socialmente a certa futilidade, a Moda só pode rir da seriedade.

sa (por exemplo, o *fashion-group*), ela é reduzida a puro efeito, ou seja, a um acontecimento necessário, no sentido físico e moral do termo: *neste verão, os vestidos serão de tussor*: o tussor é aquilo que deve acontecer aos vestidos, ao mesmo tempo por causalidade natural e por prescrição legal.

19.7. Da Lei ao Fato

Com esses futuros de obrigação, tão frequentes em Moda, chegamos à racionalização decisiva dos conjuntos B, que é a conversão da Lei em Fato: o que é decidido e imposto acabará por mostrar-se como necessário, neutro à maneira de um fato puro e simples: para isso basta calar a decisão de Moda; neste verão, quem obrigará os vestidos a ser de tussor? Com seu silêncio, a Moda transforma o tussor em acontecimento semirreal, seminormativo, ou seja, em acontecimento *fatal*. Pois há uma fatalidade da Moda: a revista nada mais é que a crônica de um tempo um tanto bárbaro, em que os homens são escravos da fatalidade dos acontecimentos e das paixões: o jogo (*cabe a você jogar com as cores*[16]), a loucura (ninguém resiste à Moda, que nos ilumina e possui), a guerra (*ofensiva de tons pastéis*, *guerra do joelho*, *honra à fita*), todas essas paixões fortes de certa maneira põem a Moda fora do ser humano e a constituem como contingência maligna: a Moda se instala na encruzilhada dos acasos e dos decretos divinos: sua decisão torna-se fato

---

16. E também: "*O tweed está para os tecidos como a Royal Dutch está para a Bolsa de Valores: um investimento seguro.*"

evidente. Então, só resta à Moda praticar uma retórica da pura constatação (*a Moda está nos vestidos macios*), e a única função da revista é relatar *o que é* (*observa-se o reaparecimento do pulôver de chamalote*), ainda que, tal como um historiador sagaz, saiba apreender num simples acontecimento as linhas gerais de uma evolução (*a Moda do vison preto se afirma*[17]). Constituindo assim a Moda como força inevitável, a revista lhe deixa toda a ambiguidade de um objeto sem causa, mas não sem vontade: ora o traço ganhará a evidência de um fenômeno tão natural que seria incongruente justificá-lo (*preto em todos os casos o vestido das cinco, e evidentemente você deverá acrescentar a nota branca das luvas de pelica*); ou, para distinguir mais a Moda de seus deuses criadores, ela não será imputada àqueles que a produzem, mas àquelas que a consomem (*elas adoram malhas listradas, elas usam malhas subidas na frente*); ou então o traço se tornará o próprio sujeito de seu aparecimento (*neste ano, as camisolas surgem em três comprimentos*): já não há costureiros nem compradores, a Moda expulsou o ser humano, tornou-se um universo autárquico, no qual os conjuntos escolhem seu casaco, e as camisolas, o seu comprimento. Portanto, é normal que, no fim, esse universo secrete sua própria sabedoria, elabore suas regras, não mais como decretos arrogantes emanados da jovem costura, mas como a lei ancestral de um reino da pura natureza: a Moda pode ser dita em provérbios e assim se colocar não

---

17. Aqui não distinguimos se a revista dita sua própria Moda ou se se limita a transmitir a moda que vem do *fashion-group*: de qualquer maneira, na retórica da revista, qualquer instância está ausente.

mais sob a lei dos homens, mas sob a lei das coisas, tal como aparece ao mais antigo dos homens da história humana, ao camponês, a quem a natureza fala por meio de suas repetições: *com mantôs vistosos, vestidos brancos; com tecidos caros, acessórios leves*. Essa sabedoria da Moda implica uma confusão audaciosa entre passado e futuro, aquilo que se decidiu e aquilo que vai ocorrer: registra-se uma Moda no momento exato em que ela é anunciada, no momento exato em que é prescrita. Toda a retórica de Moda está no seguinte resumo: constatar o que é imposto; produzir a Moda; depois, ver nela apenas um efeito sem causa nomeada; em seguida, conservar desse efeito apenas o fenômeno; por fim, deixar que esse fenômeno se desenvolva como se devesse sua vida apenas a si mesmo: esse é o trajeto que a Moda percorre para transformar em fato sua causa, sua lei e seus signos. Entre a lei (real) e o fato (mítico), assiste-se então a um curioso *chassé-croisé* de fins e meios: a realidade da Moda é essencialmente a arbitrariedade que a fundamenta: logicamente, aqui só se pode transformar a lei em fato em termos de metáfora; ora, o que diz a Moda? Quando ela confessa sua lei, é como metáfora, e, quando se abriga por trás do fato, é como se ele fosse literal; ela metaforiza os *dez mandamentos do esquiador* (que é sua realidade), constata que *a Moda está no azul este ano* (o que é pura metáfora); dá à sua realidade a ênfase de uma metáfora voluntária e a suas metáforas a simplicidade de uma constatação; assume o fulgor da conotação quando nada mais faz do que se denotar, e a humilde figura da denotação quando está exibindo a sua mais pura retórica. Mais uma vez, tem-se a exata inversão entre a realidade e sua imagem.

IV. Retórica e tempo

19.8. Razão de Moda e tempo de Moda

A transformação retórica do signo em razão (funcional, legal ou natural) certamente é comum a todos os objetos culturais, tão logo estes sejam captados por um processo de comunicação: é o resgate cobrado pelo "mundo" ao signo. Mas em Moda essa transformação se justifica, ao que parece, de um modo peculiar e ainda mais imperioso. Se a tirania da Moda se confunde com seu ser, esse ser nada mais é que certa paixão pelo tempo. Assim que o significado *Moda* encontra um significante (tal vestuário), o signo se torna a Moda do ano, mas por isso mesmo essa Moda recusa dogmaticamente a Moda que a precedeu, ou seja, seu próprio passado[18]; toda Moda nova é recusa a herdar, subversão contra a opressão da Moda antiga; a Moda se vivencia como um Direito, o direito natural do presente sobre o passado; apesar de definida por sua infidelidade, a Moda vive num mundo que ela quer, mundo que ela vê como idealmente estável, totalmente permeado de olhares conformistas[19]. A retórica e, singularmente, a racionalização do signo possibilitam resolver essa contradição: visto que o presente vingativo que a define é mal defensável e dificilmente confessável,

---

18. Vimos que, por eufemismo, a Moda fala pouquíssimo do fora-de-moda; e quando fala, é sempre em nome do presente, em termos de contravalor; chama sem pudor de *ângulos e rupturas* aquilo que era *linhas bem desenhadas*. Neste ano – diz ela –, *os tailleurs serão joviais e versáteis*: quer dizer que, no ano anterior, eles eram velhos e rígidos?

19. Agora é possível definir melhor a *futilidade* da Moda: é a infidelidade, sentimento altamente culpabilizador.

a Moda se empenha em elaborar uma temporalidade fictícia, de aparência mais dialética, que comporta uma ordem, um comportamento, uma maturidade, empíricos no nível das funções, institucionais no nível da Lei, orgânicos no nível do fato; a agressividade da Moda, que tem o ritmo das vendetas, é assim desarmada por uma imagem mais paciente do tempo; nesse presente absoluto, dogmático e vingador em que a Moda fala, o sistema retórico dispõe das razões que parecem ligá-lo a um tempo mais flexível e distante, razões que são a polidez – ou o remorso – do assassinato de seu próprio passado por ela cometido, como se ouvisse vagamente a voz possessiva do ano morto a lhe dizer: *ontem fui o que és, amanhã serás o que sou*[20].

....
20. Lido num túmulo.

CONCLUSÃO

| capítulo 20 | ECONOMIA DO SISTEMA

I. Originalidade do sistema da Moda

20.1. A língua, guardiã do sentido e da abertura para o mundo

Tivemos várias oportunidades de dizer que a difusão maciça das revistas de Moda, que, pode-se dizer, são verdadeiras revistas populares, modificara o fenômeno da Moda e deslocara seu sentido sociológico: ao passar para a comunicação escrita, a Moda se torna objeto cultural autônomo, provido de uma estrutura original e, provavelmente, de uma nova finalidade; as funções sociais, ordinariamente atribuídas à Moda indumentária[1], são substituídas ou complementadas por outras funções que, análogas às funções de toda a literatura, podem ser re-

....
1. Dialética entre inovação e imitação, analisada pela sociologia desde Spencer.

sumidas em poucas palavras, dizendo-se que, por meio da língua que dela se encarrega, a Moda se transforma em *narrativa*. A ação da língua se exerce em dois níveis: o da denotação e o da conotação. No plano denotado, a língua age ao mesmo tempo como produtora e como guardiã do sentido; acentua a natureza semântica da Moda, pois, por meio da descontinuidade de suas nomenclaturas, multiplica os signos exatamente onde a realidade, propondo apenas uma matéria contínua[2], teria dificuldade para significar com sutileza; essa multiplicação dos sentidos é bem percebida na asserção de espécie: quando faz o *pano* significar, a Moda (escrita) sobrevaloriza consideravelmente as possibilidades semânticas do vestuário real; este, na verdade, só pode dar sentido aos *tecidos leves* em relação aos *tecidos pesados*; a língua estilhaça essa estrutura rudimentar em mil espécies significantes, edificando assim um sistema cuja justificação já não é utilitária (opor o *leve* ao *pesado*, assim como o *fresco* ao *quente*), mas apenas semântica: ela constitui assim o sentido como verdadeiro luxo do espírito. Por outro lado, multiplicados assim os signos, a língua intervém novamente, mas agora para lhes dar o *comportamento* de uma estrutura; graças à própria estabilidade do nome (por mais relativa que esta seja, porque os nomes também passam), ela resiste à mobilidade da realidade; isso é bem percebido na lógica do sistema; os tabus que impedem determinado gênero de encontrar-se com determinada variante são de fato muito relativos; nenhum deles é eter-

....
2. Isso é válido especialmente em relação à fotografia.

no; os interditos da Moda, porém, são absolutos, portanto o sentido é imperativo[3], não só no nível da sincronia, porém mais profundamente no nível da nomenclatura: usar duas blusas ao mesmo tempo talvez não fosse impossível, caso se tivesse o direito de mudar o nome da segunda blusa; mas, como esse direito é recusado pela língua (pelo menos na escala de sua própria sincronia), a Moda pode constituir-se como lógica ou, se preferirem, como sistema exato. Assim, no plano da denotação, a língua desempenha um papel regulador, inteiramente submetido a fins semânticos: parece que a Moda fala exatamente por querer ser sistema de signos. No entanto, no plano da conotação, seu papel parece ser outro: a retórica abre a Moda para o mundo; através dela, o mundo está presente na Moda, não mais apenas como poder humano, produtor de um sentido abstrato, mas como conjunto de "razões", ou seja, como ideologia; por meio da linguagem retórica, a Moda se comunica com o mundo, participa de certa alienação e de certa razão dos homens; mas também, como vimos, nesse movimento *em direção* ao mundo, que é o movimento de seu sistema de conotação, a Moda perde muito de seu ser semântico (seus signos se tornam razões, seu significante deixa de ser finamente descontínuo, e seu significado se torna indefinido e latente), de tal modo que a língua tem duas funções quase contraditórias, conforme intervenha no plano denotado ou no plano conotado do siste-

....
3. Cabe lembrar que o sentido é uma liberdade vigiada, na qual o limite é tão constitutivo quanto a escolha.

ma; evidentemente, é nessa divergência de papéis (seja ela pura contrariedade ou esboço de um movimento dialético) que reside a economia profunda do sistema, como veremos melhor em breve.

20.2. Atividade classificadora

Embora a retórica, de certo modo, desfaça o sistema dos signos elaborado fora dela (no nível denotado), e, assim, seja possível dizer que o mundo começa onde o sentido acaba, é sempre a realidade (mas não, é verdade, "o mundo") que funda a significação no exato momento em que lhe propõe seus limites: a realidade é significante porque finita, como mostra a economia classificadora do sistema denotado. Essa economia baseia-se numa eliminação progressiva da substância (no sentido dado por Hjelmslev a essa palavra). De início, se assim se pode dizer, a realidade, na forma de injunções físicas, estéticas ou morais, recusa certas significações a certos objetos, impedindo-os de variar ou, ao contrário, impondo-lhes uma variação infinita. É esse regime de exclusões iniciais que provoca um amplo *dispatching* do sentido através de objetos e qualidades, gêneros e suportes, de acordo com caminhos ora fechados (*excluído*), ora escancarados (*associações típicas*). É esse mesmo movimento reticular que funda o sentido no nível do enunciado: um sentido unitário surge de uma poeira de sentidos, filtrada ao sabor das matrizes sucessivas, de tal modo que cada enunciado, seja qual for a imbricação de suas cadeias de unidades, acaba tendo um único objeto visado pela significação. Essa composição homográfica possibilita distribuir certa hierarquia entre os objetos indumentários, mas essa hierarquia já não leva em conta a importância material dos elementos; a construção do sentido mostra-se realmente como uma contranatureza; ela promove elementos ínfimos e rebaixa elementos importantes, como se o inteligível tivesse a incumbência de compensar o *dado* da matéria; o sentido é assim distribuído de acordo com uma espécie de graça revolucionária; seu poder se torna tão autônomo, que ele pode agir à distância e, por fim, vaporiza a própria substância: o que significa não é a capa, é sua afirmação: o sentido nega qualquer valor intrínseco às substâncias. Essa negação talvez seja a função mais profunda do sistema da Moda; ao contrário da língua, esse sistema deve tratar, por um lado, com substâncias (o vestuário) atulhadas de usos extra-semânticos e, por outro, não precisa em absoluto dispor de uma intermediação combinatória, como a da dupla articulação[4], pois seus significados, em suma, são pouquíssimo numerosos. Dessa injunção e dessa liberdade nasceu uma classificação peculiar, baseada em dois princípios: por um lado, cada unidade (ou seja, cada matriz) é como que o atalho que leva a substância inerte para o ponto no qual ela se deixa impregnar pelo sentido, de tal modo que o consumidor do sistema vive a cada instante

---

4. Não se pode falar de dupla articulação no sistema da Moda na forma como se acaba de descrever, pois os elementos da matriz, interdependentes, não podem ser equiparados aos signos distintivos ou fonemas da língua; as matrizes podem combinar-se entre si, mas esse é o único arranjo combinatório do sistema.

a ação a que o sentido submete uma matéria cujo ser original (ao contrário da língua) não é significar; por outro lado, a anarquia que poderia marcar um sistema de significantes numerosos e significados raros é aí combatida por uma distribuição fortemente hierárquica, cujas articulações não são lineares, ao contrário das articulações da língua (embora sustentadas por ela), mas, digamos, concertantes: a pobreza do significado, seja ele mundano ou de Moda, é assim resgatada por uma construção "inteligente" do significante que recebe o essencial do poder semântico e não mantém quase nenhuma relação com seus significados. A Moda mostra-se assim essencialmente – e essa é a definição final de sua economia – como um sistema de significantes, uma atividade classificadora, uma ordem bem mais semiológica que semântica.

20.3. Sistema aberto e sistema fechado

Contudo, essa ordem semiológica, que tende ao vazio ao se armar sutil e fortemente para "vaporizar" a substância, encontra-se com o mundo em termos gerais de certo significado; e, como esse significado é diferente nos conjuntos A e nos conjuntos B, a economia geral do sistema da Moda assume feições diversas, de acordo com cada um desses conjuntos, e aí a análise deve seguir dois caminhos diferentes. A diferença entre os dois tipos de conjunto, aliás, não decorre apenas da diferença quantitativa de seus significados – num, múltipla; no outro, binária –, porém muito mais de sua situação na sobreposição dos sistemas desmembrados, que constitui todo enunciado de

| *Economia do sistema* |

Moda. Não voltamos a falar dessa arquitetura desde que ela foi analisada[5], mas está na hora de retornarmos ao papel essencial que ela desempenha na economia do sistema da Moda. Cabe lembrar que, nos conjuntos B, a Moda é o significado implícito e direto dos traços indumentários: ela constitui então um significado de simples denotação; ao contrário, nos conjuntos A, a explicitação do significado mundano desloca a posição da Moda, que de algum modo sobe um grau e passa para a posição de segundo significado ou significado conotativo. Portanto, é realmente a Moda que constitui o cerne da economia divergente dos sistemas A e B; denotativa aqui (B) e conotativa ali (A), ela está implicada em duas éticas diferentes, pois toda conotação, por um lado, comporta uma transformação do signo em razão, mas, por outro, abre o sistema inferior para a ideologia do mundo. Sendo denotativa, a Moda participa diretamente de um sistema *fechado* em seus significantes, sistema que só se comunica com o mundo por meio do inteligível representado por todo sistema de signos[6]; sendo conotativa, ela participa indiretamente de um sistema *aberto*, que se comunica com o mundo por meio da nomenclatura explícita dos significados mundanos. As duas economias parecem, assim, intercambiar defeitos e virtudes: os conjuntos A abrem-se para o mundo, mas, por isso mesmo, participam das inversões a que a ideologia submete a realidade; os conjuntos B mantêm a pobreza e, digamos, a pro-

---

5. Cf. *supra*, 3, II.
6. Lembrando-se, porém, que mesmo nos conjuntos B a Moda pode comunicar-se com o mundo, quando é submetida a uma retórica.

bidade formal de toda denotação, mas à custa de uma abstração que se mostra como fechamento para o mundo. É essa ambiguidade simétrica de seus conjuntos que marca o sistema da Moda.

II. Conjuntos A: alienação e utopia

20.4. Nominação do significado

Os conjuntos A são abertos para o mundo por três razões: primeiro, porque seus significados são nomeados, assumidos por uma nomenclatura oriunda da língua (é exatamente essa ausência de isologia que os define); em segundo lugar, porque neles a Moda passa ao estado de sistema conotado, ou seja, assume a máscara de uma razão ou de uma natureza; em terceiro lugar, porque Moda e significados são organizados pela retórica e formam uma representação do mundo que coincide com uma ideologia geral. No entanto, ao se abrir para o mundo, a Moda é forçada, digamos, a "suportá-lo", ou seja, a participar de certa conversão da realidade que costuma ser descrita com o nome de alienação ideológica; os momentos de "abertura" do sistema traduzem ou, se preferirem, definem essa alienação. A nominação do significado, que é excepcional em relação aos sistemas de significação que conhecemos, leva a transformar esses significados mundanos em espécies de essências imóveis: uma vez nomeados, *Primavera*, *Fim de semana* e *Coquetel* tornam-se divindades que parecem produzir naturalmente o vestuário, em vez de manterem com ele uma relação arbitrária de significação; de acordo com um processo antropológico conhecido, o vocábulo transforma o objeto em força, o próprio vocábulo transforma-se em força; ademais, desenvolver uma relação semântica entre dois objetos distintos e extensos – significante de um lado e significado de outro – é diminuir consideravelmente a estrutura funcional do sistema, é vincular os sentidos às unidades por uma espécie de correspondência parcelar e imóvel, de essência, pode-se dizer; é reduzir o corpo das significações a um léxico (*tussor* ≡ *verão*). Sem dúvida, essas significações são instáveis, pois o léxico da Moda é refeito a cada ano; mas os signos aí não são transformados de dentro para fora, como na diacronia da língua; sua mudança é arbitrária e, no entanto, a explicitação do significado lhe dá o peso das coisas interligadas por uma afinidade de algum modo pública: o signo já não é móvel[7], mas apenas está morto e renascendo, efêmero e eterno, caprichoso e razoável; ao nomear seus significados, a Moda procede assim a uma espécie de sacralização imediata do signo: o significado é separado de seu significante, mas parece aderir a ele por direito natural e imprescritível.

20.5. A Moda mascarada

A segunda alienação que afeta os conjuntos A (no exato momento em que os abre pela segunda vez para o mundo) diz

---

7. Bergson já dizia: "*O que caracteriza os signos da linguagem humana não é tanto sua generalidade quanto sua mobilidade. O signo instintivo é um signo aderente; o signo inteligente é um signo móvel*" (*Évolution créatrice*, 3ª ed., Paris, Alcan, 1907, p. 172 [Trad. bras. *A evolução criadora*, São Paulo, Martins Fontes, 2005]).

respeito ao papel da Moda na estrutura desses conjuntos. Num enunciado como: *o estampado vence o dérbi*, o significado mundano (*dérbi*) desaloja de algum modo o significado-Moda e o relega à zona improvável (literalmente) da conotação; nada indica *de direito* que a equivalência entre estampado e dérbi esteja submetida ao valor de Moda, mas sim que, *de fato*, a própria equivalência é sempre apenas o significante do significado-Moda: o estampado só é o signo do dérbi com a sanção da Moda (o ano que vem, o signo será desfeito); reconhece-se nesse tipo de "má-fé" formal a própria definição da conotação: a Moda, evitada como signo real, está presente como ordem oculta, terror silencioso, pois não respeitar (este ano) a equivalência entre estampado e dérbi seria incidir no pecado do fora-de-moda; vê-se assim a manifestação, de novo, da diferença que opõe o significado implícito dos sistemas denotados e o significado latente dos sistemas conotados[8]; aí a alienação consiste, exatamente, em tornar latente um significado implícito; a Moda se esconde à maneira de um deus: onipotente, mas fingindo deixar ao estampado toda a liberdade de significar *naturalmente* o dérbi. A Moda, em suma, é tratada aí como um valor vergonhoso e tirânico, que cala sua identidade, não mais lhe retirando, pura e simplesmente, a expressão terminológica (como no caso dos conjuntos denotados), mas substituindo-a pelo nome de uma causalidade de todo humana (as unidades semânticas do significado mundano). A conotação coincide

---

[8]. Cf. *supra*, 16, 5.

então com uma alienação mais geral que consiste em dar à arbitrariedade determinante a máscara de uma natureza inelutável.

20.6. Real utópico e utopia real

O último ponto da abertura para o mundo (nos conjuntos A) é constituído pela própria retórica, que "coroa" ao mesmo tempo o sistema terminológico e a conotação de Moda. A retórica corresponde a um processo de inversão ideológica da realidade em sua imagem contrária: a função do sistema retórico é mascarar a natureza sistemática e semântica dos enunciados que lhe estão submetidos, transformando equivalência em razão; embora seja também um sistema, a atividade retórica é antissistemática, pois subtrai aos enunciados de Moda toda aparência semiológica; faz da conjunção entre mundo e vestuário o objeto de um discurso *ordinário*, mobilizando causas, efeitos, afinidades, enfim, todos os tipos de relações pseudológicas. Essa atividade de conversão pode ser comparada *grosso modo* à atividade da *psique* no sonho: o sonho também mobiliza símbolos brutos, ou seja, elementos de um sistema semântico primário; mas interliga esses elementos na forma de uma narrativa na qual a força sintagmática eclipsa (ou mascara) a profundidade sistemática. Aqui, porém, cabe observar uma inversão ética: é ao fabular que a retórica de Moda depara com certa realidade do mundo *contra* seu sistema terminológico, que, por sua vez, permanece improvável: ocorre aí um curioso *chassé-croisé* entre o real e o imaginário, o possível e o utópico.

As unidades semânticas (*fim de semana*, *noite*, *compras*), no nível terminológico, ainda são fragmentos do mundo real, mas esses fragmentos já são transitórios e ilusórios, pois o mundo não dá nenhuma sanção mundana à relação entre *este suéter* e o *fim de semana*: ele não se cumpre dentro de um sistema real; assim, em seu nível literal, o real da Moda é puramente assertivo (é o que se entende por improvável). Diante dessa "irrealidade" do nível terminológico, a retórica de Moda é paradoxalmente mais "real", uma vez que se absorve numa ideologia coerente, dependente de toda uma realidade social; dizer, no nível terminológico, que *este suéter é apropriado para o fim de semana* nada mais é que uma asserção, inalienada por ser *surda*; dizer, ao contrário, *você precisa levar este suéter se for à mansão do patrão de seu marido no fim de semana em Touraine* é interligar o vestuário a uma situação total, ao mesmo tempo imaginária e verdadeira, da mesma verdade profunda do romance ou do sonho: é nessa medida que se pode dizer que o nível terminológico (denotado) é o nível de um real utópico (pois o mundo real na verdade não comporta nenhum léxico indumentário, ainda que seus elementos – aqui mundo e ali vestuário – sejam realmente dados), enquanto o nível retórico é o nível de uma utopia real (pois a totalidade da situação retórica é diretamente oriunda de uma história real). Seria possível dizer, de outro modo, que só há *conteúdo* da Moda no nível retórico: no exato momento em que se desfaz, o sistema da Moda se abre para o mundo, se enche de realidade, se aliena e se torna "humano", simulando assim de modo simbólico a ambiguidade fundamental de toda compreensão da realidade: ninguém pode *falar* da realidade sem se alienar a ela: compreender é ser cúmplice.

20.7. Naturalização dos signos

O *chassé-croisé* entre o irreal denotado e o real conotado corresponde à inversão do signo como razão, que se mostra como procedimento fundamental dos conjuntos A: é por fundarem uma visão "naturalista" do vestuário e do mundo que esses conjuntos confluem à sua maneira (ao mesmo tempo utópica e real) para a sociedade que os produz, ao passo que um sistema de signos puros e declarados sempre representa apenas o esforço envidado pelos seres humanos para produzir "sentido", fora de qualquer conteúdo. Compreende-se então o valor geral de toda conversão do signo em razão, bem além do próprio sistema da Moda. Os conjuntos A são testemunhos daquilo que se poderia chamar de paradoxo semiológico: por um lado, parece que toda sociedade desenvolve uma atividade incansável para permear a realidade de significação e constituir sistemas semiológicos intensa e sutilmente organizados, convertendo coisas em signos, o sensível em significante; por outro lado, constituídos esses sistemas (ou, mais exatamente, à medida que eles se constituem), os homens desenvolvem uma atividade igual para mascarar sua natureza sistemática, para reconverter a relação semântica em relação natural ou racional; existe aí um processo duplo, ao mesmo tempo contraditório e complementar: de significação e de racionalização. É pelo menos o que ocorre, parece, em nossas sociedades, pois não é indubitável que o paradoxo semiológico tenha alcance universal, de ordem antropológica; algumas sociedades de tipo arcaico deixam no inteligível por elas elaborado a forma de um conjunto de signos declarados; o homem não assume a tarefa de converter a natureza e a supranatureza em razão, mas simplesmente de decifrá-las: o mundo não é "explicado", é lido, a filosofia é uma mântica[9]; e, inversamente, parecer ser característica peculiar de nossas sociedades – e em especial de nossa sociedade de massas – naturalizar ou racionalizar o signo através do processo original que aqui descrevemos com o nome de *conotação*; isso explica por que os objetos culturais elaborados por nossa sociedade são arbitrários (como sistemas de signos), porém fundamentados (como processos racionais); pode-se então imaginar a possibilidade de definir as sociedades humanas de acordo com o grau de "franqueza" de seus sistemas semânticos e conforme seja francamente significante ou pretensamente racional a inteligibilidade que elas infalivelmente dão às coisas; ou então: de acordo com seu poder de conotação.

III. Conjuntos B: frustração do sentido

20.8. Metáfora infinita

Diante dos conjuntos A, abertos e alienados, os conjuntos B se mostram parcialmente puros; isto porque não conhe-

---
9. G. W. F. Hegel, *Leçons sur la philosophie de l'histoire*, trad. Gibelin, Paris, Vrin, 1946, 413 p., p. 213 [Trad. bras. *Filosofia da história*, Brasília, Ed. UnB, 1995].

cem a nominação "reificante" do significado, e a Moda neles é um valor denotado; só se alienam para o mundo por meio da retórica do vestuário (aliás, pobre, como vimos[10]) e pela retórica da significação (que transforma a decisão de Moda em Lei ou em Fato); assim mesmo, essas conversões não são constantes, permanecem contingentes a este ou àquele enunciado. Em outros termos, os conjuntos B não "mentem": neles o vestuário significa abertamente a Moda. Essa pureza – ou franqueza – decorre de duas condições. A primeira é constituída pela desproporção extrema que a denotação de Moda introduz entre o número de seus significantes e o número de seus significados: nos conjuntos B, o significado é positivamente singular[11]: é em tudo e por tudo Moda; os significantes são numerosíssimos, são todas as variações do vestuário, a exuberância dos traços de Moda; reconhece-se aí a própria economia de uma metáfora infinita, que varia livremente os significantes de um único e mesmo significado[12]. Naturalmente, não é indiferente o fato de a desproporção se estabelecer em proveito do significante: todo sistema que comporte um número elevado de significados para um número restrito de significantes é gerador de angústia, pois cada signo pode ser lido de várias maneiras; ao contrário, todo sistema inverso (com número elevado de significantes e número reduzido de significados) é um sistema

---

10. Cf. *supra*, 17, 2.
11. Estruturalmente, o significado é duplo: *na-moda/fora-da-moda* (sem o que não poderia haver sentido), mas o segundo termo é anulado, rechaçado para a diacronia.
12. A mesma tendência (mas aí não passa de tendência) se observa nos conjuntos A, por pansemia (cf. *supra*, 14, 7 e 8).

euforizante; e, quanto mais se acentua uma desproporção desse tipo, mais se intensifica a euforia: é o que ocorre com as listas metafóricas de significado único, em que se baseia uma poesia de apaziguamento (nas litanias, por exemplo); a metáfora aparece, portanto, como uma espécie de operador "tranquilizante", em virtude de sua própria estrutura semiológica, e, por ser metafórica, nos conjuntos B a Moda é um objeto eufórico, apesar do caráter cominatório da lei arbitrária que a fundamenta.

20.9. Frustração do sentido

O processo metafórico (aqui radical, pois o significado é único) é apenas uma primeira condição dessa "pureza" dos conjuntos B, de que falávamos há pouco. A segunda condição diz respeito à própria natureza do significado que está no fundo de todos os enunciados de Moda quando eles só falam do vestuário (é o caso dos conjuntos B); esse significado, na verdade, é tautológico: a Moda só pode definir-se por si mesma, pois a Moda nada mais é que um vestuário, e o vestuário de Moda é sempre aquilo que a Moda decide; assim, dos significantes ao significado se estabelece um processo puramente reflexivo, durante o qual o significado é, de algum modo, esvaziado de todo conteúdo, mas sem perder nada de sua força de designação: esse processo constitui o vestuário como significante de algo que, porém, nada mais é que essa mesma constituição. Ou, para descrever esse fenômeno de maneira ainda mais precisa, diremos que o significante (ou seja, o enunciado de Moda) continua incessantemente a difundir sentido através de uma estrutura de significação (objetos, suportes, variantes e hierarquias de matrizes), mas esse sentido, afinal, nada mais é que o próprio significante. A Moda propõe assim o paradoxo precioso de um *sistema semântico cuja única finalidade é frustrar o sentido que ele elabora exuberantemente*: o sistema abandona então o sentido, mas sem nada ceder do próprio espetáculo da significação[13]. Essa atividade reflexiva tem um modelo mental: a lógica formal. Tal como a lógica, a Moda é definida pela variação infinita de uma mesma tautologia; tal como a lógica, a Moda procura equivalências, validades, não verdades; tal como a lógica, enfim, a Moda é desprovida de conteúdo, mas não de sentido. Espécie de máquina para manter o sentido sem nunca o fixar, ela é incessantemente um sentido frustrado, mas é sempre sentido: sem conteúdo, ela se torna então o espetáculo que os seres humanos dão a si mesmos do poder que têm de fazer o insignificante significar; aparece assim, então, como uma forma exemplar do ato geral de significação, confluindo para o próprio ser da literatura, que consiste em dar a ler a significação das coisas, e não o sentido delas[14]: assim, ela se torna o signo do "propriamente humano". Esse estatuto essencial não é desencarnado: no momento em que desvenda sua natureza mais formal, o sistema da Moda escrita conflui para

---

13. Mallarmé parece ter compreendido: *La Dernière Mode* não contém, por assim dizer, nenhum significado pleno, apenas significantes de Moda; restituindo a pura imanência do "bibelô", Mallarmé tinha em vista elaborar humanamente um sistema semântico puramente reflexivo: o mundo significa, mas significa "nada": vazio, mas não absurdo.
14. Já vimos que a *significação* é um processo (ao contrário do *sentido*).

sua condição econômica mais profunda: é o processo ativo de uma significação vazia, que faz da revista de Moda uma instituição duradoura; como para a revista falar é notar, e notar é fazer significar, a fala da revista é um ato social suficiente, quaisquer que sejam seus conteúdos: é uma fala que pode ser infinita por ser vazia, no entanto significante; pois, se tivesse *algo* para dizer, a revista entraria numa ordem cuja finalidade seria esgotar esse algo; mas, ao contrário, ao fazer de sua fala uma significação pura, sem nenhum argumento, a revista lança um daqueles processos de pura manutenção, que criam empresas teoricamente infinitas[15].

20.10. *O presente de Moda*

A pureza formal e o fechamento dos conjuntos B são sustentados pela temporalidade peculiaríssima da Moda. É verdade que, nos conjuntos A, a equivalência entre vestuário e mundo está também submetida à Moda, ou seja, a um presente vingador que a cada ano sacrifica os signos do ano anterior: somente *hoje* os estampados são apropriados para o dérbi; no entanto, trabalhando seus signos no mundo com a forma de funções e razões, a Moda parece submeter o tempo a uma ordem mais natural: nela, o presente se torna mudo e como que vergonhoso,

---

15. Imprensa ou Moda, estamos diante daqueles objetos culturais que têm forma estável e conteúdo instável, que, desse ponto de vista, parecem ter sido pouco estudados; poderíamos tomar como símbolo desses objetos o navio Argos, que continuava sendo o mesmo navio, apesar de todas as suas peças irem sendo pouco a pouco trocadas: a atualidade é uma *forma*, é portanto um material privilegiado para a análise semiológica.

carreado para a conotação com a própria Moda. Desaparecendo qualquer álibi naturalista dos conjuntos B, o presente da Moda torna-se avalista da arbitrariedade declarada do sistema: esse sistema está tão fechado em sua sincronia, que a cada ano desaba, por inteiro e com um só golpe, no nada do passado: como a razão ou a natureza já não vigiam os signos, tudo é permitido ao sistema, a começar pelo assassinato declarado do passado. Os conjuntos B ou, se preferirem, a Moda lógica consagram também uma confusão exemplar entre presente e estrutura; por um lado, o *hoje* da Moda é puro, destrói tudo em torno de si, desmente o passado com violência, censura o futuro, desde que esse futuro ultrapasse a estação; por outro lado, cada um desses *hojes* é uma estrutura triunfante, cuja ordem é extensiva (ou estranha) ao tempo[16], de tal maneira que a Moda doma o novo antes mesmo de o produzir e realiza o paradoxo de um "novo" imprevisível, mas legislado; pode-se dizer, em suma, que a Moda domestica o imprevisto, mas sem lhe subtrair o caráter de imprevisto: cada Moda é ao mesmo tempo inexplicável e regular. Assim, abolida a memória remota, reduzido o tempo ao par formado pelo que é excluído e o que é inaugurado, a Moda pura, a Moda lógica (a dos conjuntos B) é sempre apenas uma substituição amnésica do passado pelo presente[17].

---

16. Como dissemos, a Moda é sistematicamente infiel. Ora, a fidelidade (como aderência ao passado) e a infidelidade (como destruição desse passado) são igualmente neuróticas, pois uma assume a forma de um dever legal ou religioso (do tipo erínico), e a outra, de um direito natural à "vida".
17. De fato, a Moda postula uma ucronia, um tempo que não existe; nela o passado é vergonhoso, e o presente, sempre "devorado" pela Moda que se anuncia.

Quase se poderia falar de neurose da Moda, mas essa neurose se incorpora numa paixão progressiva, a fabricação do sentido: a Moda só é infiel quando *burla* o sentido.

IV. O duplo sistema da Moda

20.11. Ambiguidade ética da Moda

Um sistema semanticamente perfeito é um sistema fechado, vazio e reflexivo: é o caso dos conjuntos B (pelo menos quando eles não mitificam a decisão de Moda). O sistema se desfaz quando se abre para o mundo pelos caminhos da conotação. O duplo sistema da Moda (A e B) mostra-se assim como um espelho onde se lê o dilema ético do homem moderno: todo sistema de signos está fadado a saturar-se, converter-se e corromper-se a partir do momento em que o mundo o "preencha": para abrir-se para o mundo, é preciso alienar-se; para compreendê-lo, é preciso afastar-se dele; uma antinomia profunda separa o modelo das condutas produtoras e o modelo das condutas reflexivas, os sistemas de ações e os sistemas de sentidos. Com a divergência de seus conjuntos A e B, a Moda vive as duas postulações seguintes: ora preenche seu significado com fragmentos do mundo e o transforma em sonho de usos, funções e razões; ora o esvazia e se reduz à categoria de uma estrutura liberta de qualquer substância ideológica. Sistema "naturalista" (nos conjuntos A) ou sistema "lógico" (nos conjuntos B), a Moda viaja assim de um sonho ao outro, conforme a revista multiplique ou, ao contrário, frustre os significados mundanos; parece que a imprensa que conta com grande público popular pratica uma Moda naturalizada, rica em funções-signos, e que a imprensa mais "aristocrática" pratica, de preferência, a Moda pura. Essa oscilação corresponde a uma situação histórica: originariamente, a Moda é um modelo aristocrático, mas esse modelo está atualmente submetido a forças poderosas de democratização: no Ocidente, a Moda tende a tornar-se um fenômeno de massas, justamente por ser consumida por meio de uma imprensa de ampla tiragem (donde a importância e, de algum modo, a autonomia da Moda escrita); a maturidade do sistema (no caso, sua "gratuidade") é, portanto, adotada pela sociedade de massas em obediência a uma composição: a Moda deve projetar o modelo aristocrático, fonte de seu prestígio: é a Moda pura; mas ao mesmo tempo deve representar de maneira eufórica o mundo de seus consumidores, transformando as funções intramundanas em signos (trabalho, esporte, férias, estações, cerimônias): é a Moda naturalizada, cujos significados são nomeados. Donde seu estatuto ambíguo: ela significa o mundo e se significa a si mesma, constrói-se aqui como programa de conduta e ali como espetáculo luxuoso.

20.12. A transformação

No entanto, há um ponto do sistema geral da Moda em que a estrutura é permeada por um fazer *que lhe fica incluso* (essa é sua importância); esse ponto é aquilo que a Moda chama de *transformação* (*o guarda-pó de verão que se tornará o impermeável do outono*); essa é uma noção ainda modesta, mas lhe será atribuído um valor exemplar, visto que ela representa certa solução do conflito que está sempre opondo a ordem das condutas transitivas à ordem dos signos. A transformação, de fato, está nas fronteiras do sistema, sem, porém, transgredi-las; por um lado, ela é decorrente da estrutura, pois o enunciado sempre une uma constante (aquilo que, no significante, não muda e, em geral, permanece como objeto visado pelas significações sucessivas do vestuário transformado) e uma variação (a própria transformação[18]); mas, por outro lado, a variação deixa de ser virtual (ou seja, sincrônica), para tornar-se diacrônica; com a transformação, a diacronia é introduzida no sistema, não mais na qualidade de um presente vingador que abole de um só golpe todos os signos do passado, mas de um modo, digamos, apaziguado (precisamente porque ela é reconhecida e absorvida pelo próprio sistema). Assim se reúnem na transformação um tempo reconciliado (o passado já não é liquidado, é utilizado), um fazer novo (a linguagem da Moda torna-se realmente fabricadora) e a expressão de um sistema de signos (o objeto fabricado conforma-se a uma estrutura regular). Essa é, em suma, a solução dialética proposta pela Moda para o conflito entre o passado e o presente, entre o acontecimento e a estrutura, o fazer e o signo, e é normal que essa solução depare com a reali-

....
18. Exemplos: *mantôs com variantes, vestidos de primavera que podem tornar-se vestidos de verão acrescentando-se uma gola e um cinto de organza.*

dade econômica: a transformação é possível na prática (custa pouco), ao mesmo tempo que é espetacularmente engenhosa: a Moda a inclui cada vez mais em seus enunciados.

V. O analista diante do sistema

20.13. *Análise fugaz*

Falta dizer algumas palavras sobre a situação do analista diante, ou melhor, *dentro* do universo sistemático de que ele acaba de tratar; não só porque haveria má-fé em considerar o analista como estranho a esse universo, mas também porque o projeto semiológico dá ao analista os meios formais de incorporar-se no sistema que ele está reconstituindo; mais que isso: obriga-o a isso, e nessa obrigação ele encontra, digamos, sua filosofia final, a garantia de participar do jogo da história, da qual ele imobilizou determinado momento, e juntar-se ao tempo que deve prevalecer em proveito de outras linguagens e outras ciências. Para compreender esse movimento em termos formais (aqui não poderia ser outro o projeto), é preciso voltar ao sistema retórico[19]. Vimos que o significado desse sistema é de controle incerto no nível dos usuários do sistema: latente, global, não pode ser *nomeado* de maneira uniforme por aqueles que recebem a mensagem conotada: ele não tem existência terminológica garantida, a não ser no nível do

....
19. Cf. *supra*, 16, III.

analista, cuja função própria é, precisamente, sobrepor uma nomenclatura a significados latentes que só ele pode trazer a lume; se der a tais significados retóricos os nomes de *sincretismo* ou *euforia*[20], saberá perfeitamente que tais conceitos não são de uso das leitoras de Moda, e que, para lidar com eles, será obrigado a recorrer a uma linguagem intelectual fechada, enfim, a uma escritura; ora, essa escritura funcionará em relação ao sistema-objeto da Moda como uma nova metalinguagem. Portanto, se quisermos representar o sistema da Moda não mais como ele é em si (como fingimos, forçosamente, considerá-lo até agora), mas como ele é necessariamente exposto durante a análise, ou seja, confiado a uma fala (*parole*) parasita, será preciso completar da seguinte maneira o esquema dos sistemas simultâneos[21].

4. Metalinguagem do analista	E	C		
3. Sistema retórico			E	C
2. Sistema terminológico		E	C	
1. Código indumentário			E	C

A metalinguagem do analista, embora seja uma "operação", e não uma "conotação"[22], evidentemente só pode ser comprometida; primeiramente, com as categorias de sua língua (no caso,

---
20. Cf. *supra*, 16, 6.
21. Esquema dado *supra*, 3, 2. Toma-se como exemplo o conjunto mais simples, ou seja, o conjunto B com três sistemas (E: plano da expressão; C: plano do conteúdo).
22. Hjelmslev, *Prolegomena...* § 22, pp. 114-125.

o francês), pois a língua não é a realidade; em segundo lugar, com sua própria situação histórica e com sua própria existência, pois uma escritura nunca é neutra[23]; por exemplo, falar da Moda em termos de estrutura[24] é significar certa escolha, que é influenciada por certo estado histórico da pesquisa e por certa fala do sujeito. Entende-se com isso que a relação entre a análise semiológica e o enunciado retórico não é em absoluto a relação entre uma verdade e uma mentira: nunca se trata de "desmistificar" o leitor de Moda; essa relação é complementar, interna ao sistema infinito (embora provisoriamente finito) do qual fazem parte a Moda e sua análise; quando a retórica de Moda propõe a idéia de certa natureza (a natureza de um mundo no qual a *audácia* e a *discrição* seriam de direito essências psicológicas "verdadeiras"), o analista restabelece a ideia de certa *cultura* (a audácia e a discrição correspondem a um recorte interessado do mundo, a conjunção delas forma o álibi de uma intenção artificial de euforia); no entanto, o sistema não se fecha no limiar dessa decifração, e a oposição entre natureza e cultura faz parte também de certa metalinguagem, ou seja, de certo estado da história; é uma antinomia transitória que outros homens não poderiam ter falado ou não poderão falar. A relação entre o sistema-objeto e a metalinguagem do analista, portanto, não implica nenhuma substância "verdadeira"

....

23. A imaginação taxionômica, do semiólogo, é ao mesmo tempo psicanalizável e passível de crítica histórica.
24. O analista fala *da* Moda e não *a* Moda; está condenado a sair da *práxis* para entrar no *logos*. Falar a Moda seria fazê-la.

que devesse ser lançada inteiramente a crédito do analista, mas apenas uma validade formal; é uma relação ao mesmo tempo efêmera e necessária, pois o saber humano só pode participar do devir do mundo por meio de uma série de metalinguagens sucessivas, cada uma das quais se aliena no instante que a determina. Pode-se de novo exprimir essa dialética em termos formais: ao falar do significado retórico em sua própria metalinguagem, o analista inaugura (ou retoma) uma ciência infinita: pois, se ocorrer que alguém (outra pessoa ou ele mesmo, mais tarde) empreenda a análise de sua escrita e tente revelar seu conteúdo latente, será preciso que esse alguém recorra a uma nova metalinguagem, que significará esse alguém, por sua vez: chegará inevitavelmente o dia em que a análise estrutural passará para a categoria de linguagem-objeto e será apreendida num sistema superior que, por sua vez, a explicará. Essa construção infinita não é sofisticada: ela dá conta da objetividade transitória, e como que suspensa, da pesquisa e confirma aquilo que se poderia chamar de caráter heraclitiano do saber humano, sempre que, em virtude de seu objeto, ele é condenado a confundir verdade e linguagem. Existe aí uma necessidade que o estruturalismo tenta, precisamente, compreender, ou seja, falar: semiólogo é aquele que expressa sua morte futura nos próprios termos com que ele nomeou e compreendeu o mundo.

APÊNDICES

| História e diacronia de Moda |

As mudanças de Moda se mostrarão regulares se considerarmos uma duração histórica relativamente longa, e irregulares se reduzirmos essa duração aos poucos anos que precedem o momento no qual estejamos situados; regular de longe e anárquica de perto, a Moda parece assim dispor de duas durações: uma propriamente histórica, e a outra que poderia ser chamada de *memorizável*, porque põe em jogo a memória que uma mulher pode ter das Modas que precederam a Moda do ano.

A primeira duração, ou duração histórica, foi parcialmente estudada por Kroeber[1]. Esse autor escolheu alguns traços do vestuário feminino de rigor e mediu suas variações na longa duração. Esses traços são: 1. comprimento da saia; 2. altura da

---

1. A. L. Kroeber e J. Richardson, *Three Centuries of Women's Dress Fashion*, Berkeley e Los Angeles, Univ. of California Press, 1940.

cintura; 3. profundidade do decote; 4. largura da saia; 5. largura da cintura; 6. largura do decote. Os traços de Kroeber correspondem facilmente a alguns dos traços do sistema aqui descrito[2]. A diferença é que, trabalhando com desenhos, e não com uma linguagem, Kroeber pôde realizar medições reais, tomando como ponto de referência principal a estatura do corpo humano (da boca ao dedão do pé). Kroeber mostrou duas coisas: por um lado, que a história não intervém no processo de Moda, a não ser para apressar ligeiramente algumas mudanças, nos casos das grandes transformações históricas; de qualquer maneira, a história não produz formas, nunca se pode explicar analiticamente um estado de Moda, não há relação analógica entre o Diretório e a cintura alta; por outro lado, que o ritmo da mudança de Moda é não só regular (o intervalo é de cerca de meio século, e a oscilação completa, de um século), mas também que ele tende a alternar as formas de acordo com uma ordem racional: por exemplo, a relação entre a largura da saia e a largura da cintura é sempre inversa: quando uma é estreita, a outra é larga. Em suma, numa escala de duração um tanto longa, a Moda é um fenômeno organizado; e essa organização a Moda recebe de si mesma: sua evolução, por um lado, é descontínua, só procede por limiares distintos[3]; por outro lado, é

---

2. 1. Vestido + comprimento; 2. Cintura + posição vertical; 3. Decote + comprimento; 4. Saia + largura; 5. Cintura + ajuste; 6. Decote + largura.
3. Esse descontínuo se coaduna bem com a natureza semiológica da Moda ("*A linguagem só pode ter nascido de uma vez. As coisas não podem ter começado a significar progressivamente*", Cl. Lévi-Strauss, Introdução a: M. Mauss, *Sociologie et Anthropologie*, Paris, PUF, 1950, p. XLVII [Trad. bras. *Sociologia e Antropologia*, São Paulo, Cosac Naify, 2005]).

endógena, pois não se pode dizer que há uma relação genética entre uma forma e seu contexto histórico[4].

Essa é a demonstração de Kroeber. Caberá dizer que a história não tem nenhuma influência sobre o processo de Moda? A história não pode agir analogicamente sobre as formas, mas pode agir perfeitamente sobre o ritmo dessas formas, para perturbá-lo ou mudá-lo. Segue-se que, paradoxalmente, a Moda só pode conhecer uma história muito longa ou uma história nula; pois, enquanto seu ritmo permanece regular, a Moda permanece exterior à história; ela muda, mas suas mudanças são alternativas, puramente endógenas: trata-se então de simples diacronia[5]; para que a história intervenha na Moda, é preciso que ela modifique seu ritmo, o que só parece possível a uma história de longuíssima duração[6]. Por exemplo, se os cálculos de Kroeber estiverem corretos, nossa sociedade pratica o mesmo ritmo de Moda há vários séculos: *portanto, só quando esse ritmo mudar deverá intervir a explicação histórica*; e, como o ritmo depende do sistema (o próprio Kroeber o esboçou), a análise

---

4. Alguns historiadores do vestuário esforçaram-se, porém, por estabelecer uma relação analógica entre a forma de um vestuário e o estilo arquitetônico de uma época (especialmente: H. H. Hansen, *Histoire du costume*, Paris, Flammarion, 1956, e J. Laver, *Style in Costume*, Londres, Oxford Univ. Press, 1949).
5. A palavra *diacronia* pode chocar alguns historiadores; no entanto, é preciso um termo especial para designar um processo ao mesmo tempo temporal e anistórico; poderíamos até falar, como os bloomfieldianos, de metacronia, para marcar um processo descontínuo (cf. A. Martinet, *Économie...*, p. 15).
6. O ritmo está submetido à história, mas essa história é uma história longa como objeto cultural, o vestuário pertence à *longa duração* analisada por F. Braudel ("Histoire et sciences sociales: la longue durée" [História e ciências sociais: a longa duração], *in Annales*, ano 13, n.º 4, out.-dez. de 1958, pp. 725-753).

histórica deverá fatalmente passar pela análise sistemática. Pode-se imaginar, por exemplo – mas essa é apenas uma suposição demonstrativa, pois se trata do futuro do vestuário –, que o ritmo de Moda (aquele que conhecemos há alguns séculos) seja bloqueado, e que, afora pequenas variações sazonais, o vestuário deixe de mudar durante muito tempo; a história então deverá explicar não o próprio sistema, mas sua nova permanência; pode ser que se descubra então que essa mudança de ritmo é sinal de uma nova sociedade, definida ao mesmo tempo por sua economia e sua ideologia (a sociedade "mundial", por exemplo), impermeável aos grandes ritmos históricos do vestuário, precisamente porque terá institucionalizado solidamente a Moda anual, com variações afinal modestas, pois não alteram o "tipo fundamental" de nosso vestuário ocidental. Outro exemplo possível: o das antigas sociedades africanas em desenvolvimento: essas sociedades podem perfeitamente conservar seu antigo traje, mas submetê-lo a variações de Moda (mudança anual dos tecidos, dos estampados etc.): há então o nascimento de um ritmo novo.

A essa duração histórica, feita de um ritmo estável, cabe opor, como dissemos, uma duração muito mais curta, a das últimas variações sazonais da Moda, à qual poderíamos dar o nome de microdiacronia. A individualidade desta segunda duração (entenda-se: interior à primeira) decorre do caráter anual da Moda; portanto, ela é marcada por uma variabilidade aparentemente muito intensa. Em torno das implicações econômicas dessa variabilidade – que, aliás, não poderiam esgotar a sua explicação – não há segredo: a Moda é mantida por certos grupos produtores para precipitar a renovação do vestuário, lento demais se dependesse apenas do desgaste; nos Estados Unidos esses grupos são chamados, precisamente, de *accelerators*[7]. Quanto ao vestuário usado, a Moda pode ser definida pela relação entre dois ritmos: um ritmo de desgaste (d), constituído pelo tempo natural de renovação de uma peça ou de um enxoval, no plano exclusivo das necessidades materiais[8], e um ritmo de compra (c), constituído pelo tempo que separa duas compras da mesma peça ou do mesmo enxoval.

A Moda (real) é, digamos: d/c. Se d = c, se o vestuário for comprado só quando se desgastar, não haverá Moda; se d > c, se o vestuário se desgastar mais do que for comprado, haverá pauperização; se c > d, se a compra for maior que o desgaste, haverá Moda, e quanto mais o ritmo de compra ultrapassar o ritmo de desgaste, maior será a submissão à Moda[9].

Aconteça o que acontecer com o vestuário real, o ritmo do vestuário escrito será implacavelmente anual[10], e a renovação

---

7. Contrariando o mito elaborado em torno da Alta-costura, é possível que a Confecção média tenha um papel determinante na aceleração real das compras indumentárias.
8. Hipótese evidentemente abstrata: não há necessidade "pura", especialmente abstrata, de uma intenção de comunicar-se.
9. Às vezes, a Moda escrita pode transformar o próprio desgaste em valor (ou seja, em significado): "*O chique de uma roupa de couro aumenta com o envelhecimento, assim como o valor dos vinhos*" (*Vogue*).
10. Por que o ritmo da Moda feminina é muito mais rápido que o da Moda masculina? "*O vestuário do homem, uniformizado, não é muito propício a sinalizar a situação financeira. Esse papel fica para o vestuário da mulher, e, graças à sua Moda, o homem exprime de maneira indireta seu status econômico*" (K. Young, *Handbook of Social Psychology*, Londres, Routledge and Kogan Paul, 4ª ed., 1951, p. 420).

das formas, de um ano para o outro, parece ocorrer de maneira anárquica. A que se deve essa anarquia? Provavelmente ao seguinte: o sistema da Moda excede em muito a memória humana. Mesmo – e principalmente – no interior de uma microdiacronia, nenhuma lei de mudança é perceptível. É verdade que, de um ano para o outro, a Moda pode proceder por contrários, provocando a alternância dos termos simples de uma mesma variante: *macios crepes de seda* vêm substituir *tafetás rígidos*: "invertem-se" os termos da variante de flexibilidade. Mas, afora esse caso privilegiado, a regularidade das "inversões" tende a confundir-se sob o efeito de duas causas principais: uma se deve à retórica; a outra, ao próprio sistema.

Na Moda escrita, o comprimento das saias, por exemplo – traço que o senso comum recebe como o próprio símbolo da mudança de Moda –, está incessantemente obscurecido pela fraseologia; além do fato de os líderes da Alta-costura muitas vezes proporem comprimentos diferentes num mesmo ano, a retórica está sempre misturando apreciações verbais (*comprido*, *mais comprido*) e medidas centimétricas; pois, se a língua facilita o processo de significação no plano sincrônico, possibilitando uma boa divisão significante do vestuário, no plano diacrônico ela subtrai rigor às comparações: é mais fácil comparar medidas (como fez Kroeber) do que palavras. Por outro lado, no plano sistemático, a Moda pode perfeitamente abandonar uma variação paradigmática simples (*flexível/rígido*) e passar bruscamente, com a mudança de ano, para a notação de outra variante; uma sincronia sempre é um conjunto de traços escolhidos[11]: é possível fazer a notação da flexibilidade de um suporte e mudar sua variante: isso basta para produzir uma nova Moda. Numericamente, as combinações de um suporte e das variantes às quais ele pode se oferecer dependem da riqueza desse suporte: se admitirmos que um suporte se oferece em média a 17 variantes, o número de variações sistemáticas possíveis a cada Moda não será menor do que algumas centenas, pois identificamos cerca de sessenta gêneros-suporte. Somada às variações internas de uma mesma variante, a liberdade de combinação dos suportes e das variantes é tão grande, que torna difícil qualquer previsão da Moda.

Na verdade, isso pouco importa. O interessante é que, se a previsão da Moda é ilusória, sua estruturação não o é[12]. Aqui cabe lembrar que, quanto mais se generaliza um vestuário, mais legíveis parecem suas mudanças: generalização temporal que faz uma duração longa (como a de Kroeber) parecer muito mais organizada do que as microdiacronias nas quais vivemos; generalização formal também, pois, se pudéssemos comparar silhuetas (o que não é permitido pela Moda escrita), captaría-

---

11. Exemplo dos traços escolhidos pelo "flou-look" 1958: "Chemisier *solto, cardigã e saia de tecido macio, punhos para fora das mangas do casaco, gola deitada e muito aberta sobre colares, cintura solta marcada por um cinto mole, chapéu cloche texturizado pousado atrás.*" Esses são os traços mobilizados pelo seguinte enunciado: blusa + flexão + fechamento; colete + espécie; saia + flexibilidade; gola, colar + emergência; colar + multiplicação; cintura + marca; cinto + flexibilidade; toucado + espécie + orientação; material + espécie.
12. O mesmo problema há na língua, que é mais simples em razão do número reduzido das unidades diferenciativas, porém mais complexa em razão da dupla articulação. O espanhol da América só comporta 21 unidades diferenciativas, mas um dicionário dessa mesma língua contém 100 mil elementos significantes diferentes. Seria erro acreditar que o sistema exclui o aleatório; ao contrário, o aleatório é um fator essencial de todo sistema de signos (cf. R. Jakobson, *Essais*, p. 90).

mos sem dificuldade as "inversões" dos traços de Moda[13], cuja atualização é arriscada, mas não o registro que, ao contrário, é inteiramente estruturado. Em primeiro lugar, a Moda se estrutura no nível de sua história: ela se desestrutura apenas no nível que percebemos dela: a atualidade.

Assim, a confusão da Moda não decorre de seu estatuto, mas dos limites de nossa memória; o número dos traços de Moda é elevado, mas não infinito: poderíamos perfeitamente conceber uma máquina de fazer Moda. Naturalmente, a estrutura combinatória da Moda é transformada miticamente em fenômeno gratuito, em criação intuitiva, em exuberância irreprimível, portanto vital, de formas novas: dizem que a Moda tem horror ao sistema. Mais uma vez, o mito inverte com precisão a realidade: a Moda é uma ordem com a qual se faz uma desordem. Como ocorre essa conversão da realidade em mito? Por meio da retórica de Moda. Uma das funções dessa retórica é confundir as lembranças das Modas passadas, de tal modo que sejam censurados o número e o retorno das formas; para isso, ela está sempre dando ao signo de Moda o álibi de uma função (o que parece subtrair a Moda à sistemática de uma linguagem), ela desacredita os termos da Moda passada, euforizando os da Moda presente; joga com sinônimos, fingindo tomá-los por sentidos diferentes[14]; multiplica os significados de um

---

13. Foi o que fez um excelente historiador do vestuário, N. Truman (*Historic Costuming*). Essa generalização corresponde ao *basic pattern* de Kroeber (*a inspiração fundamental*, segundo a expressão de J. Stoetzel), seguido pelo vestuário durante certo período.
14. "*Em 1951, promoção das lãs felpudas; em 1952, promoção das lãs peludas.*" Ora, segundo o dicionário, *felpudo* e *peludo* significam: *coberto de pêlos*.

mesmo significante, e os significantes de um mesmo significado[15]. Em suma, o sistema fica afogado sob a literatura, e o consumidor de Moda mergulha numa desordem que logo é esquecimento, pois ela lhe mostra o atual na forma de um novo absoluto. A Moda, certamente, faz parte de todos os fatos de *neomania* que surgiram em nossa civilização provavelmente com o nascimento do capitalismo[16]: de uma maneira totalmente institucional, o novo é um valor que se compra[17]. Mas o novo de Moda parece ter em nossa sociedade uma função antropológica bem definida, ligada à sua ambiguidade: ao mesmo tempo imprevisível e sistemático, regular e desconhecido, aleatório e estruturado, ele une fantasticamente o inteligível sem o qual os homens não poderiam viver e a imprevisibilidade vinculada ao mito da vida[18].

....
15. *"O cetim triunfa, mas também o veludo, os brocados, os failes, as fitas."*
16. No Renascimento, a cada traje novo, fazia-se um novo retrato.
17. A Moda é um desses fenômenos de nutrição psíquica analisados por R. Ruyer ("La nutrition psychologique et l'économie" [Nutrição psicológica e economia], *in Cahiers de l'Institut de science économique aplicée*, 55, pp. 1-10).
18. Conjugando o desejo de comunidade e o desejo de isolamento, segundo palavras de J. Stoetzel, a Moda é a aventura sem risco (*L'Aventure sans risque*) (*Psycho. Soc.*, p. 247).

| A fotografia de Moda |

A fotografia do significante de Moda (ou seja, do vestuário) suscita problemas metodológicos que nos levaram a deixar de lado a sua análise[1]. A Moda, porém (e cada vez mais), não fotografa apenas seus significantes, mas também seus significados, desde que, pelo menos, eles pertençam ao "mundo" (conjuntos A). Diremos aqui algumas palavras sobre essa fotografia dos significados mundanos da Moda, com o fim de completar as observações relativas à retórica do significado[2].

Na fotografia de Moda, o mundo costuma ser fotografado em termos de um cenário, de um fundo ou de uma cena, enfim, de um teatro. O teatro da Moda é sempre temático: uma ideia (ou, mais exatamente, uma palavra) sofre variações por

....
1, Cf. *supra*, cap. 1.
2. Cf. *supra*, cap. 18.

meio de uma série de exemplos ou de analogias. Por exemplo, em torno do tema *Ivanhoé*, o cenário desenvolve algumas variações escocesas, românticas e medievais: ramos de arbustos desfolhados, velhos muros de um castelo em ruínas, poterna baixa num fosso: é a saia de lã escocesa. Mantô de viagem para as regiões brumosas, frias e úmidas? Gare du Nord, Flèche d'Or, docas, montes de escórias de altos-fornos, um *ferry-boat*. A origem desses conjuntos significantes é um procedimento rudimentar: associação de ideias. *Sol* lembra *cactos*, *noites escuras* lembra *estátuas de bronze*, *mohair* lembra *carneiros*, *pele* lembra *feras* e *feras* lembra *jaula*: uma mulher vestindo casaco de pele será mostrada por trás de grossas barras de ferro. *Trajes reversíveis*? *Cartas de baralho* etc.

O teatro do sentido pode ganhar dois tons diferentes: pode ter em vista o "poético", uma vez que o "poético" é associação de ideias; a Moda tenta então manifestar associações de substâncias, estabelecer equivalências plásticas ou cenestésicas: associará, por exemplo, tricô, outono, manadas de carneiros, a madeira de uma carroça do interior; nas cadeias poéticas, o significado está sempre presente (outono, fim de semana no campo), mas é difundido através de uma substância homogênea, feita de lã, madeira, demonstração de frio, conceitos e matérias misturados; parece que a Moda tem em vista encontrar certa homocromia dos objetos e das ideias, que a lã se faz madeira, e a madeira se faz conforto, tal como a borboleta-folha do arquipélago de Sonda, pendurada num galho, assume a forma e a cor de uma folha seca. Em outros momentos (e talvez com frequência cada vez maior), o tom associativo se torna cômico, e a associação de ideias acaba virando simples jogo de palavras: para significar um ponto de vista *objetivo* sobre a Moda, uma *objetiva* de máquina fotográfica aparece voltada para uma linha de modelos; para a linha "Trapézio", os modelos são postos sobre trapézios etc. Encontra-se nesses dois estilos a grande oposição da Moda entre o sério (inverno, outono) e o alegre (primavera, verão)[3].

Nesse cenário significante, parece viver uma mulher: quem usa o vestuário. Cada vez mais, a revista substitui a apresentação inerte do significante por um vestuário em ato[4]: o sujeito é dotado de certa atitude transitiva; exibe pelo menos os signos espetaculares de certa transitividade: é a "cena". Aqui, a Moda dispõe de três estilos. Um é objetivo, literal; a viagem é uma mulher debruçada sobre um mapa viário; visitar a França é acotovelar-se num velho muro de pedra diante dos jardins de Albi; maternidade é erguer uma menina e beijá-la. O segundo estilo é romântico, transforma a cena em pintura; a festa branca é uma mulher de branco diante de um lago cercado de grama verde, no qual se veem dois cisnes ("*Poética aparição*"); a noite é uma mulher vestida de branco e a rigor, enlaçando uma estátua de bronze. A vida recebe a caução da Arte, de uma arte

---

3. Seria preciso descobrir (mas quem mostrará?) o momento em que o inverno se tornou um valor ambíguo, convertido às vezes em mito eufórico da domesticidade, do conforto, do sossego.
4. A bem da verdade – e nisso está toda a estranheza da fotografia de Moda –, o que está em ato é a mulher, não o vestuário; numa curiosa distorção, inteiramente irreal, a mulher é captada no auge de um movimento, mas a roupa que está usando continua imóvel.

nobre, suficientemente enfática para dar a entender que joga com a beleza ou o sonho. O terceiro estilo da cena vivenciada é a galhofa; a mulher é captada numa postura engraçada, ou melhor, gozada; a pose e a mímica são excessivas, caricaturais; ela está com as pernas exageradamente abertas, arremeda o espanto de um modo que beira a macaquice, usa acessórios fora de moda (um carro velho), está montada num pedestal como estátua, tem seis chapéus empilhados na cabeça etc.: em suma, ela se irrealiza a poder de galhofa; é o "estapafúrdio"[5].

De que servem esses protocolos (poético, romântico ou "estapafúrdio")? Provavelmente, num paradoxo que é apenas aparente, para irrealizar os significados de Moda. O estímulo desses estilos é sempre certa ênfase: ao pôr seus significados, digamos, entre parênteses, a Moda assume certa distância em relação a seu próprio léxico[6] e, com isso, na mesma medida em que irrealiza seu significado, realiza seu significante, ou seja, o vestuário; com essa economia compensatória, a Moda transfere a acomodação do leitor de um fundo excessiva e inutilmente significante para a realidade do modelo, sem, contudo, firmá-lo na ênfase, que ela fixa nas margens da cena, à maneira

....

5. No âmbito deste trabalho, pudemos datar o aparecimento do "estapafúrdio" em Moda (que talvez deva muito a certo tipo de cinema). Mas é indubitável que ele tem algo de revolucionário, uma vez que abala os tabus tradicionais da Moda: a Arte e a Mulher (a Mulher não é um objeto cômico).
6. Essa ênfase voluntária é ajudada por certas técnicas: a excessiva indefinição do cenário (em comparação com a nitidez do vestuário), aumentada como num sonho fotogênico; o caráter improvável de um movimento (um pulo captado no ponto culminante); a frontalidade do modelo, que, ao arrepio das convenções da pose fotográfica, olha nos olhos do observador.

de um abscesso. Assim se veem duas moças trocando confidências; esse significado (a moça sentimental, romântica) é *sinalizado* pela Moda quando dota uma delas com uma grande margarida; mas, ao mesmo tempo, o significado e o mundo, ou seja, *tudo o que não é vestuário*, são exorcizados, libertos do naturalismo: a única coisa que resta de plausível é o vestuário. Esse exorcismo é especialmente ativo no caso do estilo "estapafúrdio": nele, a Moda, mesmo quando comporta significados mundanos, acaba por realizar aquela *frustração* do sentido que, como vimos, define a Moda dos conjuntos B[7]: a ênfase é uma distância, quase tanto quanto a negação; ela realiza aquela espécie de choque consciencial que de repente dá ao leitor de signos a sensação do mistério que ele decifra; ela dissolve o mito dos significados inocentes, no mesmo instante em que o produz; ela tenta substituir a falsa natureza das coisas por seu artifício, ou seja, sua cultura; ela não abole o sentido: aponta para ele.

---

7. Cf. *supra*, 20, 9.

ÍNDICES

| Índice dos termos de Moda |

Os termos de Moda identificados no *corpus* estudado estão aqui anotados em função do lugar que ocupam na lista dos gêneros ou na lista das variantes. O algarismo arábico remete ao gênero ao qual pertence a espécie citada, e o algarismo romano, à variante. A lista dos gêneros e a das variantes são rememoradas no início do índice. As espécies de cores e de material, excessivamente numerosas, não são citadas; aliás, não apresentam nenhuma dificuldade de classificação. As subespécies e variedades tampouco são citadas: ambas serão encontradas sem dificuldade na lista geral dos gêneros (8, 9). A variante das variantes (10, IV) é anotada como *Grau*.

Lista dos gêneros

1. ACESSÓRIO.
2. ALÇA.
3. ANÁGUA.
4. AVENTAL.
5. BASQUE.
6. BLUSA.
7. BOLSA.
8. BOLSOS.
9. BROCHE.
10. CALÇADOS.
11. CALÇAS.
12. CAPA.
13. CAPUZ.
14. CARTEIRA.
15. CASACO.
16. CAVA.
17. CINTO.
18. CINTURA.

| Sistema da Moda |

19. COLAR.
20. COLETE.
21. CONJUNTO.
22. COPA DE CHAPÉU.
23. COR.
24. COSTAS.
25. COSTURA.
26. DECOTE.
27. DETALHE.
28. ECHARPE.
29. ESTILO.
30. FECHO (tipos de).
31. FLOR.
32. FORRO.
33. FRENTE.
34. GOLA.
35. GRAVATA.
36. LADO.
37. LINHA.
38. LUVAS.
39. MANGAS.
40. MANTÔ.
41. MATERIAL.
42. MEIAS.
43. MOTIVO.
44. OMBROS.
45. ORLA.
46. ORNAMENTO
47. PANO/ABA.
48. PESTANA.
49. PREGA.
50. PULSEIRA.
51. PUNHOS.
52. QUADRIS.
53. SAIA.
54. SALTOS.
55. SUÉTER.
56. TOUCADO.
57. VESTIDO.
58. VÉU (de chapéu).
59. VIRA.
60. XALE.

Lista das variantes

(Identidade):	I.	Asserção de espécie.
	II.	Asserção de existência.
	III.	Artifício.
	IV.	Marca.
(Configuração):	V.	Forma.
	VI.	Ajuste.
	VII.	Movimento.
(Matéria):	VIII.	Peso.
	IX.	Flexibilidade.
	X.	Relevo.
	XI.	Transparência.
(Medida):	XII.	Comprimento.
	XIII.	Largura.
	XIV.	Volume.
	XV.	Tamanho.

| *Índice dos termos de Moda* |

(Continuidade):	XVI.	Divisão.
	XVII.	Mobilidade.
	XVIII.	Fechamento.
	XIX.	Fixação.
	XX.	Flexão.
(Posição):	XXI.	Posição horizontal.
	XXII.	Posição vertical.
	XXIII.	Posição transversal.
	XXIV.	Orientação.
(Distribuição):	XXV.	Soma.
	XXVI.	Multiplicação.
	XXVII.	Equilíbrio.
(Conexão):	XXVIII.	Emergência.
	XXIX.	Associação.
	XXX.	Regulação.

Abaixado: XX.
Aberto: XVIII.
Aberto para: XXVIII.
Abotoado: XIX.
Abotoamento: 30.
Acentuado: IV.
Acentuante: IV.
Acessório: I.
Acinturado: VI.
Acolchetado: XIX.
Acompanhando: XXIX.
Acrescentar (uma nota): XXX.
Adorno: 46.
Afundado: XXII.
Afunilado: V.
Agasalho: 15.
Ajustado: VI.

Alça: 2.
Alegrado por: XXX.
Alongado: V.
Alto: XII, XXII.
Alto (de alto a baixo): XXII
Altura (na): XXII.
Amarrado: XIX.
Amoldado: VI.
Ampliado: XXX.
Amplo: VI, XIV.
Anágua: 3.
Ângulo (em): V.
Animado por: XXX.
Aparecendo de: XXVIII.
Aparente: XXVIII.
Apertado: VI.
Argolas: 50.

Armado: IX.
Arredondado: V.
Arregaçado: XX.
Artificial: III.
Aselha: 48.
Assimétrico: XXVII.
Associado a: XXIX.
Até: XII.
Atenuado: XXX.
Atrás: XXIII.
Audacioso: XV.
Aumentado por: XXX.
Aumento (lateral): 36.
Avental: 4.
Avesso: 32, 59.

Babado: 45.
Babados: 49.
Babuchas: 10.
Baby-doll: 57.
Bainha: 45.
Baixo (adv.): XII, XXII.
Baixo (parte de): 32.
Baixo (por): XXVIII
Balaclava: 13.
Balão: V.
Bandó: 56.
Basques: 5.
Bata: 6.
Bicolor: XXV.
Biquíni: 21.
Blazer: 15.
Blusa: 6.
Blusa de lã: 55.

Blusa de malha: 6.
Blusa solta: 6.
Blusinha: 6.
Bojudo: X.
Bolas: 43.
Bolero: 15.
Bolinhas: 43.
Bolsa: 7.
Bolso: 8.
Botas: 10.
Botinhas: 10.
Botões: 30.
Botões-pérola: 30.
Brilhante: IV.
Broche: 9.
Bufante: VI.
Buquê: 31.
Bustiê: 6.

Cabeção: 60.
Cabochões: 30.
Cadarço (com): XIX.
Cadarços: 30.
Cafetã: 6.
Caído: VII.
Caindo: VII.
Calçados: 10.
Calças: 11.
Camélia: 31.
Camisa: 6.
Camiseta: 57.
Canotier: 56.
Capa: 12.
Capa de oleado: 40.

| *Índice dos termos de Moda* |

Capelina: 56.
Capinha: 60.
Capuz: 13.
Cardigã: 20.
Careca (decote): 26.
Carteira: 14.
Casaco: 15.
Casaco de pele: 40.
Casa-de-abelha: 43.
Casado com: XXIX.
Casaquinho: 55.
Cava: 16.
Chapado: X.
Chapéu: 56.
Chéchia: 56.
Chemisier: 6.
Cima (em): XXII.
Cima (por): XXVIII.
Cinto: 17.
Cintura: 18.
Circular: XXIII.
Circunflexo: V.
Claro: IV.
Cloche: 56.
Coifa: 56.
Colante: VI.
Colar: 19.
Colarete: 34.
Colarinho: 34.
Colchete: 30.
Colete: 20.
Colo: 33.
Colorido: IV.
Com: II.

Combinado com: XXIX.
Compensado por: XXX.
Completamente: *Grau*.
Comprido: XII.
Comprido (de): XXII.
Comprimento (em todo o): XXII.
Côncavo: X.
Conflito (de): XXIX.
Conjunto: 21.
Considerável: XIV.
Contorno: 45.
Contrastado: XXVII.
Contrastante: XXVII.
Convexo: X.
Copa (de chapéu): 22.
Cor: 23.
Cor (de): IV.
Cordão: 17.
Corpete: 6.
Corrente: 17, 19.
Correntinha: 19.
Correto: VI.
Corselete: 6.
Corselete (cinto-): 17.
Costas: 24.
Costurado: XIX.
Costurado à mão: III.
Costuras: 25.
Cotelê: 43.
Cravo: 31.
Cúbico: V.
Curto: XII.

Debrum: 45, 48.
Decote: 26.
Decote (com): XVI.
Delgado: XIII, XIV.
Dentro: XXVII.
Dentro de (por): XXVIII.
Desce (que): VII.
Desembaraçado: VI.
Desigual: XXVII.
Destoante: XXIX.
Detalhe: 27.
Direita (à): XXI.
Discreto: *Grau*.
Displicência (com): *Grau*.
Displicente: VI.
Diversos/as: XXVI.
Dobrado: XX.
Dois/duas: XXV.
Drapê: 49.
Duas-peças: 21.
Duplo: XXV.

E: XXIX.
Echarpe: 28.
Em volta: XXIII.
Embaixo: XXII.
Empolado: X.
Enfatizado: IV.
Enfatizador: IV.
Engomado: IX.
Enrolado: XVIII.
Entrando em: XXVIII.
Enviés: 51.
Erguido: XX.

Escarpins: 10.
Escuro: IV.
Espesso: VIII.
Espiguilhas: 25.
Espinha-de-peixe: 43.
Esquerda: XXI.
Esquerda (à): XXI.
Estampado: 43.
Estilo: 29.
Estola: 60.
Estreito: XIII, XIV.
Estufado: X.
Esvoaçante: VII.
Evasê: V.

Falso: III.
Fechado: XVII.
Fecho: 30.
Fenda (com)/fendido: XVI.
Festão: 45.
Fino: VIII, XIII.
Firme: XVII.
Fivela: 30.
Fivela: 48.
Fixado: XIX.
Fixo: XIX.
Flor: 31.
Floral: 43.
Fofos: 45.
Folga (com): *Grau*.
Folgado: VI.
Forro: 32.
Fosco: IV.
Foulard: 28.

Franja: 45.
Franzido: 49.
Frente (na): XXIII.
Frente (pela): XXIII.
Frente (subst.): 33.
Frisado: 45.
Frouxo: VI, IX.
Furos (com): XI.
Fuseaux: 11.

Galão: 45.
Gargantilha: 33.
Genuíno: III.
Geométrico: XXVII.
Gigantesco: XV.
Godê: 49.
Gofrado: X.
Gola: 34.
Gorro: 56.
Graça (que ganha de): XXX.
Grande: XV.
Granulado: X.
Gravata: 35.
Gravatinha: 35.
Grosso: VIII, XIV.
Guarda-pó: 40.
Guimpe/Pala: 33.
Guirlanda (em): XXIII

Horizontal: XXIV.

Idêntico: XXIX.
Igual: XXVII.
Iluminado por: XXX.

Imenso: XV.
Imitação: III.
Impermeável: 40.
Inclinado: VII.
Incolor: IV.
Indicado: IV.
Intercambiável: XVII
Interrompido: XVI.
Introduzido em: XXVIII.
Invisível: XI.
Irregular: XXVII.
Isento de: II.

Jaqueta: 15.
Jaquetão/jaqueta: 6.
Jardineira: 57.
Jeans: 11.
Jumper: 6.
Justo: XXII.

Lado: 36.
Lado (de): XXIII.
Lado (no): XXIII.
Lados (dos dois): XXI.
Lados (nos): XXIII.
Largo: VI, XIII, XIV.
Largura (na): XXI.
Lencinho de pescoço: 33.
Lenço (de cabeça): 28.
Levantado: XX.
Leve: VIII.
Levemente: *Grau*.
Linha: 37.

Lírio: 31.
Liso: X.
Listrado: 43.
Livre: XVII.
Localizado: XIX.
Luvas: 38.

Macaquinho: 57.
Macio: IX.
Mais: *Grau*.
Manga curta: 39.
Mangas: 39.
Mantô: 40.
Mantô longo: 40.
Marcado: IV.
Marcante: IV.
Margarida: 31.
Martingale: 17.
Material: 41.
Mediano: XXI, XXII.
Meia altura: XXII.
Meias: 42.
Meio: *Grau*.
Meio (no): XXI, XXII
Menos: *Grau*.
Mescla: 43.
Metade (pela): *Grau*.
Minissaia: 53.
Mitene: 38.
Mocassins: 10.
Modelado: VI.
Moderado: *Grau*.
Mole: IX.
Monocromático: XXV.

Monumental: XV.
Móvel: XVII.
Muito: *Grau*.
Muito (não): *Grau*.
Muitos/as: XXVI.
Mules: 10.
Multicolorido: XXVI.
Múltiplo: XXVI.

Nada: *Grau*.
Não: II.
Natural: III.
Nervuras: 25.
Neutro: IV.
Nó: 30.
Normal: VI, VIII, IX, XII, XIII, XIV, XV.

Oblíquo: V, XXIV.
Oculto: XXVIII.
Oleado: 40.
Ombros: 44.
Ondulado: X.
Opaco: XI.
Orla: 45.
Orla-com-orla: XVIII.
Ornamento: 46.
Oval: V.

Pala/*Guimpe*: 33.
Paletó: 15.
Pano/Aba: 47.
Panô: 33.
Par (formando): XXIX.

| *Índice dos termos de Moda* |

Passador: 48.
Passante: 48.
Pé-de-galinha: 43.
Peitilho: 33.
Pele (de animal): 57.
Pelerine: 12, 60.
Pences: 49.
Pendente: VII.
Pequeno: XII, XIV, XV.
Pérolas: 30.
Pesado: VIII.
Pescoço (em torno do): XVIII.
Pesponto: 45.
Pespontos: 25.
Pestana: 48.
Pied de poule: 43.
Pied de poussin: 43.
Pique (com): XVI.
Placa: 50.
Plano (adj.): X.
Plano (tecido): VIII.
Plastrão: 33.
Plumetis: 43.
Polainas: 10.
Pólo: 6.
Pontos: 25, 45.
Pontudo: V.
Postiço: III.
Posto: XIX.
Pouco (um): *Grau*.
Pousado: XXII.
Prega: 49.
Prega-macho: 49.
Preso: XVII.

Pressões (com): XIX.
Príncipe-de-gales: 43.
Profundo: XII.
Projetado: VII.
Pronunciado por: XXX.
Provido: II.
Pulôver: 55.
Pulseira: 50.
Punho (acabamento de): 51.
Punho de camisa: 51.
Punhos: 51.

Quadrado (adj.): V.
Quadriculado: 43.
Quadris: 52.
Quase: *Grau*.
Quatro: XXV.
Que pronuncia: XXX.

Recortes: 25.
Recuado: VII.
Rede: 58.
Redingote: 40.
Redondo: V.
Reentrante: X.
Regular: XXVII.
Relevo (em): X.
Removível: XVIII.
Rendado: XI.
Rente a: XXVIII.
Reticulado: 43.
Reto: V, XVIII, XXI.
Revirado: XX.
Richelieu: 10.

Rígido: IX.
Rosa: 31.
Ruches: 45.

Saia: 53.
Saída-de-baile: 60.
Saliente: X.
Salpicado: 43.
Saltos: 54.
Sandálias: 10.
Sangue: II.
Sapatilhas: 10.
Sautoir: 19.
Semi-: *Grau*
Separação de conjunto: 21.
Separado: XVII.
Separado de: XXIX.
Short: 11.
Simétrico: XXVII.
Sino: V.
Situado: XIX.
Sob: XXVIII.
Sob o casaco (colete): 20.
Sobre: XII, XXV, XXVIII, XXIX
Sobre o vestido (colete): 20.
Sobreposto: XXVIII.
Sobretudo (subst.): 40.
Sofisticado: III.
Solto: VI.
Solto sobre: XXVIII.
Sombrio: IV.
Soulevé: X.
Suavizado por: XXX.

Subido: XIX.
Subindo: VII.
Suéter: 55.

Tailleur: 21.
Terninho: 21.
Texturizado: 43.
Tiara: 56.
Tira: 45.
Tombado: VII.
Toque: 56.
Totalmente: *Grau*.
Toucado: 56.
Traje (de esqui): 57.
Trançado: 43.
Trancelim: 45.
Transparente: XI.
Transpassado: XVIII.
Trench-coat: 40.
Três: XXV.
Três-peças: 21.
Triangular: 43.
Tricolor: XXV.
Tubular: X.
Túnica: 6.
Twin-set: 21.

Um: XXV, XXVI.
Unido a: XXIX.

Vagamente: *Grau*.
Variegado: XXVI.
Vários: XXVI.
Vela (que): XI.

Velado: XI.
Verdadeiro: III.
Vertical: XXIV.
Veste bem (que): XXX.
Vestido: 57.
Véu (de chapéu): 58.
Viés: 45.
Violeta: 31.
Vira: 59.

Vivo: 45.
Vivo (adj.): IV.
Volumoso: XIV.

Xadrez: 43.
Xale: 60.

Zíper: 30.
Zíper (com): XIX.

| Índice remissivo |

O primeiro algarismo remete ao capítulo; o segundo, ao parágrafo, se for arábico, e ao grupo de parágrafos, se romano.

Abertura (dos paradigmas): 5, 2.
(- dos sistemas): 20, 3.
(para o mundo pela retórica): 16, 7; 20, 1.
Abstração (Poder de- da língua): 1, 11; 9, 6.
Aceleradores: Ap. I.
Acessório: 1, 12.
Acontecimento (e estruturas): 18, 1; 18, 11; 19, 2.
Adultério: 18, 13.
Afetivos (Modelos -): 17, 6.
Afim (Relação – entre significante e significado): 15, 5.
Africana (Sociedade -): Ap. I.
Agressividade (da Moda): 19, 8.
Ajuste (variante): 9, 8. –
(- e volume): 9, 18.
Aleatório: Ap. I.
Alfabética (Classificação -): 8, 8.
Alienação: 20, I.
Alimento: 5, 7; 19, 2.
Alta-costura: Ap. II. –
(- como significado): 17, 5.
Alternativa (Liberdade de -): 12, 3.
Alternativas (Oposições -): 11, 3.
Alto/baixo: 10, 2.
Amor: 18, 13.
Amplificação: 4, 10.
Anafórico: 1, 4.

Analista (Situação do -): 16, 7. – 20, 13.
Analogia: 15, 4 e 6.
Angústia (nos sistemas de significação): 20, 8.
Anômicas (Oposições -): 11, 6.
Arbitrariedade (do signo): 15, II.
 (- da Moda): 19, 6.
Aristocracia (e Moda): 20, 11.
Arqui-semantema: 14, 5.
Arquitetônica (Sintaxe -): 6, 2.
Arquivestema: 11, 9.
Arte (e semiologia): 17, 1.
 (-, tema inspirador): 17, 5. –
 (A retórica como -): 18, 1.
Articulação (Dupla -): 5, 8; 6, 11; 20,2.
Artifício (variante): 9, 4; 9, 22; 12, 7.
Assimetria: 10, 5.
Associação (variante): 10, 8.
 – (Impossibilidades de -): 12, 2.
Associação típica: 12, 9.
Ativa (Situação -): 18, 3. –
 (Voz - e passiva): 4, 9.
Atualidade: 14, 2; 20, 9.
Aut (Relação -): 13, 8; 14, 3 e 4.
 – (- e Vel): 11, 8.
Autonímia: 4, 5.

Baixo (roupa de-): 10, 7.
Binário (Operador -): 10, 1.
Binarismo: 11, 7.
Bom: 17, 6.

Caráter: 18, 8.
Catálogo (Vestuário de -): 1, 7.
Celebridade: 18, 7.
Cena (A - retórica): 18, 6. –
 (- e fotografia): Ap. II.
Cenestesia: 9, 8 e 10; 11, 11.
Classes (comutativas): 2.
Classificação (das espécies): 7, 3. –
 (- dos gêneros): 8, 11. –
 (- das variantes): 9, 1. –
 (- estrutural dos gêneros e das variantes): 12, 12. –
 (- dos significados): 13, 2.
Classificações (Sociologia das -): 1, 6.
Classificadora (Atividade -): 20, 2.
Clima: 18, 5.
Código (pseudo-real): 4, 7. –
 (- indumentário escrito): 3, 7. –
 (- indumentário real): 3, 7. –
 (- viário): 3, 8.
Coerência (Critério de -): 16, 7.
Cognitivos (Modelos -): 17, 5.
Combinação (Relação de -): 6, 10.
 (- de significados): 14, 1.
Complexo (Termo -): 11, 4.
Compra (Ritmo de): Ap. I.
Comprimento (variante): 9, 16.
Comutação (Prova de -): 2, 1; 4, 1; 3, 6; 13, 7. –
 (- de significados): 13, 3.
Conceito (no sentido saussuriano): 3, 3.

Conectivos: 10, 6.
Conexão (variantes): 10, III.
Confecção (indústria): Ap. I.
Configuração (variante): 9, III.
Configurações elementares: 6, 12.
Confusão (de elementos): 6, 3.
Conjuntos A e B: 2, 4; 3, 9; 13, 1; 20, 3. –
   (Conjuntos A): 3, 7; 4, 13; 15, 5; cap. 18; 19, II; 20, II. –
   (Conjuntos B): 3, 8; 4, 14; 15, 7; 19, III; 20, III.
Conotação: 2, 5; 3, 1 e 3; 16, 1; 16, 4 e 5; 17, 1 e 10; 19, 1 e 4; 20, 1; 20, 5; 20, 7; 20, 13. –
   (- de Moda): 3, 7; 3, 13; 20, 5.
Constantes (da Moda): 12, 10.
Constatação (retórica da -): 19, 7.
Contexto (neutralizador): 14, 4.
Continuidade (variante): 9, VI.
Contrário: 11, 4.
Cor: 9, 5. –
   (Classificação das espécies de -): 11, 12.
Corpo (humano): 17, 2; 18, 11.
Corpus: 1, 7.
Costura (Receita de -): 1, 4 (Sem -): 9, 20.
Côte (a "Côte"): 18, 5.
Cover-girl (a): 1, 14; 18, 9 e 11.

Criação (Mito da - de Moda): Ap. I.
Crítica (temática): 16, 7.
Culpa (de Moda): 15, 3.
Culturais (Modelos - do vestuário): 17, 5.

Definição (sintagmática): 12, 5.
Definicionais (Impossibilidades -): 12, 2.
Definido: 9, 15.
Dêiticos: 9, 15 e 19.
Delegação (de um elemento a outro): 6, 9.
Denotação: 7, 1; 17, 1 a 3; 17, 10; 20, 1.
Descontínuo (da linguagem): 1, 12. –
   (- e Moda): Ap. I.
Descrição: 1, IV.– (Parada da -): 6, 3; 17, 1.
Desgaste: 18, 13; Ap. I.
Desmembramento (dos sistemas): 3, 1; 20, 3.
Detalhe: 8, 3; 10, 9; 12, 7; 20, 8.
   (- e imaginação): 14, 3.
Diacronia: 12, 4 e 11; 20, 12; Ap. I. –
   (- e espécies defectivas): 8; 4. –
   (- e fossilização do significado): 17, 4.
Difusão (da Moda): 1, 3; 1, 6; 12, 11; 20, 1.
Digitalismo (linguagem): 11, 7. –
   (- e fisiologia): 11, 7. –

(- e sistemas de
   comunicação): 15, 4.
Dilatação: 9, 8.
Dinheiro: 18, 9 e 13.
Direita/Esquerda: 10, 2.
Disjunção (excludente): 13, 8.
   (- inclusiva): 14, 3.
Dispatching (das variantes de
   continuidade): 9, 20. –
   (- das injunções): 20, 2.
Dissimetria: 10, 5.
Distribuição (variantes): 10, II.
Divisão: 4, 1; 4, V. –
   (- do significado): 13, 3.
Divisão (variante): 9, 21.
Dogmatismo (da Moda): 19, 8.
Dominância (contexto
   neutralizador): 14, 4.
Domingo: 18, 4.
Dual (número gramatical): 10, 3.

E (relação): 14, 1 e 2.
E/ou: 14, 3.
Economia (e Moda): 17, 8; 20,
   9; 20, 12; Ap. I.
Efeitos (de vestuário): 15, 6.
Elipse: 6, III.
Emergência (variante): 10, 7.
Emprego (no teatro): 18, 8.
Endomingamento: 18, 4.
Energético (Mito - da Moda):
   17, 8.
Ênfase: 1, 12.
Entonação: 16, 4.

Entrevistas (não dirigidas): 16, 7.
Epônimo (Espécie): 11, 13;
   (Tema): 17, 5.
Equilíbrio (variante): 10, 5.
Equivalência: 2, 5.
Erotismo: 9, 20; 18, 10.
Erro (língua): 15, 3.
Escolar (Cultura -): 17, 5.
Escritura (de Moda): 16, 11. –
   (- do analista): 20, 13.
Espécie: 4, 8. –
   (Conflito das - e das
   variantes): 9, 24. –
   (- de vestuário): 7, 1; 8. –
   (Nominação metafórica de -):
   17, 5. –
   (Redução sistemática das -):
   11, IV; 11, 13. –
   (Variante de asserção de -):
   6, 4; 9, 2. –
Esporte: 18, 3.
Esquecimento (de Moda): Ap. I.
Essências (psicológicas): 18, III.
Estapafúrdio: Ap. II.
Estatística (de unidades): 12, 6.
Estereótipo: 18, 1.
Estéticas (Impossibilidades -):
   12, 2.
Estilística (da escritura): 16, 3.
Estrutura (definição): 1, 1.
   (- e acontecimento): 18, 1 e
   11; 19, 2. –
   (- e sincronia): 20, 10. –
   (- oral): 1, 5.

(Translação das -): 1, 3.
Estrutural (Léxico -): 12, 5.
Ética (dos sistemas): 20, 3. –
    (- da Moda): 20, 11 .
Eufemismo (da Moda): 10, 8; 18, 11; 18, 13; 12, 8.
Euforia (da Moda): 16, 6; 18, 13. –
    (- segundo a desproporção entre significantes e significados): 20, 8.
Evocação: 17, 5; 15, 6.
Excluído: 12, 3 e 4.
Existência (Variante de asserção de-): 6, 4; 8, 4; 9, 3.
Exotismo: 17, 5; 18, 5.

Fabricação (Normas de -): 19, 2.
Fantasia: 18, 6.
Fashion-group: 15, 3.
Fatalidade (da Moda): 19, 7.
Fato: 15, 3; 19, 7.
Fazer (subst.): 17, 2; 18, 2; 18, 3; 18, 6.
Fechamento (dos sistemas): 20, 3.
Fechamento (variante): 9, 23.
Feminilidade: 18, 10.
Férias: 18, 4.
Festa: 18, 4.
Festiva (Situação -): 18, 3.
Fim de semana: 18, 4.
Finalidades (do vestuário): 1, 5.
Fixação (variante): 9, 24.
Flexão (variante): 9, 25.
Flexibilidade (variante): 9, 12.
Fora-de-moda: 1, 11; 2, 3; 11, 2; 15, 3; 19, 5 e 8; 20, 5.
Forma (variante): 11, 7.
Fossilização (de significados em significantes): 17, 4.
Fotografia (do vestuário): 1, 1; Ap. II.
Frase: 3, 7; 13, 2.
Fregolismo: 18, 9.
Função (Reunião de functivos): 14, 5.
Função-signo: 19, II.
Funcional (Caráter do vestuário): 15, 5; 19, 2.
Functivos: 14, 5.
Fundamental (Moda, inspiração, tipo -): 12, 10; 15, 7; Ap. I.
Futilidade (da Moda): 17, 7; 19, 8.
Futuro (de obrigatoriedade): 19, 6.

Galhofa: Ap. II.
Gênero: 7, III. –
    (- para registro): 8, 6.
Genuíno (e legal): 19, 5.
Geografia: 17, 5.
Gosto: 10, 4.
Gozado (estilo -): Ap. II.
Grau (variante): 10, 10. –
    (- e oposições alternativas): 11, 3.

Hápax legómena: 13, 4.
Hipocorístico: 17, 6.

História (e Moda): 12, 4; Ap. I.
– (- como tema inspirador
  do vestuário): 17, 5.
Homográfica (Sintaxe -): 6, 11;
  20, 2.
Horizontal (Variantes de posição -):
  10, 1.

Idade: 18,10.
Identidade (Relação de -): 2, 5.
– (- psicológica): 18, 9.
– (Variantes de-): 9, II.
Ideologia (de Moda): 16, III.
Imagem (e linguagem): 1, IV. –
 (- oposta à fala): 9, 6.
Imaterialidade (da variante): 5, 8.
Imitação: 9, 4.
Imotivação (do signo nos
  conjuntos B): 15, 7.
Implicação (Relação de dupla -):
  5, 12.
Implícito (Significado): 2, 3;
  16, 5.
– (- e latente): 3, 9; 16, 5.
– (Suporte -): 11, 13. –
 (Termo - numa oposição): 5,
  10.
– (Variante -): 7, 2; 8, 9; 11,
  10.
Imprensa: 20, 9.
Incompatibilidade (sintagmática):
  5, 9; 9, 1. –
 (Prova de -): 7, 7.
Indefinido: 9, 15.
Índice: 17, 1.

Individualização: 18, 8; 18, 9.
Infantilismo: 17, 6.
Infidelidade (da Moda): 19, 8;
  20, 10.
Informação (Banalidade,
  originalidade da -): 6, 13.
Iniciação (A Moda como -): 1, 11.
Injunções (- sintagmáticas e
  sistemáticas): 11, 1. –
 (Dispatching das -): 20, 2.
Inspiração: 17, 5. –
 (- fundamental): v.
 Fundamental.
Integridade (variante de grau):
  10, 10
Inteligível (Caráter – da relação
  Vel): 14, 3.
Intensidade (variante de grau):
  10, 10.
Interdependência (relação
  sintagmática): 5, 12; 10, 6.
Interdito: 12, 4 e 5.
Intransitividade (linguagem): 17, 1.
Inventário (- permanente ou
  perpétuo da Moda): 12, 11.
Inversão (entre realidade e sua
  imagem): 19, 4; 19, 7; 20,
  6; Ap. II.
Investida (variante): 7, 2; 11, 10.
Isologia: 2, 3; 13, 1; 16, 5. –
 (- do signo retórico): 16, 1.

Jogo (e vestuário): 9, 4; 15, 6.
– (-psicológico): 18, 9.
Jogos (de vestuário): 15, 6.

Jovem: 18, 10.
Juventude: 18, 10.

Largura (variante): 9, 7.
Latente (e implícito): 3, 9; 17, 5.
Legalidade (da Moda): 19, 5.
Lei (de Moda): 15, 3; 19, III; 19, 5; 19, 6.
Leitura (do significado retórico): 16, 7.
Léxico (sintagmático ou estrutural): 12, 5.
Língua (e Moda): 20, I; 5, 11. –
(- e palavra): 6, 7. –
(- e nomenclatura): 7, 4. –
(- e realidade): 1, 2; 1, 9; 3, 15; 4, 4.
(Na - tudo significa): 5, 6; 5, 7.
Língua e Fala: 1, 14; 7, 12; 18, 11.
Linguagem (critérios): 2, 7.
(- da Moda): 1, 5. –
(Digitalismo): 11, 7. –
(- e ciências sociais): 16, 7. –
(- e imagem): 1, IV. –
(- e matéria): 17, 1.
Litanias: 20, 8.
Literatura: 1, 8 e 9. –
(Conotação): 3, 2. –
(Sentido frustrado): 20, 9.
Lógica (de Moda): 20, 11.
(- como modelo do sistema da Moda): 20, 9. –
(- do vestuário): 12, 4.
Ludismo (do vestuário): 18, 9.

Manequim: 1, 14; 9, 16; 18, 2; 18, 11.
Mântica: 20, 7.
Mapa (sintagmático): 12, 5.
Máquina (de fazer Moda): 4, 11; 6, 12; Ap. I.
Marca (e pertinência): 11, 3. –
(- semântica): 13, 9. –
(Variante de -): 9, 5; 11, 12.
Masculina (Moda -): Ap. I.
Massas (Cultura de -): 1, 6; 18, 12.
(- falante): 15, 3. –
(Sociedade de -): 20, 7.
Matéria (- e linguagem): 17, 1.
– (Variantes de -): 9, IV.
Materiais (Classificação das espécies de -): 11, 11.
Materiais (Impossibilidades -): 12, 2.
Materna (linguagem -): 18, 13.
– (Modelo -): 17, 6.
Matricial (Relação -): 12, 1.
Matriz (- significante): 5, 4; 20, 2.
– (- primárias e secundárias): 6, 10. – (Transformações da -): 6.
Medida (Variantes de -): 9, V.
Memória (e Moda): Ap. I.
(- como reserva de signos): 11, 2
(- e sistema): 14, 8.
Metacronia: Ap. I.
Metáfora: 18, 1; 20, 8 .
(- e espécies): 17, 5. –

(- nos conjuntos A): 14, 8. –
(- nos conjuntos B): 13, 1.
Metalinguagem: 3, 1. –
   (- do analista): 20, 13.
Microdiacronia: Ap. I.
Misto (Termo – numa oposição): 4, 3; 17, 3; 17, 8.
Mobilidade (Variante de -): 9, 22.
   (- do signo): 20, 4.
Moda (- como classe comutativa): 2, 3.
   (- como sistema original): 5,11; 20, 1.
   (Difusão da -): 1, 6.
   (- fundamental): 12, 10.
Modelos (formadores do signo): 17, 5.
   (retórico do vestuário): 17, II. –
   (- socioprofissionais): 18, 7.
Molde (de costura): 1, 4.
Monárquica (Sociedade -): 19, 4.
Motivação (do signo): 15, 4.
Movimento (variante): 9, 9.
Mudança (de Moda): 12, 4 e 8; 12, 10; Ap. I.
Mulher (da Moda): 18, IV; Ap. II.
Multiplicação (variante): 10, 4.
   (- de elementos): 6, IV.
Mundo (como classe comutativa): 2, 2. –
   (Abertura para o-): 20, 1.
   (- fotografado): Ap. II.
   – (Representação do -): 18, 1.

Nada (subst.): 10, 11; 17, 9.
Narrativa: 18, 1; 20, 1.
Natural (e artificial): 9, 4.
Naturalista (Moda -): 20, 11.
Naturalização (dos signos): 20, 7.
Natureza (e motivação): 15, 4. –
   (tema inspirador): 17, 5.
Natureza e Cultura: 7, 13; 20, 13; Ap. II
Nebulosidade (do significado retórico): 16, 6.
Negativas (Valências -): 12, 5.
Neomania: Ap. I.
Neurose (e vestuário): 10, 7.
   (- e Moda): 20, 10.
Neutralização: 2, 2. –
   (- do significado): 14, II. –
   (- do significante): 11, III.
Neutro (Termo – numa oposição): 11, 4.
Nível de vida: 17, 10.
Nome (da pessoa): 18, 9.
Nomenclatura: 9, 24; 11, 7; 17, 2; 20, 4
Nominação (do significado): 20, 4.
Normal (Termo – numa oposição): 5, 10.
Notação: 1, 12; 3, 7; 19, 5.
Notado (objeto de notação): 12, 4; 19, 5.
Notificação: 19, 5.
Novo (subst.): Ap. I
Nudez: 18, 11.
Número (Semântica do -): 10, 3.

| *Índice remissivo* |

Objetividade (do analista): 16, 7.
Objeto visado (pela significação): 5, 6; 6, 8.
Obrigatório: 12, 4.
Ócio: 18, 2; 18, 7.
Ocupações (em Moda): 18, 3.
Operação (por oposição a conotação): 20, 13.
Oposições: 11, II.
Orçamentos (de Moda): 17, 8; 18, 13.
Orientação (da relação significante): 2, 5. –
(Variantes da-): 10, 1.
Originais (Unidades -): 13, 4; 13, 6.
Originalidade (do sistema da Moda): 20, I.
Ou (aut): 13, 8. –
(vel): 14, 3.

Pansemia: 11, 11; 14, 7.
Papel (psicossocial): 17, 9.
Par: 10, 3.
Paradoxo (semiológico): 20, 7.
Parataxe (das unidades semânticas): 14, 1; 18, 1.
Patético: 18, 13.
Pattern (*basic-pattern*): 12, 10; Ap. I. (*pattern-point*): 6, 12.
Pauperização: 14, 7; Ap. I.
Peça (de vestuário): 8, 9.
Pequeno: 3, 11; 4, 3; 9, 19; 16, 4; 17, 3 e 6.

Percepção (Níveis de -): 1, 10.
Percurso: 7, 6. –
(- de sentido): 14, 6.
Permanência: 18, 5.
Permutação (de elementos da matriz): 6, 2.
Personalidade: 18, 8.
Pertinente (Traço -): 11, 3.
Peso (variante): 9, 11; 11, 11 .
Pirâmide do sentido: 6, 10.
Pobreza (rendimento sintagmático): 12, 7.
Poética: 17, I.
A (- como liberdade vigiada): 11, 1; 12, 3.
Poético: Ap. II.
Polar (Oposição -): 11, 4.
Polaridade (Bi- de uma peça): 9, 21.
Posição (Variantes de -): 10, 1.
Positivas (Valências -): 12, 5.
Possível: 12, 3 e 4.
Práxis: 19, 2. –
(- do pobre e do rico): 17, 10. –
(- e funções do vestuário): 15, 5. –
(- e sintagma): 12, 1. –
(- e unidades usuais): 13, 5.
Presente (de Moda): 19, 8; 20, 10.
Previsão (de Moda): Ap. I.
Primária (Matriz -): 6, 10.
Primavera: 18, 4.

Primitivo (subst.): 13, 7.
Profissões: 18, 7.
Proporcional (Comprimento -):
  9, 16.
Proposição: 3, 7; 13, 2.
Prova (do significado retórico):
  16, 7.
Provérbios: 19, 7.
Psicanálise (do vestuário): 19, 4.
Psicologia: 18, 8.
Psicossociologia: 17, 9.
Públicos (das revistas de Moda):
  1, 7; 1, 13; 17, 10.

Racionalização: 19, 4.
Razão (de Moda): 19.
Realidade (- e funções de Moda):
  19, 3.
  (- e sentido): 20, 2. –
  (- e utopia): 20, 6.
Redução: 4, 10.
Redutíveis (Espécies -): 11, 13.
Referencial (anatômico): 9, 16.
Reflexividade (da linguagem):
  17, 1.
Regra terminológica: 1, III;
  11, 10.
Regulação (variante): 10, 9.
Relações sintagmáticas: 4, 6; 7, 10.
Relevo (variante): 9, 13.
Rendimento (sistemático): 11, II.–
  (- sintagmático): 12, II.
Repetição: 10, 4.

Reserva (de Moda e de história):
  12, 4.
Retórica: (- e conotação): 3, 2. –
  (- do significado): 14, 2. –
  (- do vestuário): 17. –
  (- e abertura para o mundo):
  3, 5; 20,1. –
  (- e estrutura), 18, 1. –
  (- e linha): 8, 9. –
  (- e memória da Moda):
  Ap. I. –
  (- e variante de marca): 9, 5. –
  (- e variante de movimento):
  9, 9. –
  (- e variante de regulação):
  10, 9. –
  (- e variante de tamanho):
  9, 9. –
  (- e variantes): 17, 3. –
  (- e unidades originais): 13, 6.
  (Função da -): 18, 6.
Retórico: (Sistema -): 3, 7; 16. –
  (Transformação -): 4, 2. –
  (Valor- da neutralização do
  significante): 11, 9.
Rima: 16, 4.
Riqueza (sintagmática): 12, 4.
Ritmo (da Moda): Ap. I.
Ritos (Usos transformados em -):
  18, 6.
Romance (de Moda): 18, 1. –
  (- como estrutura e
  acontecimento): 18, 1. –

(- e euforia): 18, 13. –
(Irreal e -): 19, 3.
Romanesco (de Moda): 18, 1.
Rotinas: 6, VI.

Sabedoria: 19, 7.
Saber (e imagem): 1, 11. –
 (- e significado retórica): 16, III.
Sacralização (do signo): 20, 4.
Sanção (às derrogações ao sistema): 15, 3.
Saturação (da variante): 11, 7.
Secretária: 18, 7.
Secundária (Matriz -): 6, 10.
Semântico (oposto a semiológico): 13, 2.
Semiologia (- dos semiólogos): 16, 7; 20, 13.
Semiológico: 4, 6. –
 (- oposto a semântico): 13, 2. –
 (Ordem -): 20, 2.
Semiólogo: 16, 7; 20, 13.
Sentido (Frustração do -): 20, 111; Ap. II. –
 (- à distância): 5, 6; 17, 8; 20, 2.
 (Extensão e força do -): 12, 8.
Serial (Oposição -): 11, 5.
Série: 11, 7.
Seriedade (de Moda): 17, 7.
Sexo: 18, 10.
Shifters: 1, II; 4, 14; 11, 9.

Significação: 4, 1. –
 (Processo de -): 19, 2.
Significados (- convertidos em significantes): 2, 3. –
 (-, mundo e Moda): 2, 6. –
 (retórico): 16, III; 20, 13.
Significante (O vestuário como -): 2, 6. –
 (- e significados): 17, 4; 20, 8.
 (- retórico): 16, II.
Signo: 2, 6 e 7. –
 (- de Moda): 19. –
 (- indumentário): 15. –
 (Mobilidade do -): 20, 4. –
 (- retórico): 16, 1.
Simetria: 10, 2; 10, 5. –
 (- do corpo): 9, 16.
Sincronia: 1, 5; 20, 10.
Singular (Operador -): 10, 6.
Sinonímia: 11, 11.
Sinônimos: 4, 9; 5, 10.
Sintagma: 12. –
 (- e conexão): 10, 6. –
 (- e sistema): 5, 9; 14, 8.
Sintagma autônomo: 5, 12.
Sintagmático (Léxico -): 12, 2.
 (Relação -): 12, 1.
 – (Relação - na matriz): 10, 6. –
 (Rendimento -): 12, II. –
 (Unidade -): 5, 1.
Sintático (Caráter – do significante): 5, 2.
Sintaxe (língua, vestuário): 6, 11.

(- das matrizes entre si): 6, 8; 6, V. –
(- das unidades semânticas): 14, I. –
(- de Moda): 12, I.
(- indumentária e signo): 15, I.
(pseudo-indumentária): 4, 6.
Sintético (Tecidos -): 9, 4.
Sistema (em geral): 11. –
(- da Moda): 20.
(Duplo sentido da palavra -): 11, 2. – (- simultâneos): 3, I. –
(- e incompatibilidade sintagmática): 5, 9. –
(- e sintagma): 5, 9; 10, 6.
(Hierarquia antropológica dos -): 3, 5. –
(- retórico): 3, 11.
Sistemático (Redução – da espécie) 11, IV. –
(Unidade -): 5, I.
Sociedade (mundial): Ap. II.
Sociologia (da Moda): 1, 6; 17, 10; 20, 1. –
(- e semiologia): 1, 6.
Sócio-lógica (subst.): 1, 6.
Socioprofissionais (Modelos -): 18, 7.
Soma (variante): 10, 3.
Sonho: 20, 6.
Subespécies: 8, 2.

Substância (indumentária): 5, 13.
(Eliminação da – no sistema): 20, 2.
Suporte (da significação): 5, 7.
(- implícito): 11, 13.
Supra-segmental: 10, 6.

Tabus: 12, 2; 20, 1.
Tamanho (variante): 9, 19.
Tautologia (Moda como -): 15, 7; 20, 9.
Taxionomia (Imaginação e -): 20, 13
Tecnologia (e vestuário): 1, 2.
Tema (e variações): 12, 10; 15, 7.
Temático: 16, 7.
Tempo (de Moda): 12, IV; 20, 10; 18, 13.
Temporais (Situações -): 18, 4.
Tendências (em Moda): 12, 9 e 10.
Terminológico (Regra -): v. Regra.
(Lugar do - nos sistemas de conotação): 3, 2. –
(Sistema -): 3, 7.
Termo: 2, 1; 7, 13.
Terror (e conotação): 3, 4. –
(- de Moda): 20, 5.
Tom (escritura): 16, 3.
Totalidade (Sonho de -): 18, 8.
Trabalho: 18, 2 e 7. –
Traço (definição): 5, 12.
(- de Moda): 12, I.–

(Indissociabilidade do -): 6, 2. –
(- pertinente): 11, 3. –
(Traços em Kroeber): Ap. I.
Traje: I, 14; 7, 12; 9, 23.
Transformação: 4, 1; 18, 11.
(- indumentária): 20, 12.
Transitividade (e linguagem): 17, 1 e 2.
(- e fotografia de Moda): Ap. II. Transversal (Variantes de posição -): 10, 1.
(- e mundo da Moda): 18, 3; 19, 2.
Transparência (variante): 9, 14.

Ucronia: 20, 10.
Unidade significante:-5.
Unidades semânticas: 13; 18, 1.
Universal (Vestuário -): 14, 7.
Usuais (Unidades semânticas -): 13, 4; 13, 5.
Utopia: 17, 10; 20, II. –
(- e relação ET): 14, 3. –
(- e unidade original): 13, 6.
(- real): 20, 6.

Valências: 12, 5.
Valor (no sentido saussuriano): 15, 2.
Variação (Dupla - concomitante): 2, 2; 4, 13; 5, 3; 13, 8.

(- e tema): 15, 7.
(- na transformação): 20, 12.
(- sazonais): Ap. I.
(- terminológicas insignificantes): 4, 9; 5, 10.
Variante: 5, 8. – (Classificação das -): 9, I; 12, 12. –
(- e retórica): 17, 3.
(- implícita ou investida): 11, 10.
(Número dos termos da -): 11, 2.
Variedade: 8, 3.
VEL (relação): 14, 1 e 3; 13, 8; 11,8.
Vendeta: 19, 8.
Vertical (Variantes de posição -): 10, 1.
Verticalidade (do corpo): 9, 9 e 16.
Vestema: 5, 8.
Vestuário (como classe comutativa): 2, 2.–
(- e língua): 1, 14. –
(- escrito): I, 1. –
(- fotografado): Ap. II. –
(- imagem): 1, 1. –
(- sem fim): 4, 1. –
(- significado): 15, 6. –
(- universal): 14, 7.
Vestuário real: 1, 2; 7, 2; 11, IV; 12,9; 15, 3 e 5.-
(endomingamento): 18, 4. –
(funções): 13, 5. –

(funções-signos): 19, 2. –
(inventário): 12, 11. –
(Vetores do -): 9, 16.
Viagem: 18, 5.
Visão (do mundo): 16, 7; 18, I.

Vitalista (Modelo -): 17, 8.
Vivência: 14, 2; 18, 1.
Vocábulo: 3, 6; 13, 5. –
   (Força do -): 20, 3.
Volume (variante): 9, 18.